AF327889

DE LA

TRANSFUSION DU SANG

TRAVAUX DU MÊME AUTEUR

———

Contribution à l'étude du péritoine, ses nerfs et leurs terminaisons. Paris, 1873. In-8.

De l'amputation du penis, thèse de doctorat. Paris, 1873. In-8, 112 pages.

Recherches statistiques sur l'étiologie de la syphilis tertiaire. 1874. In-8, avec tableau.

Paris. — Imp. PILLET fils aîné, 5, rue des Grands-Augustins.

DE LA

TRANSFUSION DU SANG

PAR

Le Dr Louis JULLIEN

Ancien interne des hôpitaux de Lyon
Chef de clinique chirurgicale
Et membre de la Société des sciences médicales de Lyon
Membre de l'Académie de médecine de Palerme

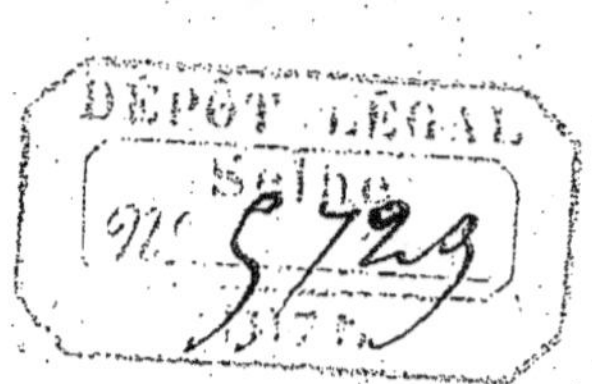

PARIS

LIBRAIRIE J. B. BAILLIÈRE ET FILS

Rue Hautefeuille, 19, près du boulevard Saint-Germain.

LONDRES		MADRID
Baillière, Tintal and Cox		Carlos Bailly-Baillière

1875

DE LA
TRANSFUSION DU SANG

HISTORIQUE

Lamartinière, dans une lettre à Colbert publiée
dans le tome XII de l'*Encyclopédie raisonnée des connaissances humaines*, publiée à Neuchâtel en 1746,
a cherché à établir l'ancienneté de la transfusion.
Selon cet auteur, on en trouverait des preuves :

1° Dans l'*Histoire des anciens Égyptiens*, où l'on
voit que ces peuples la pratiquaient pour la guérison de leurs princes ;

2° Dans le *Livre de la Sagesse* de Tanaquila, femme
de Tarquin l'Ancien, où il est dit qu'elle a mis en
usage la transfusion ;

3° Le *Traité d'anatomie* d'Hérophile, où il en est
parlé assez clairement;

4° Un Recueil d'un ancien écrivain juif, qui fut
montré à Lamartinière par Ben-Israël Manassé,
rabbin des juifs d'Amsterdam, et où se trouvaient
les paroles suivantes : « Naam, prince de l'armée

1

de Ben-Adad, roi de Syrie, atteint de lèpre, eut recours à des médecins *qui, pour le guérir, ôtèrent du sang de ses veines et en remirent d'autre.* »

5° Le *Livre sacré des prêtres d'Apollon*, où il est fait mention de cette opération ;

6° Les *Recherches des Eubages* ;

7° Les *Ouvrages de Pline, de Celse* et de plusieurs autres, qui la condamnent ;

8° Les *Métamorphoses d'Ovide*. Médée, feignant de céder aux filles de Pellias qui lui demandaient de rendre à leur père sa jeunesse et sa vigueur, s'exprime ainsi :

> . . . . . , Quid nunc dubitatis inertes ?
> Stringite, ait, gladios, veterem haurite cruorem,
> Ut repleam vacuas juvenili sanguine venas.
>
> (*Métamorphoses*, liv. VII.)

9° Le *Traité des Sacrifices de l'empereur Julien*, de Libavius, où l'auteur parle de la transfusion, comme ayant été le témoin oculaire d'une opération de ce genre ;

10° Enfin, Marcil Ficin, l'abbé Trithème, Aquapendente, Harviée et Fra Paolo, l'avaient euxmêmes expérimentée.

Voilà certes une liste de documents fort imposants ; ainsi en ont jugé la plupart des auteurs français, qui se bornent tous à la copier sans commentaire, quelques-uns sans en indiquer la source. Je me hâte d'ajouter que je n'ai point eu le loisir de recourir au texte même du *Livre de la Sagesse* ou des *Recherches des Eubages* ; mais si je ne fais au-

cune difficulté pour compter comme un des ancê-
tres de la transfusion, Hérophile, ce grand génie,
qui s'était adonné avec tant d'ardeur à l'étude de
la circulation, et qui, s'il faut en croire Tertullien,
n'avait point reculé devant la vivisection humaine :
« Herophilus, ille medicus aut lanius qui sexcentos
« homines exsecuit, ut naturam scrutaretur, qui
« hominem odit ut nosset, » que faut-il penser de
la fameuse citation d'Ovide, et quelle valeur faut-il
attribuer aux conceptions étranges de ce poëte,
dont la constante préoccupation est de nous faire
assister, à chaque page de ses écrits, à des métamorphoses dont assurément il n'avait jamais entrevu
la possibilité ?

Dans des temps plus rapprochés de nous, c'est
au xvᵉ siècle que nous trouvons les premiers
vestiges de l'opération de la transfusion. C'est
M. Wils qui les fit connaître récemment dans une
lettre adressée au *British medical Journal* (1863).

« Au xvᵉ siècle, dit-il, on connaissait et on avait
appliqué la transfusion du sang.

« On trouve dans la *Vie de Jérôme Savonarole*, par
Villars, ce fait mentionné par Sismondi :

« Les forces du pape Innocent VIII tombaient rapidement. Il était depuis quelque temps plongé
dans une somnolence telle, que par instants il
semblait mort. Tous les moyens de réveiller sa
vie épuisée avaient été mis en usage, lorsqu'un
médecin juif proposa d'obtenir le résultat cherché
par la transfusion au moyen du sang d'une per-

sonne jeune, moyen qui n'avait été jusqu'alors expérimenté que sur les animaux. Alors on fit un échange du sang du vieux et débile pontife contre celui d'un jeune homme. On recommença trois fois, et l'expérience coûta la vie de trois jeunes hommes ; probablement il était entré de l'air dans les veines de ceux-ci ; mais aucun effet ne fut obtenu, le pape ne fut point sauvé ; il mourut le 25 avril 1492. »

Un siècle plus tard, il est parlé, dans les chroniques, des médecins italiens de la cour de Catherine de Médicis, qui sacrifiaient des enfants volés dans les rues de Paris, en insinuant dans leur carotide un tube dont la pointe pénétrait dans la veine d'un grand seigneur.

Nous avons hâte d'arriver à une période plus définie. C'est Libavius qui l'ouvre en 1615. Voici un passage de ses écrits fort explicite : « Adsit juve-
« nis robustus, sanus, sanguine spirituoso plenus ;
« adstet exhaustus viribus, tenuis, macilentus, vix
« animam trahens. Magister artis habeat tubulos
« argenteos inter se congruentes, aperiat arteriam
« robusti, et tubulum inserat muniatque ; mox et
« ægroti arteriam findat, et tubulum femineum in-
« figat. Jam duos tubulos sibi mutuo applicet, et ex
« sano sanguis arterialis, calens et spirituosus saliat
« in ægrotum, unaque vitæ fontem afferet omnem-
« que langorem pellet. »

Il reste toutefois à savoir si ledit Libavius a traité notre sujet sérieusement ou par ironie.

A l'appui de la deuxième hypothèse, Sprengel allègue le ton de plaisanterie de Libavius, qui ajoute un peu plus loin : « Sed quomodo ille robustus qui « sanguinem suum transfundendum exhibuerit non « languescat ?... Danda sunt ei bona confortantia, « et cibi ; medico vero helleborus. »

« En travaillant en anatomie, dit Astruc (*Traité de la maladie des Femmes*, tome IV, p. 285), on s'était avisé de faire des injections dans les vaisseaux, pour en mieux distinguer les ramifications. Sur cet exemple, on s'imagina d'injecter dans les veines des malades des remèdes liquides, surtout des purgatifs, des sudorifiques et des fondants, dans l'espérance qu'en agissant directement sur le sang, ils agiraient avec plus d'efficacité.

Jean Colle, professeur de Padoue, a décrit la transfusion dans un traité de médecine imprimé à Venise en 1628, sous le titre : *Methodus facilè parandi jucunda, tuta et nova medicamenta*, cap. 7.

On parle aussi de l'essai que fit en 1642 le chasseur d'un gentilhomme de la Lusace, nommé Wahrendorf, pour injecter du sang dans les veines d'un chien.

Mais il est certain que c'est la théorie harveyenne qui a suggéré en Angleterre, comme en plusieurs endroits, l'idée de l'infusion et de la transfusion. C'est vers 1656, que, pour la première fois, un Français en parla publiquement ; c'est Denys qui a eu la loyauté de nous en conserver le souvenir.

« On sait, dit-il dans une lettre à M. de Montmor, on sait, et il y a plusieurs personnes d'honneur qui le peuvent témoigner, qu'il y a plus de dix ans que dom Robert de Galatz, religieux bénédictin, fit un discours sur la transfusion, et il s'en trouve encore plusieurs copies ; il est vrai que la plupart se moquèrent pour lors de cette proposition, et qu'on crut qu'elle était impossible. Les Anglais, voyant qu'on ne faisait en France aucun état de cette invention, s'en sont voulu emparer comme d'une chose abandonnée, et l'ont pratiquée sur les bêtes. » (*Journal des Savants*, du lundi 28 juin 1667, p. 96.)

Cependant d'après les instances de Christophe Wren, professeur d'astronomie à Oxford en 1657, Timothée Clarke, Robert Boyle et Henshaw tentèrent en Angleterre d'injecter des médicaments dans les veines du corps, et leur exemple ne tarda pas à être imité par Richard Lower. On s'aperçut qu'administrés de cette manière, les médicaments produisaient les mêmes effets que si on les eût fait prendre par les voies ordinaires. Dès lors ils parurent ne point être exposés à des changements aussi nombreux, et on crut surtout, dans les cas où le malade ne saurait avaler, avoir découvert, un excellent moyen de porter les remèdes dans le corps et d'en assurer davantage l'efficacité. C'est alors que Lower conçut et mit à exécution l'idée de la transfusion sanguine. La première expérience fut faite en 1666. Il s'agissait d'un petit chien mâtin dans les veines duquel on fit couler une grande quantité de sang de l'artère d'un autre mâtin ; dès que le petit chien fut détaché, il courut aussitôt, et le second parut tel que si l'on n'avait fait que le plonger dans l'eau.

Peu après, Robert Boyle communiquait à la Société royale de Londres, de la part de Lower, le récit de cette expérience, et le procédé employé par l'auteur pour transfuser le sang d'un animal dans un autre.

« Premièrement, il faut prendre l'artère carotide d'un chien ou de quelque animal que ce soit dont vous voulez faire passer le sang dans le corps d'un autre, et l'ayant séparée du nerf de la huitième conjugaison, la tenir découverte d'environ un pouce ; ensuite, faire en sa partie supérieure une forte ligature qui ne se puisse dénouer, et un pouce au-dessous, à scavoir vers le cœur, faites-y encore une autre ligature qui se puisse serrer ou lâcher suivant qu'il sera besoin. Ces deux nœuds estant faits, passez deux fils par-dessous l'artère entre les deux ligatures ; puis ouvrez l'artère, et mettez dedans un petit tuyau de plume, et liez avec les deux fils l'artère bien serrée par-dessus ce tuyau, que vous boucherez avec un petit bouchon. Après cela, découvrez de la longueur d'un pouce et demi la veine jugulaire de l'autre animal et faites un nœud coulant à chaque extrémité, et entre ces deux nœuds coulants passez par-dessus la veine deux fils, comme dans l'artère ; puis faites une incision dans la veine et y fourrez deux tuyaux, l'un dans sa partie inférieure pour recevoir le sang de l'autre animal et le porter au cœur, et l'autre tuyau dans la partie supérieure, qui vient de la teste, par lequel le sang du second chien puisse couler dans des plats. Ces deux tuyaux estant mis de la sorte et estant bien liez, tenez-les bouchés avec un bouchon jusqu'à ce qu'il soit temps de les ouvrir.

« Tout estant ainsi préparé, liez les chiens l'un vers l'autre sur le costé, en sorte qu'on puisse faire passer d'autres tuyaux dans les deux premiers; car, comme on ne peut pas approcher le col des chiens assez près l'un de l'autre, il faut mettre deux ou trois divers tuyaux dans les deux premiers pour porter le sang de l'un à l'autre. Après cela, débouchez le tuyau qui descend dans la veine jugulaire du premier chien, et l'autre tuyau qui sort de l'artère de l'autre chien; et par le moyen de deux ou trois autres tuyaux, suivant qu'il en sera besoin, joignez-les l'un à l'autre, puis lâchez le nœud coulant, et aussitost le sang passera avec impétuosité au travers des tuyaux comme au travers d'une artère, et en même temps que le sang coule dans le chien, débouchez l'autre tuyau qui vient de la partie supérieure de la veine jugulaire (ayant auparavant fait une autre ligature autour de son col, ou du moins pressant avec les doigts l'autre veine jugulaire), et laissez en même temps couler le sang dans les plats (non pas continuellement, mais selon que vous jugerez que ses forces pourront le permettre) jusqu'à ce que l'autre chien commence à crier, à s'affaiblir, à tomber dans les convulsions, et à la fin meure sur ce côté.

« Alors tirez les deux tuyaux de la veine jugulaire du chien, et ayant serré entièrement le nœud coulant, coupez la veine au-dessus (ce qui peut se faire sans qu'il arrive aucun mal au chien, parce qu'une de ses veines jugulaires est suffisante pour conduire tout le sang de la teste et des parties supérieures, à cause d'une large anastomose par laquelle les deux veines s'unissent vers le larynx). Cela estant fait, recousez la peau et laissez aller le chien, qui sautera hors de la table, et se secouera et s'enfuira comme si on ne lui avait rien fait. » (*Journal des Savants,* du lundi 31 janvier 1667, p. 21.)

L'esprit supérieur de R. Boyle, saisissant la portée d'une telle expérience, demandait peu après à Lower de faire de nouveaux essais, et lui donnait un certain nombre de questions à résoudre.

Ces propositions sont au nombre de seize, j'en citerai quelques-unes.

« Si quelque changement considérable est observé dans le pouls, dans l'urine et les autres excrétions de l'animal qui reçoit, et dans la quantité de sa transpiration insensible?

« Si un chien, qui est atteint de quelque maladie que l'on puisse imputer surtout à la masse du sang, sera guéri par l'échange de ce sang contre celui d'un chien bien portant? Et si un chien bien portant recevra ces maladies par l'injection du sang d'un chien malade, ces maladies n'étant pas de nature infectieuse?

« Si, un purgatif étant donné, peu de temps avant l'opération, au chien qui devra fournir le sang, celui qui le recevra sera purgé, et quels seront les effets?

« Si l'opération réussira dans le cas où l'on injectera le sang d'un animal dans les veines d'un autre d'une espèce différente, comme d'un veau dans un chien ; et d'un animal à sang froid, comme un poisson, une grenouille, une tortue, dans les vaisseaux d'un animal à sang chaud, et *vice versa?*

« Si la transfusion peut être pratiquée sur une chienne pleine depuis quelque temps, et quel effet elle produira sur les petits chiens? »

L'appel de R. Boyle fut entendu, et Ed. King, aussitôt après, publia quelques expériences. Elles ne présentent rien de bien remarquable, si ce n'est qu'elles furent faites de veine à veine, et qu'il ne transfusa pas du sang artériel, comme l'avait fait Lower.

En même temps, Coxe injectait du sang d'un chien atteint de la gale dans les veines d'un autre chien bien portant. Le chien malade fut guéri, et l'autre n'éprouva aucun mal. Résultat bizarre et que peut expliquer l'effet de la saignée sur l'animal atteint probablement d'une autre affection que la gale.

Vers la même époque, un écrivain fort ami des paradoxes, dit Sprengel, Jean-Daniel Major, médecin à Kiel, parut et soutint qu'il était l'inventeur de la nouvelle méthode, dans son traité intitulé : *Chirurgia infusoria, Kilonii,* in-4°, 1667. Mais Major n'a convaincu personne.

Ses essais furent connus en 1667. Il fit tirer à un homme très-débile trois à quatre onces de sang par la veine du bras, délia ensuite la ligature et la réappliqua au-dessous de la plaie, afin que le sang de la personne saine pénétrât, sans se mêler avec celui que contenait la partie inférieure du vaisseau. Alors il piqua la veine de l'individu bien portant et couvrit la plaie, de peur que le contact de l'air ne décomposât le sang. A cet effet, il se servit d'un vase semblable à une ventouse, et duquel le fluide pouvait s'écouler; *il avait soin d'y répandre auparavant du sel ammoniac, afin de prévenir la coagulation du sang.*

Citons encore les *Nova clysmatica* de Jean-Sigismond Elsholtzius, qui fut conduit, paraît-il, par ses propres méditations, à faire quelques expériences sur le sujet qui nous occupe.

Pendant que ces expériences s'accomplissaient en Angleterre et en Allemagne, Denys, docteur en médecine de la faculté de Montpellier, professeur de philosophie et de mathématiques à Paris, se livrait aussi à l'expérimentation.

« Le jeudi 3 mars, dit-il, on nous apporta, à M. Emmeretz, notre chirurgien, et à moi, deux petits chiens qui n'avaient jamais été nourris ensemble, et qui, à leur figure, semblaient aussi différents que le sont certains animaux de différentes espèces, l'un estant une chienne épagneule, et l'autre un chien à poils courts ressemblant à un renard. La chienne estait pleine et un peu plus grosse et plus haute que le chien, car elle avait douze pouces de haut et le chien n'en avait que dix.

« Nous nous proposâmes de faire, non-seulement ce qui estait marqué dans la lettre de Lower (Richard), *qui est de faire passer le sang d'un animal dans un autre, en faisant mourir celui qui le communique pour conserver l'autre qui le reçoit,* mais nous voulûmes les conserver tous deux, et, pour cela, nous résolûmes d'ouvrir l'artère crurale de la chienne, nous persuadant qu'en tirant le sang par l'artère qui le porte de la cuisse aux extrémités, les convulsions ne seraient pas tant à craindre pour la chienne qu'en le tirant par la carotide qui le porte par le col dans le cerveau ; outre que l'artère crurale n'estant pas si déliée ni si enfoncée que la carotide, nous ne serions pas obligés de nous servir de tuyaux si déliés, qui sont sujets à s'engorger lorsque le sang y passe, et la chienne n'en souffrant pas tant, il serait plus facile de la faire réchapper.

« En effet, la chose arriva en présence de plusieurs personnes dignes de foy, comme nous l'avions prévue, et d'une manière assez simple et facile. »

Denys insiste, dit M. Oré, sur la manière dont les tuyaux furent placés dans l'artère crurale et la veine jugulaire. Le procédé est semblable en ce point à celui de Richard Lower; il put ainsi faire passer le sang de l'artère dans la veine, en même temps que par cette dernière s'écoulait, à l'aide d'un troisième tuyau, du sang qui était recueilli dans un plat.

« Quand nous eûmes tiré par ce troisième tuyau neuf onces de sang de chien dans un plat, continue Denys (qui est beaucoup pour un animal de cette grosseur), la chienne qui lui en avait donné autant, et qui n'en avait par conséquent plus guère de reste, commençait à s'affaiblir; c'est pourquoi nous arrêtâmes aussitôt son artère, en serrant le nœud coulant; et, après avoir aussi fait deux fortes ligatures à la veine jugulaire du chien, au lieu de deux nœuds coulants que nous y avions faits, nous détachâmes les chiens. »

Ces expériences ayant été variées et répétées de plusieurs façons, Denys résolut de pratiquer la transfusion sur l'homme. C'est le 15 juin 1667 que l'opération fut faite pour la première fois. Denys confia cette opération à Emmeretz. Toutefois, avant de la rapporter, il est juste de faire passer sous les yeux du lecteur les raisons qui le déterminèrent. Elles sont expliquées dans une lettre à Montmor, maître des requêtes :

« En pratiquant la transfusion, dit Denys, on ne fait qu'imiter la nature, qui, pour nourrir le fœtus dans le ventre de la mère, fait une continuelle transfusion du sang de la mère dans le corps de l'enfant par la veine ombilicale. Se faire faire la transfusion, ce n'est rien autre chose que se nourrir par un chemin plus court que d'ordinaire, c'est-à-dire mettre dans ses veines du sang tout fait au lieu de prendre des aliments qui ne se tournent en sang qu'après plusieurs changements. Cette manière abrégée de se nourrir est préférable à l'autre, en ce que l'aliment pris par la bouche, ayant à passer par plusieurs parties qui sont souvent mal disposées, peut contracter plusieurs mauvaises qualités avant que d'être arrivé dans les veines ; il est sujet à plusieurs altérations, que l'on évite immédiatement en mettant dans ces veines du sang parfait ; en outre, cette opération met d'accord les médecins qui approuvent la saignée et ceux qui ne l'approuvent pas : ceux-ci, parce qu'elle évacue le sang corrompu, et ceux-là, parce qu'en mettant de nouveau sang à la place de celui qu'on tire, les forces du malade ne se trouvent point diminuées, et qu'enfin la raison semble enseigner que les maladies causées par l'intempérie et la corruption du sang doivent se guérir par la transfusion d'un sang pur et bien tempéré. »

Après avoir ainsi répondu à ceux qui condamnent la transfusion comme inutile, Denys répond à ceux qui la condamnent comme barbare.

« Ce qui leur donne cette opinion, c'est « qu'ils « s'imaginent que, pour bien faire, il faut que l'a-

« nimal qui fournit le sang soit de même espèce
« que celui qui le reçoit, et qu'ainsi on ne peut
« prolonger la vie de l'un qu'en abrégeant celle de
« l'autre. » Mais Denys fait voir que cela n'est pas
nécessaire, et qu'au contraire le sang des animaux
est meilleur pour les hommes que celui des hommes
eux-mêmes. La raison qu'il en donne est que les
hommes, étant agités de diverses passions et peu ré-
glés dans leur manière de vivre, doivent avoir un
sang plus impur que les bêtes, qui sont moins sujettes
à ces dérèglements, et qu'en effet on ne trouve
guère de sang corrompu dans les veines des bêtes,
au lieu qu'on remarque toujours quelque corruption dans le sang des hommes, quelque sains qu'on
les suppose, et même dans le sang des petits enfants, parce qu'ayant été nourris du sang et du lait
de leur mère, ils ont sucé la corruption avec la
nourriture. De plus, ajoute Denys, pourquoi le
sang des bêtes ne serait-il pas propre aux hommes,
puisqu'il est de la même espèce que le lait et la
chair dont ils se nourrissent ordinairement? On
pourrait ajouter que, si ce quelques auteurs ont remarqué est véritable, que les barbares qui se nourrissent de chair humaine sont sujets à plusieurs
maladies fâcheuses dont ceux qui se nourrissent de
la chair des animaux sont exempts, il faut en conclure que, comme la chair des hommes est plus
malsaine que celle des bêtes, leur sang est aussi
moins propre à la transfusion. »

Toutes ces raisons servent de préambule aux

deux opérations de transfusion pratiquées sur l'homme.

« La première fut faite sur un jeune homme de seize ans, qui, à la suite d'une fièvre qui avait duré deux mois, et dans le cours de laquelle il avait été saigné vingt fois, était resté dans la stupeur et la somnolence. Denys tira trois onces de sang et lui transfusa neuf onces de sang artériel d'agneau. Ce jeune homme perdit trois ou quatre gouttes de sang par le nez, puis il redevint calme; son sommeil cessa d'être agité ; il acquit plus de force et d'agilité dans les membres, prit de l'embonpoint, et alla toujours de mieux en mieux jusqu'à guérison complète. »

Cette première expérience ayant heureusement réussi, Denys en tenta une seconde ; mais plus par curiosité que par nécessité, car l'individu sur lequel on la fit n'avait aucune indisposition : « C'était un porteur de chaises, fort et robuste, âgé d'environ quarante-cinq ans, qui, pour une somme assez modique, s'offrit à endurer cette opération. Comme il se portait bien et qu'il avait beaucoup de sang, on lui fit une transfusion bien plus grande que la première ; car on lui tira environ dix onces de sang, et on lui rendit à peu près une fois autant de sang d'un agneau dont on avait ouvert l'artère crurale pour diversifier l'expérience. Cet homme, qui de son naturel était assez gai, fut de très-belle humeur pendant toute l'opération, fit plusieurs réflexions, suivant sa portée, sur cette nouvelle manière de soigner, dont il ne pouvait assez admirer l'invention, et ne se plaignit de rien, si ce n'est qu'il sentait une grande chaleur depuis l'ouverture de la veine jusqu'à l'aisselle. Aussitôt que l'opération fut faite, on ne le put empêcher d'habiller lui-même l'agneau dont il avait reçu le sang; ensuite de quoi, il alla trouver ses camarades, avec lesquels il but une partie de l'argent qu'on lui avait donné; et, nonobstant qu'on lui eût ordonné de se tenir en repos le reste de la journée, et qu'il eût promis de le faire, sur le midi, trouvant occasion de gagner de l'argent, il porta sa chaise à l'ordinaire pendant tout le reste du jour, assura qu'il ne s'était jamais si bien porté; et, le lendemain, il pria qu'on n'en prît point d'autre que lui quand on voudrait recommencer la même opération. » (*Loco cit.*, p. 95.)

Le premier fait de transfusion pratiqué en Angleterre remonte à la même année; Lower et King ouvrirent l'artère carotide d'un jeune mouton, et la veine du bras, qu'on saigne ordinairement, de M. Arthur Coga. Ils introduisirent deux tuyaux, l'un à la veine de l'homme, l'autre formé de plusieurs tuyaux de plume insérés les uns dans les autres, pour servir de canal de communication, et conduire le sang qui sortait de l'artère du mouton dans la veine de l'homme destiné à le recevoir. Le sang coula sans interruption pendant deux minutes au moins dans la veine de l'homme; ils jugèrent que, dans ce court espace, Arthur Coga avait reçu 9 ou 10 onces de sang. Il s'en trouva, du reste, si peu incommodé, que, quatre jours après, il vint prier les deux savants de recommencer l'expérience.

En même temps, ces faits se répétaient en Flandre, en Italie. Fracassati, Riva et Manfredi, en 1668, firent la transfusion sur l'homme. Un médecin nommé Sinibaldus voulut bien s'y soumettre.

Et nous trouvons en détail le procédé employé par les chirurgiens de Rome pour la transfusion d'homme à homme. « Ils marquent sur la peau, avec de l'encre, le chemin de la veine par laquelle ils veulent faire entrer le sang; ensuite ils enlèvent cette peau, et font avec le rasoir une incision, suivant la marque, d'environ deux pouces de long, afin de découvrir la veine et la séparer des chairs environnantes; ils passent ensuite une aiguille enfilée par-dessous la veine, pour la lier, par le moyen d'un fil ciré, avec la canule que l'on doit introduire dedans pour y communiquer le sang. »

Mentionnons aussi une curieuse tentative faite sur un perroquet. On lui injecta pour le rajeunir le sang de deux sansonnets. Cette barbarie ne fit que hâter sa fin, qui eut lieu peu après l'opération.

De leur côté, Denys et Emmeretz pratiquaient en France une troisième, puis une quatrième opération. La première ne pouvait avoir qu'un résultat chirurgical, il fut obtenu.

Le baron Bond, fils du premier ministre du roi de Suède, ayant été atteint d'une maladie grave, fut soumis à des remèdes variés : « nombre de saignées du pié, du bras, des purgations et des lavements. » Le malade fut tellement affaibli par cette médication, qu'il tombait fréquemment en syncope. Des vomissements et des mouvements convulsifs vinrent compliquer son état. Le voyant perdu, on essaya la transfusion : on lui transfusa deux palettes de sang de veau ; les convulsions et les vomissements cessèrent, le pouls devint plus sensible. Vingt-quatre heures après, les accidents reparurent ; on revint à la transfusion. Le malade sembla reprendre un peu de vigueur, mais il ne tarda pas à succomber. L'autopsie expliqua la mort, les intestins s'étant trouvés tout gangrenés.

Le deuxième fait est assez important pour que nous ne le rapportions, à l'exemple de M. Oré, en grands détails :

« Le malade dont il est question était âgé de trente-quatre ans. Depuis l'âge de vingt-six ans, il avait donné des signes non équivoques de folie. Cette folie avait présenté des intermittences marquées. Le malade avait des alternatives d'agitation et de calme. Bientôt son agitation devint extrême ; il tomba dans un état complet de délire. Étant à la campagne, à quatre lieues de Paris, malgré toutes les précautions qu'on employa pour l'empêcher de s'échapper, il parvint à s'évader et arriva nu dans les rues de la capitale. M. Montmor, touché de pitié, le confia à Denys, qui, avec le chirurgien Emmeretz, lui firent la transfusion. Emmeretz ouvrit l'artère crurale d'un veau, et ayant tiré au fou dix onces de sang de la veine du bras droit, on lui transfusa cinq à six onces de sang de veau; en même temps, le malade sentit une chaleur prononcée au bras et sous les aisselles. Le délire s'étant calmé un peu, Denys pratiqua une nouvelle transfusion au bras gauche, qui fut plus abondante que la première. Le calme revint tout à fait après plusieurs jours ; car, sachant que l'on était à la Noël, il fit venir son confesseur pour se disposer à la communion ; il se confessa avec tant d'exactitude, que son confesseur rendit un témoignage public de son bon sens. Sa femme confirma de plus en plus les bons effets de la transfusion, en affirmant à Denys que, dans l'époque actuelle (c'était à la pleine lune), son mari avait l'habitude d'être très-emporté et très-furieux contre elle; au lieu d'être humain et doux avec elle, comme il l'était à ce moment, il avait été dans l'usage de jurer et de la frapper.

« Depuis, cet homme devint tranquille, put vaquer à ses affaires, passa ses nuits dans un sommeil non interrompu. » (*Abrégé des transactions philosophiques de la Société royale de Londres*, 6ᵉ partie, 1790, p. 387 et suiv.)

« Cet homme, qui avait été opéré vers la fin de l'année 1667, resta guéri jusqu'au mois de janvier 1668 ; il rechuta à cette époque.

« Sa femme, lui ayant administré des remèdes qui n'avaient produit aucun effet, pria Denys de faire de nouveau la transfusion ; il refusa d'abord ; puis, cédant aux sollicitations pressantes qui lui étaient adressées, il commença l'opération, mais bientôt le malade fut pris d'un tremblement général. *La transfusion ne fut pas faite*, et la mort arriva pendant la nuit. Soupçonnant qu'il avait été empoisonné par sa femme, Denys demanda l'ouverture du cadavre et ne put l'obtenir. La femme lui assurait que des offres d'argent lui avaient été faites pour soutenir que son mari était mort des suites de la transfusion ; elle en demandait à Denys pour soutenir le contraire ; il refusa, et porta plainte au lieutenant criminel. Une sentence du Châtelet termina cette contestation. » (Ces derniers détails se trouvent mentionnés dans le tome XXVI du *Dictionnaire des Sciences*, Neuchâtel.)

Extrait de la sentence donnée au Châtelet par le lieutenant des causes criminelles.

Paris, le 17 avril 1868.

« Dans cette cause, on a prouvé l'évidence des faits suivants :

« 1° L'opération de la transfusion a été pratiquée deux fois sur Mauroy, aliéné, et a été essayée une troisième. Elle réussit si bien les deux premières fois, que l'on vit cet homme jouir pendant trois mois de tout son bon sens et d'une parfaite santé.

« 2° Depuis les deux premières opérations, sa femme lui donna pour aliments des œufs et du bouillon et coucha quatre fois avec lui. Malgré la défense de ceux qui le traitaient, et sans leur en parler, elle conduisit chez elle son mari, qui n'y alla qu'avec une grande répugnance.

« 3° Depuis cette époque, il fréquenta les maisons publiques, prit du tabac, et étant retombé malade, sa femme lui fit boire des liqueurs spiritueuses et du bouillon auquel elle mêlait certaines poudres.

« Mauroy s'étant plaint qu'elle voulait l'empoisonner et qu'elle lui donnait de l'arsenic dans ses bouillons, elle empêcha les assistants d'y goûter, et, simulant la folie, elle jeta sur le sol le contenu de la cuiller.

« 4° Mauroy avait de fréquentes querelles avec sa femme ; elle le battait quoiqu'il fût malade ; celui-ci lui ayant une fois lancé une boîte à la tête, elle dit qu'il s'en repentirait, quoiqu'elle dût en mourir.

« 5° Lorsque la transfusion fut essayée pour la troisième fois, ce fut après de très-vives instances de sa femme. Ceux qui devaient la pratiquer ne consentaient à la faire qu'avec une permission du solliciteur général. Le jour même où l'opération fut commencée, à peine un peu de sang était-il sorti du pied ou du bras du patient, un tube fut placé dans la veine ; alors le fou se mit à crier, quoique, à ce qu'il paraît, le sang du veau n'eût pas encore passé dans ses veines, et l'opération ne fut pas continuée. Le malade mourut dans la nuit.

« 6° Cette femme ne voulut permettre à personne d'ouvrir le corps de son mari, donnant pour cause qu'il était déjà dans le cercueil, alors qu'il n'y était pas.

« 7° Longtemps après le décès dudit Mauroy, trois médecins offrirent de l'argent à cette femme pour formnler une plainte, accusant la transfusion d'avoir tué son mari; elle dit, lorsque ces personnes furent sorties de chez elle, qu'elle avait été de leur avis, et que si ceux qui avaient fait l'opération refusaient de lui donner ce qui lui était nécessaire pour retourner dans son pays, elle ferait ce qu'elle avait conclu avec les autres.

« Un témoin a déposé qu'elle vint le prier d'informer les opérateurs que, s'ils ne voulaient pas subvenir à tous ses besoins pendant toute sa vie, elle accepterait l'offre des médecins susdits.

« Un autre témoin a déposé qu'un médecin lui offrait 12 louis d'or pour affirmer que Mauroy était mort pendant l'opération même de la transfusion.

« Il y a suffisamment lieu d'informer cette affaire d'une manière complète et d'examiner cette femme; d'informer, afin de savoir quelles étaient ces poudres; pourquoi elle les a données à son mari; qui les avait ordonnées; pourquoi elle a empêché l'ouverture du corps par ses mensonges. De nouvelles informations devront être prises, et pendant ce temps on s'assurera de la femme susdite.

« Quant aux trois médecins qui lui avaient offert de l'argent pour persécuter ceux qui avaient fait l'opération, et que l'on avait vus avec elle, on leur assignerait un jour pour comparaître en personne.

« Enfin, considérant que les deux premières opérations de transfusion ont réussi, et que si une troisième a été entreprise, c'est à la demande pressante de la femme, qui, d'ailleurs, a très-mal observé les ordres des opérateurs, et qui est soupçonnée d'avoir occasionné la mort de son mari, il est demandé qu'un jour lui soit assigné pour comparaître en personne afin de terminer l'affaire.

« Sur quoi, il fut décrété que la veuve Mauroy serait assignée pour comparaître en personne, et serait examinée sur les informations susdites, et que de plus amples renseignements seraient pris sur le contenu de la plainte de M. Denys, et qu'à l'avenir la transfusion ne pourrait être faite chez l'homme sans l'approbation d'un médecin de la Faculté de Paris. »

Les ennemis de la transfusion triomphaient. Le plus acharné de tous était Lamy. Portal nous donne un résumé des raisonnements alignés par ce docteur Régent de la Faculté de Paris.

Il prétend que cette opération est plutôt un nouveau moyen de tourmenter les malades que de les guérir, parce que les maladies auxquelles on dit qu'elle peut servir de remède sont précisément celles qui viennent *ou de la chaleur excessive du sang, ou de sa corruption.*

Dans celles qui sont causées par la trop grande chaleur, la transfusion ne peut pas avoir lieu ; car le sang qui est tempéré, étant plus chaud que le propre sang du malade, augmentera la chaleur du sang de celui-ci, bien loin de la diminuer ; elle ne sera pas plus utile dans les maladies qui viennent de la corruption du sang, parce que le peu de sang étranger qu'on reçoit par cette opération sera bien plutôt corrompu par toute la masse du sang qui est dans le corps du malade, que l'intempérie de toute la masse du sang ne sera corrigée par ce peu de sang étranger ; car si la corruption du sang d'un animal enragé ou ladre est si grande qu'un peu d'écume ou une petite vapeur qui sort de son corps par transpiration est capable d'infecter toute la masse du sang d'un animal qui se porte bien, comment un peu de sang étranger ne sera-t-il pas infecté par le mélange de tout le sang d'un animal qui est attaqué de ces maladies ?

Lamy ne pense pas seulement que la transfusion du sang soit seulement inutile, il la croit aussi pernicieuse et capable de faire naître des maladies ; car, comme le sang d'un veau ou d'un animal quelconque est composé de plusieurs particules différentes destinées à nourrir les différentes parties de son corps, il demande si l'on fait passer ce sang dans les veines d'un homme, ce que deviendront par exemple les diverses particules de ce sang que la nature avait destinées à produire la corne ?

En second lieu, comme l'esprit et les mœurs suivent ordinairement le tempérament du corps, et que le tempérament du corps dépend particulièrement de celui du sang, il est à craindre que le sang d'un veau, transfusé dans les veines d'un homme, ne lui communique aussi la stupidité et les inclinations brutales de cet animal. (*Journal des Savants*, p. 10, 1662.)

Gadroys répondit aux arguments exposés par Lamy, dans une lettre qu'il adressa à l'abbé Bourdelot :

» Il oppose d'abord aux raisonnements de Lamy l'expérience à laquelle tout cède. Il n'est plus question, dans la physique et dans la médecine, en effet, de savoir si un animal peut se nourrir du sang d'un autre animal de différente espèce, puisque deux chiens auxquels on avait donné, huit mois auparavant, du sang de veau vivaient encore au moment où il écrit, et qu'une petite épagneule, qui était toute languissante de vieillesse, après avoir recu le sang d'un chevreau, non seulement s'était bien portée, mais était, pour ainsi dire, rajeunie.

» Puis répondant aux objections de Lamy, il fait remarquer :

» 1° Que, bien que le sang qui est transfusé paraisse chaud au toucher, néanmoins il peut rafraîchir ; de même qu'un bouillon de veau ne laisse pas de rafraîchir, quoiqu'on le sente chaud quand on l'avale.

» 2° Que, quant à l'observation qu'un peu de bon sang étranger mis avec une grande quantité de sang corrompu, n'en peut corriger l'intempérie, ne prouve pas que la transfusion soit inutile, parce que l'on peut faire une évacuation de sang aussi grande que l'on voudra, avant d'en transfuser du

nouveau, et que, pour lors, rien n'empêchera
qu'on mette une grande quantité de bon sang
étranger avec une petite quantité de sang corrompu, qui sera demeuré dans les veines.

« 3° Qu'il ne faut pas craindre qu'il vienne des
cornes à ceux à qui l'on aura transfusé du sang de
veau, ou que la brutalité de cet animal ne se communique avec son sang, puisqu'on n'appréhende
pas que le même accident arrive à ceux qui prennent le lait de vache.

« Enfin, pour confirmer l'utilité de la transfusion, il rapporte une expérience faite sur un malade
réduit à la dernière extrémité. » C'est celle que nous
avons relatée plus haut, avec l'observation du grand
seigneur suédois.

Là-dessus, réponse des adversaires, que c'est
accabler les malades, et non pas les soulager, que
de leur donner du sang par la transfusion, puisque
le plus grand secret de la médecine est de leur en
ôter par la saignée, l'expérience ayant fait voir que
l'abondance de sang est à charge à la nature
presque dans toutes les maladies. Il est vrai qu'on
dit que la transfusion est toujours accompagnée de
la saignée, et que l'on ne donne point de sang que
l'on en ait ôté auparavant ; mais il est patent
que c'est détruire ce que la saignée a fait ; que ce
n'est pas décharger la nature, mais lui faire changer seulement de fardeau ; et qu'un malade n'en
serait pas plus déchargé, que ne le serait un porte-

faix que l'on déchargerait d'un sac de pois pour le charger d'un sac de fèves.

« Et en admettant que la transfusion fût de quelque usage, il faudrait, pour l'exécuter, se servir du sang de l'homme et non pas du sang de bête ; car le lait de femme étant meilleur pour la nourriture des enfants que celui d'aucun autre animal, il s'ensuit que le sang de l'homme doit être préférable à tout autre pour la transfusion. » (*Journal des Savants*, p. 15, 1668.)

« Tardy, dans sa lettre à Le Breton, docteur en médecine de la Faculté de Paris, admet que le sang des hommes est meilleur pour la transfusion que celui des bêtes ; mais il avoue aussi que, si la transfusion n'est pas bonne pour toutes les maladies, et particulièrement pour les pleurésies et toutes les maladies chaudes, dans lesquelles il est plus utile d'ôter du sang que d'en donner, cependant elle ne doit pas être rejetée, parce qu'elle peut être utile dans plusieurs autres cas. » (*Journal des Savants*, 6 février 1668.)

« Gurge, sieur de Monipolli, prit part à cette discussion, et, dans une lettre adressée à l'abbé Bourdelot, il dit qu'il faut tenir le milieu entre les deux opinions contraires dont nous avons parlé jusqu'ici. D'après lui, cette opération n'est pas si sûre ni d'un aussi grand usage que les uns le prétendent ; mais elle n'est pas non plus tout à fait inutile, encore moins pernicieuse, comme d'autres l'assurent. C'est un remède douteux, qui peut produire

de bons effets s'il est bien administré, et qui peut
avoir de très-fâcheuses suites si l'on ne s'en sert
avec beaucoup de prudence.

« De son côté, Lamy écrivit de nouveau à Moreau
pour répondre aux objections de Gadroys; mais
ses réponses ne sont qu'une répétition des arguments énoncés dans sa première lettre.

« Il parut à la même époque un ouvrage d'Euty-
phronus, philosophe et médecin, ayant pour titre :
« *De nova curandorum morborum ratione per transfusionem sanguinis dissertatio,* » dans lequel l'auteur
refuse d'admettre la transfusion ; il se moque
de ce que, pour autoriser la transfusion, on a
avancé que c'était un moyen abrégé de se nourrir
en mettant du sang tout fait dans les veines, au
lieu de s'amuser à le faire dans le ventricule; il dit
que c'est à la vérité le chemin le plus court, mais
non pas le plus sûr, et que c'est à peu près comme
si une personne qui serait à un troisième étage,
voulant venir en bas, ne prendrait pas la peine de
descendre l'escalier, mais pour prendre le plus
court chemin sauterait par la fenêtre; car la nature
n'ayant pas montré d'autre chemin pour conduire
le sang dans les veines que de le faire passer dans
le ventricule, il y a de la témérité à prendre d'autres voies.

De son côté, l'illustre Perrault formulait haute-
ment sa désapprobation. « Il est bien difficile, écrit-
il, qu'un animal s'accommode d'un sang qui n'a pas
été cuit et préparé chez lui-même. Il faut que celui

qui est propre à le nourrir, ce sang dont il tire ses esprits, ait passé par les conduits et les filtres de son corps ; d'autres filtres et d'autres conduits changeraient une proportion qui doit être exacte... il serait étrange que l'on pût changer de sang comme de chemise. »

Mais le plus terrible assaut dirigé contre la transfusion le fut par Merklin, dans son ouvrage intitulé : « *Tractatio med. curiosa de ortu et occasu transfusionis sanguinis, quæ fit e bruto in brutum, a foro medico penitus eliminatur ; illa quæ e bruto in hominem paragitur, refutatur ; et ista, quæ ex homine in hominem exercetur, ad experientiæ examen relegatur. Authore Georg. Abraham Merklino jun. doct. medic. Norimbergensi Ord. et in S. R. C. Acadenia Natur. curios. dict. Chron. Norimbergæ, anno 1679.* »

Le chapitre 6 tire des arguments des Livres sacrés : « *Positiones, sive argumenta aliquot ex sacris et profanis scriptoribus contra transfusionem afferuntur ; quæ Romæ et Lutetiis Paris. interdicta est ; et ab aliis etiam cl. viris improbatur. Duplici gravissimæ occurritur objectioni.* »

« ..... *Ipse sapientissimus Deus*, y est-il dit, *cujus consilia inscrutabilia sunt, non uno sacrarum litterarum loco, mystis suis præconibus, belluini sanguinis usum sub indignationis pœna humano generi prohibuit, ut videre est. Gen., C. 9, vers. 4, Levit., c. 3, vers. 17, et cap. 7, vers. 26, 27, itemque, caput 17, vers. 10, 12, 13, nec non caput 19, vers. 26. Deuteronom., cap. 12, vers. 16. Samuel.,* cap. 4, vers. 33 et 34, etc. Hæc interdictio etsi nobis sine ulla addita ratione sufficientissima, et tanta omnino esse possit, ut ne latum quidem unguem, ab ea discedere nobis liceat. »

Du reste, quelle est l'utilité de la transfusion? Peut-elle rendre des services ? Non. « ..... Non facit contra lepram, non contra luem veneream, non contra cancrum, erysipelas aliaque ulcera externa : non contra variolas ; non contra pleuritidem, aliasque internas inflammationes ; non contra hæmorrhagias ; non contra rabiem, nec denique con. tra ullum alium morbum » (caput III).

Le neuvième et dernier chapitre contient pourtant quelques réserves relativement à la transfusion d'homme à homme : « Transfusio sanguinis ex homine in hominem duplici modo fieri potest ; nec approbatur, nec improbatur, sed in medio reliquitur et ad experientiæ examen relegatur. »

Cette condamnation au nom de l'Église est, il ne faut pas l'oublier, le fait d'un particulier, Merklin. Quelques auteurs ont avancé que la cour de Rome avait fulminé contre la transfusion. Nous avons parcouru le Bullarium avec le plus grand soin, sans qu'il ait été possible de trouver la moindre allusion qui, de près ou de loin, eût quelque rapport à notre sujet.

A partir de 1679, nous n'avons plus à mentionner que quelques tentatives isolées : à Dantzik, le médecin Schmidt essaya de nouveau la transfusion. Il injecta des médicaments dans les veines des personnes atteintes de la syphilis, de la goutte, de l'apoplexie, et parvint, paraît-il, à en guérir plusieurs.

A Francfort-sur-l'Oder, les chirurgiens Balthazar, Kaufmann et Mathieu-Godefroi Purmann guérirent en 1683 un lépreux, en faisant passer le sang d'un agneau dans ses veines.

Francesco Folli, de Florence, en 1680, parla de la transfusion, surtout au point de vue du manuel opératoire et de l'instrumentation.

Michaelis Ettenmuller, de Leipzig, en 1682, recommande la transfusion contre les fièvres, l'hypochondrie, le scorbut. Il faut injecter à plusieurs reprises une petite quantité de sang.

M. de La Chapelle, en 1749, dans un livre intitulé : *Méthode naturelle de guérir les maladies*, est le premier qui ait essayé de ramener les esprits vers l'étude de la transfusion, mais ses efforts demeurèrent stériles.

Plus tard, Michel Rosa, professeur à Modène en 1788, pratiqua de nombreuses expériences sur les animaux ; une de ses conclusions, la plus importante, est la suivante : on peut, sans danger pour la vie, mêler au sang d'un animal le sang d'un animal d'une espèce différente. On peut par ce procédé ramener à la vie un animal rendu exsangue par hémorrhagie.

Darvin, médecin de Londres en 1796, conseille formellement de faire la transfusion sur l'homme avec du sang d'homme, d'âne ou de brebis, dans tous les cas où l'on se trouve en face de malades épuisés par la fièvre putride, et dans le squirrhe de l'œsophage.

On trouvera, dans la liste bibliographique complète que nous publions plus loin, diverses autres indications moins importantes, et qu'il eût été trop long d'incorporer dans notre historique.

XIXe SIÈCLE. — La transfusion du sang était depuis longtemps presque oubliée, quand, vers 1815, plusieurs auteurs, presque en même temps, écrivirent à son sujet : Hufeland, dans son livre *De usu transfusionis præcipue in asphyxia*, publié à Berlin. — De Grœfe, dans un ouvrage intitulé : *De novo infusionis methodo*, et Petrus Christius de Boer, dans sa *Dissertatio physiologica medica de transfusione sanguinis*.

Nous tenons à citer ces noms pour bien montrer que c'est à tort que généralement on attribue à Blundell d'avoir ressuscité la question ; sans doute ce sont ses expériences qui ont jeté le plus de lumière sur ce problème, c'est la méthode vraiment scientifique qu'il a employée qui a ouvert la véritable voie. Mais qui peut calculer le degré d'influence que les auteurs précités exercèrent sur ses études ?

Quoi qu'il en soit, on lit dans le *Medico-chirurgical transactions*, de 1818, le récit du fait clinique qui le poussa vers cette étude : « Il y a quelques mois, je fus appelé auprès d'une femme qui dépérissait, par suite d'une hémorrhagie utérine ; les pertes s'étaient arrêtées avant mon arrivée, mais le sort de cette malade était décidé ; malgré tous les efforts des médecins, elle mourut au bout de deux heures. Plus tard, réfléchissant à cette triste scène, car il y avait des circonstances qui lui donnaient un intérêt particulier, je ne pus m'empêcher de penser que la malade aurait pu être préalablement sauvée par la transfusion, et quoiqu'il y eût peu de convenance à opérer de la manière usitée, les vaisseaux auraient pu être remplis avec facilité et promptitude au moyen de la seringue. »

Toutefois, craignant que le sang ne fût plus propre aux fonctions animales après son passage dans la seringue, effrayé de plusieurs dangers que la pratique seule devait démontrer illusoires, avec une méthode parfaite, une clarté de déduction admirable, il institua une série d'expériences dont voici l'énoncé et les conclusions :

« 1° Transfusion du sang de l'artère d'un chien dans les veines d'un autre, au moyen de la seringue. »

Il parut évident par ces expériences que le sang n'est pas rendu impropre à l'usage de l'animal par son passage à travers la seringue.

« 2° Transfusion, par la seringue, du sang artériel d'un animal dans ses propres veines. »

On vit que le sang restait propre aux usages de la vie, quoiqu'il eût à plusieurs reprises passé par la seringue.

« 3° Expériences dans lesquelles le sang séjourna quelque temps dans la cupule de la seringue. »

.. Ces expériences prouvèrent que le sang est évidemment impropre à ses fonctions lorsqu'il a séjourné de 30 à 60 secondes dans la cupule de la seringue ; mais elles sont invalidées par celles qui suivent.

« 4° Expériences dans lesquelles un chien fut entièrement privé de son sang et reçut du sang humain. »

On peut conclure de ces expériences que le sang humain ne peut être substitué en *grande quantité* à celui du chien. Il est évident que la mort ne fut pas produite accidentellement, soit par la rapidité de l'injection, soit par la pléthore, soit par le séjour trop prolongé du sang dans la seringue, soit parce que l'on avait tenu l'animal dans un état de mort apparente trop prolongée. Tous ces accidents avaient été évités avec soin.

« 5° Transfusion avec du sang veineux, au lieu de sang artériel. »

Ces expériences furent conduites de la même manière que celles où l'on injectait du sang artériel. Les animaux soumis à l'expérimentation vécurent.

« 6° Expériences sur l'injection de l'air dans les veines. »

Il sembla que de l'air, soit atmosphérique, soit venant des poumons, pouvait être injecté dans les veines d'un chien sans troubler ses fonctions.

« 7° Expériences sur le temps que met le sang d'un chien à se coaguler. »

L'année suivante, 1819, il pratiqua la transfusion à un jeune homme atteint de vomissements opiniâtres, symptômatiques d'un cancer du pylore. Malheureusement le malade qui mourait d'inanition succomba le troisième jour. Aussi Blundell en conclut-il qu'il fallait réserver la transfusion pour les hémorrhagies seulement.

L'occasion de la mettre en pratique dans un de ces cas se présenta bientôt. Cette fois, la transfusion était bien indiquée, il s'agissait d'une hémorrhagie utérine. La malade était dans un état désespéré. Une première fois il injecta 4 onces de sang, la malade revint peu à peu de sa syncope. Il fit de nouveau 2 injections de la même quantité et il obtint un succès. En 1826 et en 1827, deux cas nouveaux se présentèrent, qui lui apportèrent un succès de plus.

Dès le début de ces recherches, nous voyons se multiplier singulièrement les ouvrages sur cette intéressante question.

En 1819, Moefft publie, à Berlin, sa *Dissertatio de sanguinis transfusione*; Tietzel, en 1824, fait paraître, sous le même titre, un important travail; enfin, un compatriote de Blundell, Waller, apporte son contingent : *Observations of the transfusion of blood*. Enfin dans sa thèse inaugurale en 1823, M. Milne-Edwards, touchant incidemment à ce point de l'histoire de la circulation, affirme, avec une hardiesse que les événements ont pleinement confirmée, que la transfusion du sang pourra être

d'un précieux secours dans le traitement des hémorrhagies graves.

Enregistrons pourtant une note discordante.
Revêtant d'une forme scientifique les arguments ap-
portés autrefois par Perrault, MM. Prévost et Dumas
condamnent sans merci la transfusion en des termes que nous croyons intéressant de rapporter :

« Cette opération malheureusement trop célèbre,
et dont on a tant abusé dans un siècle ignorant et
barbare mérite d'être abandonnée.

« Si l'on prend le sang qu'on injecte sur un animal d'espèce différente, mais dont les globules
soient de même forme, quoique de dimension différente, l'animal n'est qu'imparfaitement relevé, et
l'on peut rarement le conserver plus de six jours.

« Les animaux soumis à ces épreuves présentent
quelques phénomènes que nous ne devons pas
omettre : le pouls devient plus rapide, la respiration conserve son état normal, mais la chaleur s'a-
baisse avec une rapidité remarquable lorsqu'elle
n'est pas artificiellement maintenue dès l'instant
de l'opération ; les déjections deviennent muqueuses et sanguinolentes, et conservent ce caractère
jusqu'à la mort ; les facultés instinctives ne sont
point altérées. Ces observations s'appliquent à l'injection du sang frais, comme à celle du sang extrait
depuis douze et même vingt-quatre heures ; il suffit
d'en empêcher la coagulation par l'agitation ordinaire, et d'en séparer la fibrine isolée au moyen
d'un linge.

« Si l'on injecte du sang à globule circulaire à un oiseau, l'animal meurt ordinairement au milieu d'accidents nerveux très-violents, et comparables par leur rapidité à ceux que l'on obtient au moyen des poisons les plus intenses. Ils se manifestent encore, lorsque le sujet sur lequel on opère n'a point été affaibli par une notable déperdition de ce liquide.

« On a transfusé du sang de vache et de mouton à des chats et à des lapins. Soit qu'on ait pratiqué l'opération immédiatement après l'extraction du sang, soit qu'on ait laissé celui-ci dans un endroit frais pendant douze et même vingt-quatre heures, l'animal a été rétabli pour quelques jours dans un grand nombre de cas.

« Le sang de mouton transfusé à des canards excite des convulsions rapides et très-fortes, suivies de la mort. Souvent nous avons vu mourir l'animal avant que l'on ait achevé de vider la première seringue, quoiqu'il n'eût éprouvé qu'une saignée très-faible auparavant et qu'il fût fort bien portant.

« Nous nous bornerons, disent en terminant MM. Prévost et Dumas, à ce peu de mots sur la question que M. Blundell a tentée récemment avec succès, mais sous un point de vue différent du nôtre ; et s'il en a été fait mention ici, c'est afin de prouver que la transfusion sur l'homme doit être abandonnée comme absurde et dangereuse, tant que nous ne serons pas plus avancés sur la connaissance entière du principe actif du sang. » (*Bibliothèque universelle de Genève*, p. 226 et suiv., t. XVII, 6ᵉ année, 1821.)

De 1825 à 1828 les travaux se multiplient, Doubleday, Jewell, Burton-Brown, Clément, Hertwig, publient de nouvelles observations dans les journaux anglais. Cependant, dès 1828, Dieffenbach porte sur ce sujet son activité effrénée, et fait bientôt paraître un travail considérable. L'auteur rappelle que la transfusion peut être faite de deux manières.

1° Transfusion immédiate faite à l'aide d'un tube intermédiaire allant de l'artère de l'animal à la veine de l'autre.

2° La transfusion médiate (celle de Blundell), qui se fait en poussant dans une veine, au moyen d'une seringue, ou de tout autre appareil analogue, du sang tiré des vaisseaux d'un animal, plus ou moins longtemps après sa sortie. On trouvera, dans le livre de M. Oré, une analyse fort détaillée de ce mémoire. Pour nous, nous nous bornons à en rapporter les conclusions.

« 1° Un animal épuisé de sang peut être ramené à la vie par le sang d'un animal de son espèce, et continuer à jouir d'une santé parfaite.

« 2° Lorsque le sang provient d'espèces différentes, il peut quelquefois produire des signes de revivification ; mais il ne peut jamais conserver la vie.

« 3° Si, pour opérer la transfusion, on emploie

le sang d'un animal d'une espèce très-différente,
la mort en est toujours le résultat, même quand la
quantité injectée est très-petite.

« 4° Une saignée préalable rend les mammifères moins sensibles à l'action délétère du sang
des oiseaux ou des animaux à sang froid.

« 5° L'injection du |sang de mammifères ou de
poissons fait toujours périr les oiseaux, et la mort
s'accompagne toujours d'accidents semblables à
ceux que produisent les poisons narcotiques.

« 6° Si, après l'injection d'un sang étranger,
l'animal éprouve de fortes évacuations par le vomissement, les selles ou les urines, cette sorte de
crise diminue ordinairement le danger.

« 7° Le sang, exposé à l'air pendant longtemps,
ne perd ses propriétés revivifiantes que lorsqu'il
commence à se décomposer; mais, une fois putré-
fié, il produit les mêmes effets que toute autre substance animale en putréfaction.

« 8° Ni l'âge, ni le sexe, ni les différents états du
corps ne déterminent aucun changement dans
l'action du sang transfusé.

« 9° La transfusion ne transmet pas toujours les
maladies.

« 10° Le sang veineux est celui qui convient le
mieux pour cette opération.

« 11° La transfusion, même faite avec du sang
d'animal de même espèce, est toujours dangereuse,
et bien plus que ne l'ont pensé certains physiologistes. Quant à son emploi comme moyen théra-

peutique, cette opération semble indiquée dans le cas de mort imminente par hémorrhagie, et seulement lorsque toutes les autres ressources de l'art ont été employées inutilement; mais on ne doit jamais employer que du sang veineux humain. »

En 1838, un physiologiste d'un grand renom et d'une haute valeur, Bischoff, reprend sur une échelle plus grande encore ces expériences, et par leur nombre, leur variété, leur précision, fait faire un pas immense à la question. J'emprunte à M. Oré le résumé de son travail.

« Après avoir rappelé, au début de son Mémoire, les recherches de Prévost, Dumas, Dieffenbach, il s'arrête, en y insistant beaucoup, sur les faits qui semblent résulter des expériences de ces physiologistes :

« 1° L'indispensable nécessité de défibriner le sang pour opérer avec succès la transfusion; car une des difficultés de cette opération, en même temps qu'un des dangers les plus sérieux, se trouve dans la rapidité avec laquelle la fibrine fraîche se coagule.

« 2° Le sérum et la fibrine délayés ne peuvent pas ramener la vie dans un animal qui a perdu beaucoup de sang par suite d'hémorrhagie; d'où cette conclusion, que les globules sont le véritable *principe actif* de ce liquide (Dieffenbach).

« 3° Le battage du sang, ainsi que l'a prouvé Muller, employé pour lui enlever sa fibrine, n'altère en aucune façon les globules.

« Bischoff s'étonne cependant que du sang de mammifère injecté à des oiseaux puisse amener des effets foudroyants, car les globules des premiers, étant plus petits que ceux des autres, ne devraient pas arrêter la circulation dans le cœur et le cerveau (p. 349).

« Aussi jugea-t-il nécessaire de faire de nouvelles expériences.

« Elles peuvent être divisées en trois séries :

« 1° Expériences dans lesquelles du sang de mammifère a été introduit dans des veines d'oiseaux (poule, coq, oie, canard), *après avoir été défibriné.*

« 2° Dans la seconde série se trouvent celles où la même opération a été faite avec du sang *non défibriné.*

« 3° Dans une troisième série d'expériences, Bischoff se pose la question suivante :

« Du sang défibriné, emprunté à des animaux appartenant à une espèce, peut-il ramener la vie s'il est injecté dans les veines d'un animal d'une espèce différente, alors que ce dernier a été fortement épuisé par une hémorrhagie considérable? »

De ces trois séries d'expériences, Bischoff tire les conclusions suivantes :

« 1° Du sang frais de mammifère non défibriné, injecté dans les veines d'un oiseau, produit la mort en quelques secondes, en déterminant des phénomènes violents semblables à ceux que l'on observe dans l'empoisonnement.

« 2° Du sang de mammifère défibriné, injecté à

un oiseau, n'y produit aucuns phénomènes semblables aux précédents, et l'animal reste en vie sans trouble fonctionnel.

« 3° Du sang défibriné ne possède la propriété de rappeler à la vie *des animaux en état de mort apparente*, que lorsqu'il est injecté à des animaux de même espèce. Or, comme dans le sang défibriné les globules sont descendus dans le sérum, et que les expériences nombreuses citées jusqu'à ce moment prouvent *que le sérum ne possède pas la propriété de revivifier les animaux lorsqu'on l'injecte seul dans les vaisseaux*, il en résulte que ce sont les *globules* qui possèdent ce principe vivificateur.

« 4° La propriété qu'a le sang des mammifères de produire la mort dans les oiseaux, ne pouvant provenir d'un obstacle mécanique à la circulation, *il en résulte que c'est la fibrine qui, par suite de sa sortie des vaisseaux, passant de l'état de dissolution où elle est pendant la vie à l'état de coagulation,* renferme ce principe délétère. *Il sera donc utile et avantageux de défibriner le sang lorsqu'on voudra faire la transfusion.* »

Étrange destinée que celle de la transfusion ! Après ces nombreux travaux du commencement du siècle, il se fit un grand silence, et pendant plusieurs années les tables des journaux de l'époque n'eurent même pas l'occasion d'inscrire le nom de cette opération. De loin en loin seulement quelques hardies tentatives se signalent à l'opinion, tels le fait de Nélaton, celui de Monneret, mais surtout celui de MM. Devay et Desgranges, dont nous rapporterons ultérieurement tous les détails.

C'est seulement depuis 1860 que les investigations scientifiques, qui seules peuvent conduire aux succès de la pratique, reprirent faveur. Aux noms de Oré, Moncoq, Colin, Nicolas, Roussel se rattachent les recherches et les mieux conduites et les plus efficaces; recherches de longue haleine, et qui, par la succession rapide des perfectionnements que nous leur devons, constituent une des époques les plus intéressantes du dossier de la transfusion. En même temps, des instruments de maniement plus commode, de fonctionnement de plus en plus régulier, étaient chaque année livrés aux chirurgiens par d'habiles fabricants parisiens et belges.

A l'étranger, Landois, Eulenburg, mais surtout Panum et de Belina, entassaient les expériences avec les arguments en faveur de la défibrination du sang, pratique assez généralement suivie alors.

Cependant une réaction se produisit.

Tandis qu'on discutait encore les avantages et les inconvénients de la transfusion à l'homme du sang humain défibriné, que, en France, le dernier mot semblait rester définitivement aux transfuseurs *in toto* en dépit de l'opiniâtreté des défibrinisateurs, parut à Saint-Pétersbourg un travail du docteur Gesellius, qui devait signaler le début d'une vraie révolution dans la thérapeutique.

« Dans ce remarquable travail, très-savant et impétueu xréquisitoire, contre l'arrêt duquel la défibrination ne se relèvera pas, l'auteur, considérant que la seule transfusion rationnelle est celle qui se sert du sang dans sa totalité; que, d'un autre côté, il est inhumain et imprudent d'accepter d'un homme le sacrifice de son sang pour un autre; que, en tout cas, ce serait là une ressource extrême, et, par suite, un obstacle insurmontable à la vulgarisation de la transfusion, propose de revenir à la transfusion de l'animal à l'homme, telle que la pratiquaient Denys, Lower, King et la plupart des premiers transfuseurs (1). »

Cet appel fut entendu : Hasse, Kush, Kusten et bon nombre de médecins italiens entreprirent des expriences et des travaux sur ce sujet, et s'appliquèrent à étendre le champ des indications à un très-grand nombre d'affections chroniques, sans en excepter les affections mentales. Mais à côté des noms de Livi, Sponza, Albini, Vizyoti, partisans enthousiastes de la nouvelle méthode, pourquoi faut-il que nous ayons à signaler ceux de leurs adversaires? Panum et Landois reprirent leurs expériences; Ponfick et Worm Muller en instituèrent de nouvelles, et discutèrent froidement les résultats théoriques et pratiques de cette « innovation rétrograde. » Nous devons une mention toute particulière au travail de Worm Muller, admirable monument qui dominera longtemps l'histoire expérimentale de la transfusion, et auquel ce n'est

(1). Frantz Glénard, *De la coagulation spontanée du sang.* Paris, 1875.

que justice que nous rendions hommage pour les nombreux emprunts que nous avons dû lui faire.

En terminant cet historique, si nous considérons l'état de la question plus près de nous, nous verrons que l'étude de la transfusion s'est exclusivement restreinte au côté pratique. Les remarquables travaux de MM. Maurice Raynaud, Brouardel, Béhier, Blondeau, Anger, Lemonnier, Roussel, Glénard, Madges, Playfair, Braxton et Hicks marquent la dernière étape de la question en France et en Angleterre.

PHYSIOLOGIE EXPÉRIMENTALE

Si nous jetons les yeux sur les nombreuses expériences que nous devons à la longue série des physiologistes qui ont étudié successivement cette question, nous nous trouvons en présence d'un très-grand nombre de faits, mais bien peu présentent les résultats avec la précision qu'exige la science moderne, beaucoup même manquent de détails sur un point important de la question, celui, par exemple, de l'état d'intégrité ou de non-intégrité du sang injecté. Quelque incomplètes que soient ces données, nous croyons pourtant, au début de cette étude, devoir établir deux divisions indispensables.

1° *Transfusion avec sang complet.*

2° *Transfusion avec sang défibriné.*

Chacune de ces catégories nous offrira ensuite à considérer séparément les expériences pratiquées entre des animaux de même espèce et des animaux d'espèce différente.

1° TRANSFUSION DE SANG COMPLET.

A. *Entre animaux de même espèce.*

C'est sur le chien qu'ont porté la plupart des recherches. Elles ont pour auteurs Denys, Thomas Coxe, Blundell, Goodrige, Dieffenbach, Bélina.

Viennent ensuite les transfusions pratiquées sur le lapin, par Nicolas, et sur le mouton, par Cassini, Sponsa.

Dans la plupart de ces cas, les animaux survécurent et récupérèrent complétement la santé.

Si nous essayons de nous rendre compte des causes des insuccès, c'est dans l'état antérieur de ces animaux que nous croyons les trouver. Dieffenbach, en effet, avant de procéder à l'expérience, plongeait, par une hémorrhagie prolongée, les sujets dans un état de mort apparente. Dans un cas, des convulsions violentes se produisirent. Pendant les accidents nerveux, la pupille se dilata et se contracta alternativement, jusqu'à ce qu'elle restât complétement immobile et largement dilatée. Ce fut alors seulement qu'ouvrant la jugulaire, il y introduisit un tube communiquant avec le sang artériel d'un autre animal. Le chien qui recevait le sang parut d'abord respirer mieux, mais cependant il ne survécut pas.

Dans toutes les autres expériences, on se bornait à soustraire, soit avant l'injection du sang nouveau, soit pendant cette opération, quelques onces de sang à l'organisme sur lequel on expérimentait, et l'apport d'un sang de même espèce réparait heureusement cette perte récente.

Dans la relation de ces faits, je n'ai pas cru devoir tenir compte de la variété d'origine de la source sanguine. Quelquefois le sang fut emprunté à une veine. Le plus souvent il provenait, soit de la carotide, soit de la crurale. Quoi qu'il en soit, les résultats n'en paraissent pas avoir été influencés.

Quant à la quantité, son importance n'est pas aussi considérable qu'on serait tenté de le croire en l'absence de données certaines sur le poids des animaux en expérience. Elle a varié de trois onces à 16 onces, et, dans ce dernier cas qui appartient à Coxe, l'animal dut sans doute à une affection de la peau dont il souffrait d'être gratifié de cette dose un peu excessive. Il guérit, et de l'opération, et de sa maladie.

Que conclure de ces quelques faits fort incomplets, et dont beaucoup paraîtront à nos expérimentateurs actuels dépourvus de la rigueur scientifique qui préside au aujourd'hui aux recherches de cet ordre ? C'est que l'on pourra toujours espérer d'heureux succès de la transfusion entre animaux de même espèce, quand ils n'auront pas été préalablement épuisés par une hémorrhagie exagérée.

Mais j'aime mieux passer à des recherches plus dignes d'attention et mieux faites pour nous diriger dans la voie difficile de la pratique. Elles ont été instituées par Muller, professeur de physiologie à Stockolm.

Muller ne s'est point borné à tenir note du poids des animaux, de la quantité de l'urée éliminée ; mais, faisant appel aux récents et célèbres travaux de Malassez, il déclare que des expériences sérieuses sur la transfusion ne sauraient être suivies sans l'appareil mensurateur du nombre des globules.

Les expériences ont toutes été pratiquées sur des chiens.

1re expérience. — Chien de 5,910 grammes. On augmente la masse sanguine du sujet de 28 p. 100.

Température rectale immédiatement avant la transfusion... 39,8
Température rectale immédiatement après la transfusion... 39

Le sujet n'avait subi aucune perte de sang. Dès qu'il eut été replacé dans sa cage, il perdit 60 à 65 centimètres cubes de sang par la plaie d'injection. L'augmentation de poids avait été de 190 grammes après l'opération ; restait donc 125 à 130 grammes. Pas de fièvre. Le dénombrement des globules sanguins avant et après la transfusion montra que la masse sanguine, augmentée dès le principe, redescend à la normale au bout de vingt-quatre heures.

Le nombre des globules du sang injecté était de 275
Le nombre des globules du sang du sujet de..... 309
La masse sanguine une fois revenue à son volume normal. ce nombre était de............... 387
Soit une augmentation de 25 p. 100.

De ce fait, on conclut donc que :
a). La masse sanguine est considérablement accrue dans les premières heures qui suivent la transfusion.

b). L'exsudation se fait rapidement, mais successivement ; trois heures après, on peut évaluer à la moitié de la masse injectée celle qui a subi le phénomène d'exsudation.

c). Au bout de 24 heures, la normale de la masse sanguine a reparu. Quant au nombre des *globules sanguins*, dès la quarantième heure il subit une diminution rapide, jusqu'au degré d'hypoglobulie qui précédait l'opération.

Examine-t-on maintenant ce qu'il en est de *la nutrition des animaux* depuis l'injection.

L'animal avait été tenu à jeun depuis huit jours au moment de l'opération, et l'était resté depuis.

Perte quotidienne avant transfusion, de   100 à 120 gr.
Perte vingt-quatre h. après transfusion   250 gr.
Perte les jours suivants, de...........   110 à 140 gr.

Comme on le voit, la perte de poids n'est nullement atténuée par la transfusion.

Que si l'on porte son attention sur *les sécrétions de l'urine et celle de l'urée*, on les voit manifestement augmentées par l'opération.

Quantité d'urine avant transfusion....   40 gr.
Vingt-quatre premières heures après..   90 gr.
Trois ou quatre jours suivants.......   50 à 60 gr.
Quantité d'urée avant transfusion.....   3 gr.
Quantité d'urée pendant les vingt-quatre
    heures après....................   6 gr.
Quantité d'urée pendant les trois jours
    suivants......................   5 gr.
Quantité d'urée pendant les trois jours
    suivants......................   3 gr.

L'augmentation de la quantité de l'urine et de l'urée excrétées après la transfusion est donc manifeste.

2e expérience. — Chien de 7,790 grammes. La masse du sang a été augmentée de 30 p. 100 au moins. C'est après une inanition de trois jours qu'on a pratiqué la transfusion.

Le poids après l'opération étant de 7,960 gr., nous dénote une différence de 170 gr., c'est-à-dire la quantité de sang

injecté, si l'on tient compte de l'émission de 10 à 15 centimètres cubes d'urine.

Température rectale après la transfusion... 38,5

Le dénombrement globulaire indique que la pléthore n'a
été que de courte durée, que la masse sanguine paraît revenue après un jour au quantum primitif.

Nombre des globules du sang du sujet avant
l'opération................................... 328
Nombre des globules du sang injecté........ 300
Nombre des globules du sang du sujet cinq ou
six heures après.......................... 375
Nombre des globules du sang du sujet vingt-
quatre heures après....................... 414
Nombre des globules du sang du sujet trois
jours après............................... 433
Nombre des globules du sang du sujet quelques
jours plus tard........................... 486

Ce qui nous dénote une augmentation de 16 p. 100. La
moitié du liquide infusé avait donc filtré à travers les parois
vasculaires.

Comme on le voit, cette expérience n'est pas absolument
comparable à la précédente, qui nous avait offert une diminution considérable de globules après les premières quarante-
huit heures.

3e *expérience*. — La masse du sang a été augmentée de
58 p. 100. Le sang injecté a été conservé vingt heures en un
bain de glace.

Immédiatement avant la transfusion,
poids de............................. 6710 gr.
Immédiatement après la transfusion,
poids de............................. 7010 gr.
soit une augmentation de 300 grammes.
Temp. rectale immédiatement avant...... 38,8
Temp. rectale immédiatement après...... 38,6

1° Aucun changement dans la manière d'être de l'animal.

L'urine offrit une couleur jaune brun intense, mais pas de bile, pas d'urée, pas de sang, pas d'albumine, pas de sucre.

    2° Le nombre des globules avant la transfusion
        était de... 291
    Le nombre des globules dans le sang injecté
        était de... 300
    Le nombre des globules, vingt minutes après
        la transfusion, était de................... 396

La moitié du plasma injecté avait déjà disparu. Cependant, pendant les premières vingt-quatre heures, il y eut un temps d'arrêt, et le nombre resta à 394. Dans les soixante-douze heures qui suivirent, il s'éleva à 465.

Dans les expériences précédentes, la masse sanguine était revenue à la normale beaucoup plus tôt; mais il semble que, lorsque la pléthore dépasse 60 p. 100, elle exige plus long-temps pour se dissiper.

Il est bon d'ajouter que, le sang ayant été maintenu assez longtemps dans un bain glacé, les globules ont conservé au moins trois jours leur intégrité, ce qui prouve que cette manipulation ne leur avait pas été nuisible. Au cinquième jour, on rouve un petit nombre de globules altérés.

    Au 4e jour, nombre de globules.............. 465
    Au 5e jour (1er septembre), nombre de glob. 419
    Au 8e jour (3 septembre), nombre de glob... 400
    Au 11e jour (6 septembre), nombre de glob.. 419
    Au 12e jour (7 septembre), nombre de glob.. 231
    Au 24e jour (19 septembre), nombre de glob. 246

On voit que l'oscillation maximum se produisit vers le onzième jour, puis qu'il y eut une descente depuis ce temps. Le 7 septembre, le chien avait reçu de la nourriture. La croissance du nombre des globules continue donc quatre ou cinq jours, et au bout de trois semaines au plus le retour au nombre primitif s'était produit.

    3° La diminution de poids du corps est restée ce qu'elle était depuis le commencement de l'expérience. L'augmentation de la sécrétion d'urée n'est pas douteuse.

Avant la transfusion, de.......... 4 à 5 gr.
Dans les 24 heures qui suivent..... 10 gr.
Du 4° au 5° jour................... 5 1/2 à 6 gr.

Le poids spécifique de l'urine a été manifestement diminué, parce que sa quantité absolue a été manifestement augmentée ; les jours suivants, au contraire, le poids spécifique était plus grand qu'avant l'opération.

Avant l'opération.... 1,05
Le lendemain....... 1,04
Les jours suivants, de 1,073 à 1,079

L'origine de ces variations de l'urée vient, sans doute, du plasma, car on n'a point observé dans le nombre des globules de diminution apparente. Mais, comme la quantité d'urée dépasse celle de la masse albuminoïde injectée, on peut lui supposer trois sources principales :

a) Combustion de la substance graisseuse.
b) Coups albuminoïdes du plasma.
c) Destruction de globules sanguins.

L'urine, dans les premiers jours, était brun sombre et contenait beaucoup plus de pigment que d'ordinaire ; quelques jours après, le nombre des globules, pendant la production de l'urée, se maintenait au chiffre élevé qui a été mentionné. On voit donc bien que c'est d'abord au plasma sanguin, ensuite aux globules que l'urée emprunte ses matériaux de formation.

4° expérience. — Augmentation de la masse, 83 p. 100.

Poids de l'animal avant..................... 4560
Poids de l'animal après..................... 4850
Le poids du sang injecté, donc.............. 290
Nombre des globules du sujet avant.......... 214
Nombre des globules du sang injecté......... 200
Nombre des globules un peu après transfusion. 306
Nombre des globules le lendemain............ 354
Nombre des globules 48 heures après......... 382
Nombre des globules 4 jours après........... 394
Nombre des globules 4 semaines après........ 305

Chiffre de l'urée, 27 juillet, jour de la transfusion.

—	28	7,208
—	30	7,535
—	31	5,009
—	1er août,	3,904

5e *expérience*. — On augmenta la masse du sang de 75,5 p. 100. L'expérience dura du 22 août au 2 septembre.

Poids de l'animal avant la transfusion... 3440
Poids de l'animal après la transfusion... 3640
Poids du sang injecté................. 200
Nombre des globules avant la transfusion. 305 à 313
Nombre des globules du sang injecté.... 300
Nombre des globules 3 heures après.... 396

A partir de ce moment les globules diminuèrent et la coloration de l'urine devint plus foncée.

Chiffre de l'urée :

23 août.	5,086	28 août.	1,93
24	2,2	29	4,53
25	3,48	30	4,1
26	3,36	31	4,32
27	2,76	1er sept.	2,57

Les animaux qui ont survécu aux expériences 4 et 5, et dont la masse totale a pu être augmentée de 30, 60 et même 83 p. 100, ont été revus trois ou quatre ans après, et leur santé ne paraissait pas en avoir souffert.

Ces expériences sont remarquablement comparables avec celles qu'a publiées Lesser récemment (1).

6e *expérience*. — Dans cette expérience on transfusa à l'animal plus du double de la masse sanguine. Des symptômes morbides se montrèrent durant toute sa durée, surtout à la fin, où la gueule de l'animal s'emplit d'une écume sanguino-

(1) *Berichten der Sachsischen Gesellschaft der Wissenchaften, math. phys. Classe.* August 1774, S. 174.

lente. Emission de 2 à 3 gr. d'urine sanglante. Le lendemain, il manifestait une grande faiblesse. Le troisième jour, au matin, il était mort.

Poids du corps avant la transfusion......... 5955
Poids du corps après la transfusion......... 6690
Poids du sang injecté..................... 735
Poids du sujet le lendemain 6510
Nombre des globules avant................. 475
Nombre des globules du sang injecté........ 264
Nombre des globules immédiatement après.. 345

On voit que le nombre des corpuscules fut immédiatement diminué, résultat qui est contraire aux précédents.

Nombre de globules le lendemain 491

Ce fut la limite maximum.

Depuis l'opération jusqu'à sa mort, il a émis 152 c. cubes d'urine, contenant 3 gr. 69 d'urée.

A l'autopsie, faite le matin même, les poumons sont injectés sans extravats; le cœur est fortement contracté, les veines turgescentes ; sous le péricarde, vers la pointe du cœur, ecchymose ; dans le cœur gauche liquide sanguin sans caillot. Epiploon très-injecté, veines mésentériques très-distendues par le sang, veines de l'abdomen en général et surtout de la circulation porte extrêmement congestionnées.

7ᵉ expérience. — Du 7 au 17 juillet, il subit une augmentation de 154 p. 100.

Poids du chien avant la transfusion. 3280
Poids du chien après la transfusion. 3670
Poids du sang injecté............. 390

Poids du sujet :

7 juillet,	3655	13 juillet,	3205
8	3530	14	3015
9	3440	15	2920
10	3355	16	2800
11	3280	17	Mort.
12	3400		

Quantité d'urée :

8 juillet,	0,714	12 juillet,	0,497
9	0,398	13	0,424
10	0,373	14	0,570
11	0,540		

Nombre des globules dans le sang injecté..... 254
Nombre des globules du sujet avant l'opération. 243
Nombre des globules, le lendemain.......... 358
Nombre des globules, le quatrième jour...... 313
Nombre des globules, 5 jours et plus tard. 313, 318, 335.

L'animal mourut de pneumonie le 17 juillet. Cette expérience, dont il suffit de considérer les tableaux pour comprendre la portée, est en parfaite concordance avec celle de Lesser (1).

De ces résultats importants, nous croyons intéressant de mentionner ceux de Panum (2).

Dans une première expérience, une augmentation de la masse sanguine de 83 p. 100 n'avait amené aucun trouble.

La seconde, où l'augmentation fut de 85,3, se compliqua d'une embolie, qui obscurcit malheureusement les résultats mais peut-on de cet accident de l'expérience tirer un argument véritable pour affirmer la nocuité de l'injection? Une nouvelle transfusion fut pratiquée sur le même sujet. Elle était de 260 grammes. L'animal parut alors beaucoup souffrir de pléthore : pouls plein d'abord, puis dépressible et lent, très-irrégulier, à peine susceptible d'évaluation. Le sujet fut sacrifié dans ces circonstances. L'autopsie révéla une embolie pulmonaire. Le système veineux abdominal était gorgé de sang.

Nous avons cru devoir rapporter tout au long ces magnifiques expériences, qui laissent bien loin derrière elles, par leur exactitude et la rigueur

(1) *Loco citato.*
(2) *Virchow's Archiv.*, Band. 29, Jahrg. 1864, S. 258-264.

scientifique qui a présidé à leur institution, les documents assez nombreux de ces dix dernières années. Essayons maintenant de jeter un coup d'œil sur leur ensemble et d'en tirer des conclusions.

Ce qui nous frappe tout d'abord, c'est la bénignité et, pour mieux dire, la nullité des symptômes au bout de quelques jours. Ce résultat est bien fait pour encourager les esprits hésitants. Beaucoup, en effet, se préoccupent outre mesure de la pléthore qu'ils croient inévitable après ces opérations. Chose étrange! les médecins n'ont jamais redouté de faire perdre à leurs malades des quantités énormes de sang, et l'addition de quelques grammes de ce liquide leur paraît chose dangereuse. Ils craignent les extravasats, les hémorrhagies, les ruptures vasculaires étendues et mille autres dangers. Mais avant de leur opposer les expériences auxquelles je viens de consacrer la plus grande partie de ce chapitre, ne trouverait-on pas dans la pratique journalière de la chirurgie des arguments d'une réelle valeur? La généralisation si rapide, si heureuse de la méthode d'Esmarh pour les amputations ne nous offre-t-elle pas chaque jour les exemples de l'augmentation de la masse absolue du sang. Or, l'expérience a-t-elle montré la fréquence plus grande, après l'emploi de cette méthode, des congestions des organes internes et des hémorrhagies soit primitives, soit secondaires? Quelques faits ont été allégués à l'appui de cette thèse, mais leur rareté en a fait justice.

Reprenons maintenant, en les groupant, les résultats partiellement obtenus dans les expériences précédentes.

Dès les premières heures qui suivent la transfusion, le plasma sanguin subit un mouvement d'exosmose, grâce auquel près de la moitié de la masse a disparu en quatre heures environ. L'accroissement calculé de la masse, du fait de l'opération est donc en réalité très-passager et diminue d'une façon progressive, comme l'accroissement relatif du nombre des globules le montre de la façon la plus évidente. On sait avec quelle rapidité la régénération sanguine se fait après les saignées, la déplétion du système vasculaire après la transfusion ne se fait pas moins vite. Est-ce aux vaso-moteurs qu'il faut attribuer ce rôle de régulateur, de coordinateur et cette véritable fonction d'accommodation ? Les expériences de Schiff, de Ludwig, Vierordt, Vulpian, Panum, Bunsen, semblent l'affirmer.

Quant à la masse globulaire elle-même, il est facile de se rendre compte du rôle qu'elle joue dans ces phénomènes. Le globule jouit d'une vitalité considérable. Les expériences précédentes nous ont montré combien cette résistance était plus grande après un refroidissement prolongé (bain à 0 pendant 24 heures). Mais dans tous les cas cette résistance s'épuise au bout de quelques jours, et l'on voit alors la masse globulaire diminuer avec des oscillations dont les limites sont difficiles à préciser. Le globule se détruit donc. C'est alors surtout que

l'on voit la quantité d'urée subir d'importantes variations et présenter un accroissement réellement
considérable. Nous sommes loin de mettre exclusivement cette augmentation sur le compte de la
combustion globulaire ; l'auteur lui-même du mémoire que nous avons analysé précédemment lui
reconnaît diverses autres sources fournissant surtout à l'augmentation immédiate d'urée ; mais dès
que la destruction globulaire a commencé, il est
impossible de méconnaître une relation de cause à
effet. Cependant, sur un cas cité par l'auteur de
cette observation avec sa bonne foi ordinaire, il y
eut à la fois augmentation des globules et de l'urée.
Il avoue que, dans ce cas, l'origine de l'urée est des
plus obscures, mais ne croit pas devoir en modifier
la conclusion générale précitée.

Rapportons à ce propos l'opinion de Muller :
« La lymphe après la transfusion présentait une
teinte rouge des plus caractéristiques, on y trouvait
en nature des corpuscules sanguins nombreux. Ils
auraient donc passé des vaisseaux sanguins dans
le torrent lymphatique. » On voit que Muller est
un partisan convaincu de la diapédèse globulaire.

La difficulté qui s'attache à l'étude des pigments
et de la matière colorante du sang n'a malheureusement pas permis à l'auteur de vérifier expérimen-
talement cette théorie probable de la destruction
des globules.

Résumons-nous. La transfusion produit dans

l'organisme de l'animal qui y a été soumis des effets sensibles, mais de peu de durée.

Au bout de peu de jours, tant sous le rapport globulaire que sous celui du plasma, le sang est revenu à son état primitif.

B. *De la transfusion du sang complet entre animaux d'espèces différentes.*

Ces animaux peuvent appartenir à la même classe, quoique d'espèce différente, aussi convient-il de subdiviser ce chapitre en trois parties, comprenant la transfusion entre : 1° animaux d'espèce différente, mais de la même classe ; 2° animaux de classes différentes, mais tous à sang chaud ; 3° animaux, les uns à sang froid, les autres à sang chaud.

1° Animaux d'espèces différentes, mais de la même classe.

« Lorsqu'on introduit dans l'organisme d'un animal du sang provenant d'un autre animal d'espèce différente, les effets de l'opération ne sont pas les mêmes que lorsque les deux individus entre lesquels l'échange du fluide nourricier a lieu appartiennent à la même espèce. Il semble aussi qu'en général, la différence dans l'action du sang est d'autant plus grande, que les animaux sur les-

quels on opère offrent entre eux des dissemblan-
ces plus profondes. »

« Effectivement, ajoute M. Milne Edwards, c'est
seulement par la transfusion du sang provenant
d'un individu de la même espèce que des animaux,
devenus exsangues par suite d'une hémorrhagie,
ont pu être rendus à leur état normal, et lorsqu'au lieu de remplacer le sang qu'ils avaient
perdu par du sang semblable, on a employé le
fluide nourricier d'un animal de même classe, mais
d'un genre différent, le rétablissement n'a été
qu'incomplet. »

Examinons quelles sont les expériences que nous
offrent les différents physiologistes qui se sont occupés de cette question, relativement à ce point
spécial.

Dans toutes ces expériences, nous aurons toujours soin d'indiquer en regard la forme et le volume des globules sanguins des différents animaux

1° De l'homme (1/126) au chat (1/173).

Une seule expérience a été faite; elle appartient à Dieffenbach.

Expérience. — On retira à un chat 3 onces (85 gr. 5) de
sang, puis on lui injecta 2 onces (56 gr. 70) *de sang humain.*
Après l'injection des trois premiers gros, l'animal poussa un
cri plaintif très-fort, fit des soupirs profonds, la circulation et
la respiration devinrent très-rapides; à mesure que la quantité
de sang injecté devint plus grande, la gêne de la respiration
augmenta; enfin l'animal mourut tout à coup, après quelques
mouvements violents, mais non convulsifs.
Autopsie. — Les organes sont gorgés de sang noir et coa-

gulé ; à la base du crâne, il y a une extravasation sanguine.
(Dieffenbach.)

2° Transfusion pratiquée sur le chien (1/139) avec
le sang de divers animaux.

a) De l'homme. Le diamètre des globules de
l'homme est de 1/126 c. de millimètre. Après avoir
fait perdre à trois chiens une assez grande quantité de sang, Blundell leur trans- fusa du sang
humain. Immédiatement après l'opération, l'animal parut se ranimer, mais il ne tarda pas à
succomber. Voici le détail de ces expériences :

1re *expérience.* — A un chien de petite taille en pleine santé,
on retira 4 onces (113 gr. 40) de sang par l'artère fémorale :
il fut pris de dyspnée, de mouvements convulsifs ; la circulation s'arrêta, l'asphyxie devint complète. 4 onces (113 gr. 40)
de sang humain furent injectées par parties dans sa veine fémorale : le chien sembla se ranimer, la respiration et la circulation se rétablirent ; mais quelques minutes s'étaient à
peine écoulées que l'animal succombait. (Blundell.)

2° *expérience.* — On retira 11 onces (311 gr. 85) de sang à
un vieux chien basset : aussitôt on observa de la dyspnée,
l'arrêt de la circulation, des mouvements convulsifs ; l'animal
allait succomber. On lui injecta 10 onces (283 gr. 5) *de sang
humain* divisées en cinq parties : quoique très-faible, l'animal
put marcher ; cependant il mourut douze heures après l'opération. (Blundell.)

3° *expérience.* — On enleva du sang à une chienne tant
que les phénomènes ordinaires de l'hémorrhagie, tels que
soupirs, convulsions, absence de la circulation, ne se montrèrent pas ; elle perdit ainsi 7 onces de sang (198 gr. 45). 6 onces
(170 gr. 10) de sang retirées *du bras d'un homme* furent injectées dans ses veines : la respiration se rétablit un peu, les

muscles abdominaux se contractèrent; mais le cœur n'eut que des mouvements faibles et irréguliers. Enfin la chienne fut reprise par les convulsions; elle fit quelques efforts pour vomir, et peu de minutes après elle succomba. (Blundell.)

4e *expérience*. — A un jeune et vigoureux chien on retira 8 onces (226 gr. 80) de sang : il tomba dans un état de faiblesse assez prononcé, mais la respiration s'exécutait toujours. 6 onces (170 gr. 10) *de sang humain* lui furent injectées du côté du cœur par la veine jugulaire : cette injection ranima un peu l'animal, le pouls revint très-sensible; mais bientôt la respiration devint lente, son corps se refroidit. Une heure après il succombait. (Blundell.)

5e *expérience*, — 4 onces de sang (113 gr. 40) furent enlevées à un chien, et on lui injecta 3 onces (85 gr. 5) *de sang humain*. Cette injection fut faite par demi-once et par intervalles. La mort apparente ne fut pas aussi complète que dans les autres expériences. La transfusion fit revenir l'animal d'une manière plus parfaite; il n'eut pas de vomissements et fut tout de suite capable de marcher. Deux heures après l'opération, il fut altéré et affaissé; le pouls devint faible et petit, et l'on ne put observer s'il était intermittent ou non. Ces symptômes disparurent, et le troisième jour il paraissait parfaitement rétabli; mais deux jours après il éprouva les symptômes d'une hydropisie du péricarde, à laquelle il succomba. (Blundell.)

6e *expérience*. — Du sang humain, ayant séjourné *de trente à soixante secondes dans un vase*, a été introduit dans les veines de plusieurs chiens; ils ont tous succombé, soit immédiatement après l'opération, soit quelque temps après, soit après plusieurs jours.

Ces expériences avaient été tentées par M. Goodrige de la Barbade et par le docteur Leacock.

b) Veau (1/168). Voici comment Denis en rend compte dans une lettre écrite en avril 1667 :

1re *expérience*. — « Depuis les expériences au sujet desquelles je vous ai écrit le 9 du mois précédent, nous avons fait passer le sang de trois veaux dans trois chiens, afin de nous assurer des effets que pouvait produire le mélange de deux sangs si différents. Je vous en ferai savoir plus au long les particularités dans quelque temps; maintenant, je me contenterai de vous dire que les animaux sur lesquels on a fait la transfusion du sang mangent tout aussi bien qu'auparavant, et qu'un de ces trois chiens, à qui on avait tiré tant de sang le jour précédent qu'il ne se pouvait presque plus remuer, ayant le lendemain reçu le sang d'un veau. reprit à l'instant des forces et fit paraître une vigueur surprenante. » (Extrait d'une lettre de M. Denys à M***, avril 1667, p. 63.)

2e *expérience*. — Après avoir saigné un chien de manière à le rendre exsangue, Dieffenbach lui injecta une once et demie de sang de bœuf, qui était resté pendant quarante heures au contact de l'air; la respiration et la circulation s'accélérèrent d'abord, mais peu à peu elles reprirent leur caractère normal, l'animal poussa quelques gémissements, les pupilles se dilatèrent énormément, et au bout d'un quart d'heure, lorsque l'expérience fut terminée, l'état de l'animal était tel qu'on devait s'attendre à une mort prochaine. Cependant, après trois heures il était sensiblement mieux, et au bout de quelques jours complètement rétabli.

Sur le même animal l'expérience fut répétée avec du sang de bœuf tiré depuis vingt-quatre heures, on ne lui tira qu'une once et demie de sang de la jugulaire; les mêmes symptômes se montrèrent d'abord, huit heures après l'animal était mort.

Les circonstances qui ont accompagné cette seconde série d'expériences compliquent singulièrement le problème. Quoi qu'il en soit, les trois faits de Denys sont des plus démonstratif. Nous sommes heureux du reste de les corroborer par des faits mieux observés.

Dans un travail remarquable (1) publié récemment par notre excellent ami le docteur Glénard, nous trouvons, outre un grand nombre de documents fort intéressants pour la question, le récit du fait suivant :

3e expérience. — La jugulaire externe gauche d'une vigoureuse chienne loulou âgée de 15 mois fut découverte sur une étendue de 2 centimètres et demi, isolée et chargée sur un fil à ligature ; une incision transversale partielle du vaisseau procura, dans un intervalle de 30 minutes, une saignée de 450 grammes. Immédiatement après on procéda à la transfusion. Le sang injecté provenait d'une vache et aurait été, suivant la méthode de l'auteur, conservé dans son intégrité.

Au bout de 15 minutes, la respiration du chien devint bruyante, haletante, très-dyspnéique ; on voyait, autant que le permettait la muselière très-serrée, les joues se gonfler à chaque expiration et l'écume se répandre sur les lèvres ; il parut voisin du trépas.

Mais point : la transfusion ayant été arrêtée, on lia la jugulaire au-dessus et au-dessous de la piqûre, et l'animal fut laissé en liberté. La respiration reprit aussitôt son rhythme presque normal ; la chienne fît quelques pas en titubant un peu et vint se coucher sur les quatre pattes (mais non sur le flanc), où elle resta immobile, les yeux ouverts et regardant suivant les mouvements qu'on faisait autour d'elle. On lui présenta de l'eau qu'elle refusa de boire.

Dans la soirée, on retrouva l'animal gambadant et mangeant de fort bon appétit ; le lendemain, il avait sa gaieté habituelle et se faisait même remarquer par sa voracité ; et, depuis ce moment, depuis un mois et demi, il n'y a rien eu qui puisse trahir la grave opération qu'on lui a fait supporter. La plaie se cicatrisa très-rapidement ; l'animal n'a pas eu la moindre toux qui pût faire supposer une embolie pulmonaire.

La température rectale du chien, de 39,6 avant l'opération, fut retrouvée la même un quart d'heure après. Le soir, à 8 heures 30, elle était à 38,4. Le lendemain matin, on la re

(1) *Contribution à l'étude des causes de la coagulation spontanée du sang,* par Frantz Glénard. Paris, 1875.

trouvait à 39,6, et l'animal étant bien portant on jugea inutile de continuer ces explorations. Rien ne manque à cette observation.

Après un tel fait, la conclusion s'impose : le sang du bœuf infusé dans les veines du chien n'y exerce aucune action nocive.

c) De l'agneau (1/209). C'est Cassini qui a rapporté le fait le plus célèbre de cette série. Nous en empruntons le récit au *Journal des Savants*, de 1668, et le ferons suivre de quelques expériences de Worm Muller.

1re *Expérience*. — Le 20e jour du mois de mai dernier, à Udine, chez M. Griffoni, une autre expérience de la transfusion du sang d'un agneau dans les veines d'un chien *braque*, qui était de médiocre grandeur en son espèce, âgé de treize ans, et tout à fait sourd depuis plus de trois ans, en sorte que, quelque bruit qu'on fît, il ne donnait aucune marque de l'entendre ; il marchait fort peu, et était si faible que, ne pouvant lever les pieds, il ne faisait que se traîner. Après qu'on lui eut fait la transfusion et qu'on l'eut délié, il demeura l'espace d'une heure sur la table où il était ; mais ensuite en étant descendu, il alla trouver ses maîtres qui étaient dans d'autres chambres. A deux jours de là, il sortit de la maison et se mit à courir dans les rues avec les autres chiens, sans traîner les pieds comme il faisait auparavant ; l'appétit lui revint aussi, et il commença à manger davantage et avec plus d'avidité que devant. Mais ce qui est plus surprenant, c'est que dès lors il donna des marques qu'il commençait à entendre, se retournant quelquefois à la voix de ses maîtres. Le 13e jour de juin, il était presque guéri de sa surdité, et il paraissait, sans comparaison, plus gai qu'il n'était avant l'opération ; et enfin, le 20 du même mois, il avait entièrement recouvré l'ouïe, avec ce défaut néanmoins que, lorsqu'on l'appelait, il se retournait en arrière, comme si celui qui l'appelait eût été fort éloigné ; mais cela n'arrivait pas toujours, et cependant il entendait toujours quand on l'appelait. » (*Loco præc. cit.*, p. 88.)

2° *expérience*. — On a transfusé 16,4 p. 100 de la masse totale du sang d'un agneau; la masse sanguine a été augmentée de 10 p. 10 environ. Le chien en expérience pesait, avant la transfusion, 320 grammes, et après 350 grammes. La transfusion a duré une minute un quart. Divisés en intervalles, on a injecté 42 grammes de sang. Immédiatement avant la transfusion, la température était de 38 degrés, et immédiatement après de 38° 3.

	Tempér.	Poids du corps.		Perte de poids.	Nombre moyen de globules.s
1874. 25 sept.		3 k. 480 gr.			277
26	38/38.3	3 k. 320 gr.	{ 3.320 3.362		301—369
27	39.5	3 k. 272 gr.		0,048	287
28	38,6	3 k. 080 gr.		0,192	
20					279.7

1° Le chien fut d'abord un peu affaibli, il émit de l'urine, il eut des frissons, le lendemain de la fièvre. La blessure fut la première heure rouge couleur de sang et autour de sa surface il y avait comme une hémorrhagie capillaire, mais le sang ne sortit pas au dehors. Le lendemain la blessure resta rouge avec quelques traces d'hémorrhagie, et le troisième jour elle suppura. Une abondante quantité d'un fluide brun et purulent s'en écoula. Les lèvres de l'animal étaient froides et sanglantes. On le nourrit alors et il fut en peu de jours remis.

2° Nous avons dans cette observation comme dans l'expérience avec le sang défibriné de l'agneau de l'urine sanglante, une hémorrhagie capillaire, symptômes de la dissolution du sang et j'ai observé comme dans mes expériences sur le sang défibriné, je n'avais observé que rarement une élévation momentanée de la température.

3° Le nombre des globules du sang d'agneau était, une heure après, considérablement amoindri : de 269 corpuscules sanguines avant l'opération, on n'en trouva plus que 18 ou 19. Le lendemain, sur 287 corpuscules on en trouvait 20 appartenant à l'agneau, c'est-à-dire assez peu pour qu'on les considère comme à peu près détruits immédiatement après l'opération ; mais les globules sanguines du chien n'ont presque point subi d'influence.

3e *expérience*. — Sang d'agneau transfusé, 29 p. 100. Augmentation de la masse totale du chien, 25 p. 100. La transfusion se fit de la carotide à la jugulaise. Avant l'expérience, le chien pesait 7 k. 99; après, 8 k. 17. Différence, 180 gr., soit 19 p. 100.

Dates.	Poids du corps.	Perte du poids.	Nombre des corpuscules sanguins.	Température rectale.
1874. 21 sept.	8,790		293	
22	8,420	0,370		
23			306,83	
24		0,230		
25	8,190		310	
26	7,980		313,3	38,5
	8,170		233	40,3
27	7,750	0,240	266	39,8
28	7,370		Mort du chien.	

1° Peu de temps après l'opération, le chien fut dans un état véritablement lamentable (*elenden*); la première demi-heure, il fut haletant et vomit des mucosités non sanguinolentes, puis survint une hémorrhagie par la plaie : on l'arrêta avec de la charpie.

Le lendemain, le chien émit de l'urine sanguinolente; il se forme une perte sanguine sous-cutanée ; la fièvre paraît moindre, symptômes généraux mauvais : lèvres froides, à peine le chien peut-il tenir debout. Le lendemain, je trouve l'animal mort et rigide.

2° Immédiatement avant la transfusion, le nombre des globules était 313, mais il diminua rapidement; il est probable qu'aucune exosmose du plasma ne suivit l'opération : on trouva environ 320 globules (de 239 à 241 gl. de chien et environ 140 de mouton). Deux heures après l'opération, le nombre des globules était 233 (200 de chien environ et 33 environ d'agneau). Les globules d'agneau étaient décolorées, mais pourtant inaltérées. Les globules de chien paraissaient diminuées de nombre, mais l'hémorrhagie ne me permit pas à cet égard d'évaluations précises : le lendemain, le nombre des globules était 266 (212 de chien environ et de 50 à 52 d'agneau).

Autopsie. Cavité abdominale. — Dans le gros intestin, infil-

tration sanguinolente et mucoso-sanguinolente. Le foie est ictérique et fortement teint en jaune ; la vessie contient 40 cent.
cubes d'un liquide couleur de sang. Poitrine : dans le cœur
droit, caillots jaune-brun, et, au-dessous de l'endocarde, sur
les valvules comme sur les parois de l'organe, petites infiltra-
trations irrégulières et sanguinolentes.

Dans cette expérience, les symptômes généraux furent l'hémorrhagie et la fièvre. Un symptôme qu'on a vu jusqu'ici
dans les transfusions d'agneau à l'homme, apparut : c'est l'ictère. Le foie est fortement imprégné de bile, le cœur plein de
de caillots couleur de bile, l'urine était teinte en jaune sans
donner de réaction biliaire.

4ᵉ expérience. — Quantité de sang injecté 32 pour 100 :
augmentation de la masse du sang 37 pour 100. Le chien en
expérience pesait 6 kil. 05, et après l'expérience 6 kil. 20 :
différence 150 grammes ; soit 32 pour 100 de la masse totale.

	Datés.	Poids du corps.	Nombre moyen des globules.
1874 sept.	18		220.67
	19	6.550	217.84
	20	6.330	
	21	6.050 / 6.200	227 / 156
	22		158.05
	23	mort.	

1° La durée de la transfusion fut une minute huit secondes :
à la fin de l'opération vomissements ; de la bouche il sort de
l'écume, l'animal est dyspnéique, ces symptômes durent quinze
minutes. Une heure après la transfusion, l'animal fut pris de
frissons, puis il sortit de la blessure environ 10 centimètres
cubes de sang ; le lendemain, le chien donna issue à de l'urine
sanglante ; mort le troisième jour (l'opération avait commencé le 20).

2° L'intérêt particulier de cette observation résulte de la
diminution des globules ; leur nombre était, immédiatement
avant la transfusion, de 227 ; le nombre des globules de l'a-
gneau était au moins de 500 ; on devait donc s'attendre, immédiatement après l'opération, à une somme globulaire impo-

sante, même s'il n'était pas sorti de plasma ; on en a trouvé au moins 300 ; soit 170 de chien et 130 d'agneau ; une demi-heure après l'opéralion, je n'en trouvai plus que 146 (132 de chien et 14 d'agneau), et pourtant, aucune hémorrhagie importante n'avait eu lieu ; les globules du chien n'avaient point subi de destruction.

Deux jours après, le nombre des globules était de 158 parmi lesquels (seulement de 3 à 4 d'agneau) puis un amas de détritus, de corpuscules d'agneau ; la destruction des corpuscules avait amené dans l'urine une grande quantité de la matière colorante du sang ; l'urine comptait 7 gr. 93 d'albumine et aucune partie d'urée ; avant l'opération, l'urée s'élevait en vingt-quatre heures à 4 gr. 3.

Autopsie. — Extravasats sanglants de l'épiploon ; les substances corticale et médullaire des reins sont fortement injectées ; la cavité pleurale gauche contient environ 10 centimètres cubes d'exsudat sanglant dans le poumon droit, deux infarctus sanglants ; il est ici à remarquer que la blessure cervicale de l'opération n'a point été infiltrée de sang.

Des expériences plus récentes encore de Poufick confirment pleinement cette nociuité du sang de l'agneau pour le chien. Des désordres généraux se produisent donc dans les reins, le foie, et peuvent parfois déterminer la mort du sujet, en même temps que le sang injecté disparaît par un processus destructif d'une rare rapidité.

d) Du cheval (1/181) et de l'âne (1/157). Dans le travail déjà cité de Glénard, je trouve les faits suivants :

1re *expérience.* — Le 21 novembre, à 4 h. 15 du soir, après saignée de 50 gr., *transfusion* de 40 gr. de sang veineux d'âne (enlevé dans son segment à 12 h. 15), à une vigoureuse chienne loulou, Polka, âgée de 16 mois, pesant 15 kil. Le sang était à la température ambiante de 16° environ. On avait donc ainsi, en adoptant la moyenne de Colin, qui fixe à 1/17 du poids du corps la masse de sang chez le chien, pratiqué une transfusion correspondant à celle de 250 grammes de sang à l'homme, mais une transfusion avec du sang conservé pendant quatre heures dans son segment.

Après l'opération, l'animal témoigna, par son animation et ses ébats, de la joie que lui causait sa délivrance, et il n'y eut aucun symptôme appréciable d'une perturbation quelconque pendant les heures et les jours qui suivirent. La plaie guérit rapidement.

2ᵉ *expérience*. — Citons encore une *transfusion* qui fut pratiquée sur un jeune chien pesant 7 kilogr., après saignée préalable de 70 gr., de 35 gr. de sang veineux d'âne datant de trois heures. Il y eut le soir un mouvement fébrile intense (41°,1) qui avait disparu le lendemain. L'animal vit encore aujourd'hui (soixante jours après).

3ᵉ *expérience*. — A un jeune chien pesant 1820 gr. on *transfuse*, après saignée préalable de 45 gr., 35 gr. d'un sang veineux de jument, conservé depuis vingt-quatre heures dans son segment; il se remit péniblement les premières heures, eut une fièvre intense, de l'albuminurie, de l'hématurie pendant quarante-huit heures. Quinze jours après, on le trouva mort dans son chenil (peut-être de froid), après que tout faisait supposer un retour complet à la santé.

L'incurie du gardien nous priva de l'autopsie.

Résultat. — Le sang du cheval peut être impunément transfusé à un chien pendant les premières heures de sa conservation, mais plus tard, entre quinze et vingt-cinq heures après, il est nuisible.

3° Du veau (1/160) au mouton (1/209).

1ʳᵉ *expérience*. — « Le docteur King ayant tiré à un mouton quarante-neuf onces de sang, et luy ayant redonné à peu près autant de sang d'un veau dont il avait ouvert la veine jugulaire, le mouton, après l'opération, parut aussi fort et aussi vigoureux qu'auparavant; mais, comme on voulait le tuer, on lui ouvrit la veine peu de temps après, et on laissa aller le sang autant qu'il put couler. On luy en tira soixante-cinq onces avant qu'il mourust; et l'ayant ouvert ensuite, on ne luy en trouva plus dans le corps.

» Le même docteur tira quarante-cinq onces de sang à un autre mouton qui était plus petit, et cette évacuation ayant fort affaibli cet animal, il lui redonna à peu près autant de sang de veau. Quand on eut fermé la plaie de ce mouton et qu'on l'eut délié, il ne se sentit pas plus tôt en liberté que, voyant auprès de lui un épagneul auquel on avait auparavant transfusé du sang de mouton, il lui alla donner trois ou quatre grands coups de tête, et depuis il s'est toujours très-bien porté. » (*Journal des savants*, 8 juin 1668.)

2° expérience. — Dieffenbach cite une expérience où du sang de bœuf fut injecté à un mouton. Le mouton succomba. Du reste, le défaut de détails enlève à ce fait une grande partie de son intérêt.

4° Du lapin 1/142) au chat (1/173).

Expérience. — 1 gros de sang (4 gr.), retiré des veines d'un jeune lapin, fut injecté dans la jugulaire d'un jeune chat préalablement saigné d'une quantité égale : une seconde après l'opération, le chat poussa des cris plaintifs et fut pris par des convulsions ; la circulation devint très-rapide. Au bout d'une minute, calme parfait ; à la fin de la douzième minute, tremblement violent de tous les membres, puis accablement profond. Pendant trois jours cet animal eut le ventre tuméfié et ne mangea pas. Il mourut le quatrième jour.

Autopsie. — Organes intérieurs pâles et friables ; canal intestinal distendu par des gaz. Le cœur ne contenait que quelques gouttes de sang. (Dieffenbach.)

5° Du cheval (1/181), au lapin (1/142), M. Glénard a quatre fois pratiqué la transfusion.

Expérience. — A la suite de l'injection de *sang de solipède datant de vingt-quatre heures*, trois lapins succombèrent à des intervalles variant entre douze et quinze heures après la transfusion ; un quatrième lapin, il est vrai, fut soumis à la transfusion immédiate à l'aide d'une canule à deux extrémités pointues, l'une plongée dans la veine de l'âne, l'autre dans celle du lapin, et mourut au bout de seize heures.

» Mais on sait que, si le lapin se prête avec une immobilité héroïque à toute expérimentation, il est aussi d'une susceptibilité désespérante à l'égard du moindre traumatisme, et si, d'un autre côté, dans une opération comme la transfusion, on peut conclure des succès, qui ne peuvent être dus qu'à l'intervention lorsqu'elle a lieu *in extremis*, il faut être très-réservé avant de conclure des insuccès, quand on n'a pas de séries expérimentales permettant de faire la part des conditions multiples, souvent même inconnues, qui peuvent influer sur le résultat. »

Nous nous associons pleinement à ces apprécia-tions pleines de justesse de M. Glénard.

2° Transfusion entre animaux de classes différentes,
mais à sang chaud.

1° De mammifères à oiseaux.

Ces expériences ont toutes été pratiquées sur le coq (1/183).

a) Chat (1/173). — Le 26 juillet, Bischoff transfusa à un jeune coq qui avait perdu un peu de sang, une certaine quantité de ce liquide frais, qui avait été pris à un chat. Après quelques secondes, l'animal fut pris de convulsions violentes, et mourut, en présentant tous les symptômes d'un empoisonnement narcotique violent.

b). Chien (1/139). 1° Après avoir tiré une certaine quantité de sang par la veine crurale d'un chien, Bischoff l'injecta dans la jugulaire d'un coq très-fort, l'animal a été pris immédiatement de convulsions et a succombé.

2° Prenant alors du sang artériel au même chien, il l'a transfusé à une poule, qui a été par suite fort abattue, mais a fini par guérir.

3° Cette dernière a succombé au contraire au milieu des convulsions, par suite de l'introduction de sang veineux dans ses vaisseaux.

4° Quelque temps après, il répéta cette expérience sur un autre coq, le résultat fut le même.

c) Lapin (1/142). — Un coq, auquel Bischoff transfusa du sang de lapin, mourut sur-le-champ, quoiqu'il n'y eût pas eu d'hémorrhagie, et que la quantité de sang de lapin introduite dans son système veineux fût peu considérable.

Des faits précédents on peut conclure :

1° Que dans tous les cas les oiseaux sont tués par l'injection dans leurs veines du sang veineux des mammifères ;

2° Que l'injection du sang artériel de mammifère dans les veines des oiseaux produit des accidents le plus souvent mortels.

3° Transfusion du sang d'animaux à sang froid dans des animaux à sang chaud et inversement.

1° De la tortue (1/49 et 1/87) au chat (1/173).

1ʳᵉ expérience. — 2 gros (8 gr.) de sang frais d'une tortue d'Europe furent injectés dans les veines d'un jeune chat. Quelques minutes après, ce chat fut pris de convulsions violentes qui cessèrent au bout de peu de temps. Les pupilles se montrèrent d'abord très-dilatées, puis très-resserrées. La respiration devint bruyante, le pouls rapide, le ventre gonflé ; ces accidents cessèrent après cinq minutes de durée. Ils furent suivis d'un état semblable à la syncope, qui persista pendant plusieurs heures. L'animal rendit une très-grande quantité d'urine ; le lendemain il paraissait parfaitement rétabli. (Dieffenbach.)

2° De la carpe (1/85) au chat (1/173).

2ᵉ expérience. — On injecta 2 gros et demi (10 gr.) de sang frais de carpe dans la veine jugulaire d'un chat auquel on avait enlevé 2 gros (8 gr.) de sang. L'opération dura une demi-minute ; vingt secondes après, l'animal mourut avec des convulsions. Les deux ventricules du cœur furent trouvés pleins de sang. (Dieffenbach.)

3° Du limaçon au lièvre.

Un lièvre auquel Gaspard avait tiré 2 onces de sang bientôt remplacé par autant de sang de limaçon tiède, mourut 12 heures après (Journal de Magendie, *tome* 2, *page* 338).

« On a fait, dit Nicolas, beaucoup d'expériences semblables à celles-ci, et presque toujours les animaux ont succombé. Lorsque l'animal qui recevait le sang ne mourait pas, il éprouvait des accidents graves ; alors il évacuait une grande quantité d'urine et de matières soit par des vomissements, soit par les selles. »

2° TRANSFUSION DU SANG DÉFIBRINÉ

Lorsque le sang est sorti du corps vivant et abandonné à lui-même, on le voit se figer et se prendre en une masse gélatineuse, qui, peu à peu, se contracte et laisse suinter de sa substance un liquide jaunâtre.

Cette coagulation a fort occupé les physiologistes, et donné naissance à de nombreuses théories. On l'a successivement attribuée à l'influence

de la fibrine, puis, au dédoublement de cette substance, et, en fin de compte, aujourd'hui, grâce
aux belles recherches de Glénard (de Lyon), elle se
trouve ramenée à un phénomène mécanique re-
connaissant pour agent provocateur exclusif le contact du sang avec le corps étranger. Elle devait,
par la régularité de sa production, s'imposer fatalement aux observateurs comme une complication
redoutable de l'opération, et appeler de leur part
les recherches et l'expérimentation.

Déjà nous voyons Dieffenbach varier dans ses
travaux la qualité du liquide injecté, le laisser sé-
journer à l'air, par exemple, un certain nombre
d'heures, quarante heures, vingt-quatre heures,
soixante heures. Prévôt et Dumas, dans leur *Mémoire sur les globules*, posèrent la question, qui fut
reprise peu après par Bischoff. Du reste, à cette
époque, un intérêt nouveau s'attachait à [cette
question; l'esprit d'analyse qui a poussé si loin
dans la recherche de la vérité la physiologie moderne commençait à naître avec Magendie, Brown-
Séquart, Milne-Edwards et Delafond. On se demanda alors quel était, dans la masse du sang injecté, l'élément qui suscitait les résurrections dont
on était témoin; la chimie biologique se fondait
avec Robin, Verdeil, Denis de Commercy; la
composition du sang avait donné lieu aux discus-
sions les plus passionnées. Le moment était venu
de reprendre à un point de vue nouveau la question de la transfusion.

Nous allons examiner successivement les résultats obtenus par cette seconde série d'expérimentateurs, mais sans nous départir de l'ordre suivi dans le chapitre précédent. Nous étudierons donc : 1° les transfusions de sang défibriné entre animaux de même espèce ; 2° entre animaux de même classe, mais d'espèce différente ; 3° de classe différente, mais à sang chaud ; 4° de classe différente, mais n'ayant pas la même température de sang.

A. *Transfusion au moyen du sang défibriné entre animaux de même espèce.*

Ces faits sont maintenant assez nombreux, nous ne pouvons les citer tous.

1re *expérience* de Magendie. — La veine jugulaire d'un chien mise à nu et ouverte, on en a retiré huit onces de sang, qu'on a recueilli, qu'on a battu pour en extraire la fibrine, qui s'est déposée sur la baguette en filaments jaunâtres. On a filtré le sang à travers un linge fin et on l'a ensuite réinjecté dans la veine.

L'animal a paru inquiet : il s'est couché, il a refusé les aliments et a fait des efforts pour vomir. Il s'est affaibli graduellement, sa respiration s'est embarrassée, et il est mort dans la soirée après la deuxième injection.

A l'autopsie, faite douze heures après, on a déjà constaté une odeur de putréfaction des plus fétides, comme on la retrouve dans toutes les maladies qui résultent d'une altération du sang, et que les anciens appelaient *putrides*.

Ce chien est mort, dit Magendie, parce que, la *viscosité* de son sang se trouvant diminuée, ce sang n'a pu circuler dans ses canaux : sa partie séreuse s'est extravasée dans les poumons à travers les parois des capillaires.

Ce sont là les lésions constatées à l'autopsie : le sang, resté dans les vaisseaux et le cœur, n'a pas coagulé, mais il a conservé une fluidité remarquable. Le poumon hépatisé n'est plus perméable : la cavité pleurale renferme de la sérosité rougeâtre, et la cavité abdominale un liquide citrin en notable quantité. Ainsi le fait est clair : le sérum et la matière colorante ont transsudé par imbibition.

Est-ce que les engouements pulmonaires qui surviennent pendant le cours des fièvres appelées typhoïdes ne dépendraient pas d'une modification pareille dans la vicosité du sang ?

Magendie pratiqua de nouvelles expériences, toujours avec le même résultat.

2e *expérience*. — « Ayant voulu enlever au sang la faculté dont il jouit de se prendre en masse, nous avons soustrait la fibrine. La même expérience, répétée nombre de fois sur divers animaux, nous a toujours donné les mêmes résultats : toujours l'animal est mort, et d'autant plus vite qu'il restait moins de sang normal. Le sang défibriné ne peut plus se mouvoir dans les vaisseaux : le sérum les traverse par imbibition, il forme des congestions et des extravasations, principalement dans le poumon, et il amène promptement l'asphyxie et la mort.

Ainsi la même substance qui se solidifie quand elle est hors des vaisseaux, mais qui est liquide dans leur intérieur, la fibrine, donne au sang la merveilleuse viscosité pour parcourir les capillaires les plus fins ; et il est intéressant de savoir que ce sang coagulable est seul propre à entretenir la vie : sa viscosité même est précisément ce qui le fait circuler. »

De son côté, M. Oré a institué des expériences qui l'ont conduit à un résultat tout différent.

« Mes expériences, écrit-il, avec le sang défibriné m'ont conduit à des résultats diamétralement opposés à ceux obtenus par le grand physiologiste. Je ferai remarquer, avant de les indiquer, que j'ai toujours eu le soin, après la défibrination, de *filtrer* le liquide ; il peut rester, en effet, des filaments de fibrine qui, en s'introduisant dans les vaisseaux, déterminent des accidents graves. »

3ᵉ expérience. — « J'ai fait *dix* expériences avec du sang défibriné sur des chiens et des lapins. Je n'en rapporterai qu'une seule.

Un chien de chasse de haute taille ayant été épuisé par une hémorrhagie due à une piqûre de la carotide, j'ai introduit doucement dans la veine crurale droite 120 grammes de sang *défibriné* et filtré avec soin. L'animal est revenu à la vie, et la résurrection a été presque aussi rapide que lorsque le sang renferme tous ses éléments. Le même résultat a été obtenu sur six autres chiens et sur un lapin. »

Les résultats d'Oré sont du reste en parfaite concordance avec ceux de Bischoff.

4ᵉ expérience. — Bischoff enleva à un canard la plus grande partie de son sang, et le lui injecta promptement après l'avoir défibriné. L'animal revint à la vie ; il le lui enleva de nouveau et le lui transfusa après l'avoir de nouveau privé de sa fibrine ; le canard revint encore à la vie.

5ᵉ expérience. — Une hémorrhagie a été établie sur un gros lapin : 65 centimètres cubes de sang ayant été fournis, l'animal a présenté les phénomènes suivants : cessation des battements du cœur et des mouvements respiratoires, résolution complète des muscles, pupilles dilatées. Huit minutes après, je lui injectai dans la veine jugulaire 12 centimètres cubes de sang pris à un autre lapin et défibriné par le battage. L'injection dura trois minutes; le liquide transfusé était à une température de 25 degrés centigrades. L'opération était terminée depuis trois minutes, lorsque les mouvements du cœur et la respiration commencèrent à devenir sensibles. Au bout de six minutes, la température était toujours basse et les battements du cœur faibles. Pendant deux heures, les battements du cœur restèrent faibles, la température ne s'éleva que très-lentement; enfin l'animal se rétablit parfaitement.

On a remarqué que dans les expériences faites avec du sang défibriné la plaie avait fourni pendant plusieurs heures un suintement séreux à peine coloré; dans les expériences au contraire faites avec du sang contenant tous ses éléments, la plaie, bien lavée et bien séchée, ne présentait aucun suintement avant l'établissement de la suppuration. Ceci n'est pas étonnant, puisque le sang qui circulait dans l'animal était en grande partie dépourvu de son élément plastique.

Ces dernières expériences ne laissent aucun doute. Magendie avait donné une explication fausse d'un fait matériellement vrai, mais qui, entre les mains des expérimentateurs, ne s'est pas reproduit régulièrement le même. Il n'est pas vrai, comme il le croyait, que l'injection du sang défibriné amène fatalement la mort. Le sang défibriné, c'est-à-dire pourvu encore de ses globules, a produit dans les expériences précitées, et dans des faits non moins démonstratifs de Claude Bernard, Panum et de Brown-Séquard, de véritables résurrections. Les globules sont indispensables aux fonctions des organes; ces organites constituent l'élément vital du sang, au même titre que les cellules vivantes pour les tissus.

Qu'on l'explique par l'affinité de l'oxygène pour les globules, comme Longet, ou, comme Brown-Séquard, par la propriété que possède le sang chargé d'oxygène de réveiller les propriétés vitales des tissus, propriété d'autant plus grande qu'il est plus chargé d'oxygène, l'action exercée par les globules seuls est indéniable.

En opposition à ces expériences, nous rappellerons que celles de Dumas et Prévôt, répétées par Bischoff et Brown-Séquard, ont démontré que l'eau ou le sérum, chauffés même à 30 degrés, si on les oxygène par l'agitation et qu'on les introduise dans la circulation d'un animal exsangue, le font périr dans les convulsions.

Du reste, il serait oiseux de discuter plus longuement les opinions de Magendie, quand nous avons à leur opposer des expériences aussi remarquables, aussi consciencieuses que celles de Polli et de Panum. Nous croyons devoir rapporter *in extenso* quelques-uns de ces faits. On verra de quelle innocuité le sang défibriné s'est montré pour les animaux. Il y a eu décès de l'un d'eux, mais dû à une circonstance indépendante de la qualité du sang, la ligature du pneumo-gastrique.

Voici d'abord les faits de Polli.

6e *expérience*. — Un chien de taille moyenne fut rendu exsangue en ouvrant l'artère crurale : lèvres livides, œil éteint, respiration si fréquente qu'il était impossible de la compter.

L'animal n'exécutait plus aucun mouvement avec ses extrémités, il gisait à terre comme une masse inerte ; il était évidemment à toute extrémité. Le sang artériel tiré à ce chien avait été recueilli presque tout entier dans un vase. On le battit avec un faisceau de verges, jusqu'à coagulation de la fibrine ; on le passa à travers une chausse et on l'injecta avec une petite seringue dans la veine jugulaire. Comme la température extérieure était très-élevée, le sang, pendant tout ce manége, ne s'était guère refroidi que de 5 à 6°. Dans l'injection, on ne prit pas beaucoup de soin pour éviter l'introduction de quelques bulles d'air dans les veines : néanmoins le chien supporta très-bien cette injection. Il se releva promptement, la respiration devint plus calme, l'œil se ranima, et quelques minutes après l'injection l'animal se promenait dans la chambre (Polli).

7° expérience. — Un chien de race anglaise, robuste et bien nourri, fut saigné à l'artère crurale droite. On laissa couler tout le sang qui s'échappa spontanément. L'animal paraissait près de mourir : respiration presque imperceptible, muqueuse labiale violacée, gencives blanches et froides. Le sang, défibriné comme dans l'expérience précédente à travers une chausse, fut injecté dans la veine jugulaire. En quelques minutes, le chien parut sortir de cet état si grave ; il resta abattu et couché pendant encore un quart d'heure, puis il recommença à exécuter quelques mouvements. Au bout d'une heure il semblait parfaitement revenu à son premier état. Ce chien, aussi bien que celui de la première expérience, paraissait bien portant quelques jours après l'opération. Il fut sacrifié pour d'autres expériences (Polli).

8° expérience. — La bonne réussite de ces expériences m'engagea à pousser plus loin la perte de sang dans celle-ci, et à n'agir que lorsque l'animal exsangue semblerait mort. Pour cela, lorsque le sang artériel eut cessé de couler de l'artère crurale, celle de l'autre côté fut ouverte et l'on continua à favoriser l'écoulement du sang artériel, jusqu'à ce que le chien ne présentât plus ni battements de cœur, ni respiration ; mais à ce point l'injection dans la jugulaire ne put être faite ; le cœur immobile sembla être le principal obstacle à l'injection. L'animal ne put être rappelé à la vie (Polli).

9ᵉ *expérience*. — Chez une jument de 8 ans, d'assez petite taille, la jugulaire gauche fut isolée avec soin, puis on ouvrit largement la jugulaire du côté opposé et on laissa couler tout le sang que l'on put. La jument, après avoir perdu 10 kilogr. de sang, commença à être agitée, à chanceler, et elle s'affaissa sur la paille. La muqueuse labiale et la gingivale étaient décolorées, l'œil immobile, les membres complétement relâchés. Le sang, battu avec des verges, pour en éliminer la fibrine qui, à son tour, fut pressée pour qu'on en fît sortir tout le sérum et les globules rouges adhérents, avait été maintenu au bain-marie à 40°. Depuis 20 minutes la jument était par terre, lorsqu'on commença l'injection dans la veine jugulaire mise à nu, avec une forte seringue, en favorisant le cours du sang vers le cœur par de fortes pressions dans la direction du vaisseau. En une demi-henre, on parvint à introduire lentement dans la circulation environ 5 kilogr. de sang. On s'arrêta là, parce que l'animal était très-agité; un quart d'heure plus tard il commença à remuer ses extrémités et à faire quelques efforts pour se lever. En l'aidant, il put se remettre sur ses pieds pendant vingt minutes, puis il retomba dans une agitation croissante. Il inclinait de temps en temps la tête vers le ventre, ce qui fit songer à quelque complication intestinale. Il mourut sept heures après l'expérience, au milieu de convulsions. On trouva une énorme quantité d'aliments dans l'estomac, dans le gros intestin, et un épanchement gélatiniforme dans l'intestin (Polli).

10ᵉ *expérience*. — Cheval de 14 ans. 2 kil. et demi de sang furent retirés de la jugulaire. Sa température était de 35°. Densité du sang 1026, celle du sérum 3011,5. Avant la saignée le pouls battait 43 fois et la respiration s'effectuait 6 fois par minute; après la perte de sang, la respiration 35 par minute, et 48 pulsations. On dénude la jugulaire droite et on y injecte du sang défibriné et filtré enlevé à un autre cheval. Ce sang avait une densité de 1023,5; le sang était à 35° et le sérum pesait 1010,5. Dans l'espace de vingt minutes on injecta 1 kil. 35 de ce sang, puis on lia comme d'habitude au-dessus et au-dessous de la plaie, pour recoudre la plaie. Le cheval se montra agité après l'opération : 44 pulsations par minute,

45-48 pulsations avec des intermittences et des doubles battements ; murmure respiratoire assez exagéré et rude ; battements du cœur profonds et un peu irréguliers. Une heure plus
tard, la respiration et le pouls s'étaient beaucoup calmés et
avaient repris une partie de leur régularité. Pendant quelques
heures, l'animal resta encore à terre ; puis il se releva, mangea et but avec rapidité. Le lendemain, il reparaissait gai et
de bon appétit ; la respiration était revenue à 8 par minute,
mais le pouls était augmenté : il battait 72 fois par minute. Ce
changement dans la rapidité de la circulation ne paraissait
troubler en rien l'état normal (Polli).

11ᵉ expérience. — Un chien vigoureux et à jeun, pesant
7,370 gr., est le sujet de l'expérience, le 4 mai 1861. En vingt-
quatre heures, du 4 au 5 mai, il émet 260 gr. d'urine d'une
densité de 1046. On fait avec soin la correction de Liebig, la
correction du chlorure de sodium, et l'on obtient une quantité
d'urée de 23,16 gr. Le 6 mai au matin, on trouve une quantité
d'urine de 555, avec une densité de 1036 ; on y trouve
46,287 gr. d'urée. Le 6 mai on trouve 260 gr. d'urine, densité
1033 ; urée, 15,548. En quarante-huit heures, le chien, abon-
damment nourri avec du pain et de la tripe, a fourni 84 gr.
542 milligr. d'urée, soit 42 environ par vingt-quatre heures.
L'animal pesait 7,470 gr. On lui administra dès lors des aliments solides et liquides. Le 7 mai, à 3 heures et demie du
soir, il n'avait pas encore fourni d'urine. Une sonde en fit sortir 160 c. cubes, de densité de 1049 et 14 gr. 63 d'urée.

Les vingt-quatre heures suivantes, le chien fut privé d'aliments ; on obtint par deux cathétérismes 75 gr. d'urine d'une
densité de 1055 et contenant 7 gr. 50 d'urée. Après deux jours
complets d'inanition, le chien pesait, à 7 heures et demie du
soir, le 8 mai, 6,900 gr. Il avait, en quinze heures, perdu 80 gr.
par la perspiration insensible, soit 130 en vingt-quatre heures.

On lui tira à ce moment 300 grammes de sang, pour lui injecter 60 centimètres cubes de sang battu et venant d'un autre
chien. Ce sang nouveau fut versé dans la veine jugulaire.
Malgré l'inanition complète, il fournit par le cathétérisme,
dans les quarante-huit heures qui suivirent, 148 centimètres

cubes d'urine, contenant 14^{gr},652 d'urée et d'un poids spécifique de 1055. L'inanition étant encore maintenue, vingt-
quatre heures après la transfusion, il rend 7^{gr},326 milli-
grammes d'urée par une urine qui ne contient ni sang ni
albumine, mais qui, comme dans les vingt-quatre heures précédentes, est si concentrée, que l'acide azotique précipite en
masse l'urée additionnée d'acide azotique. Au onzième jour
de l'expérience, quarante-huit heures après la transfusion, le
chien pèse 6,370 grammes. Il avait perdu environ 430 grammes dont 148 d'urine. La perspiration insensible avait donné
l'issue au poids restant, 282 grammes en quarante-huit heures.

On donna au chien pour le nourrir 470 grammes de poumon, et huit heures plus tard 200 grammes d'eau et 150 grammes de poumon. Dans les vingt-quatre heures qui suivirent,
il y eut émission de 270 grammes d'urine d'une densité de
1057 et contenant 37^{gr},120 d'urée. La perspiration insensible
monta en vingt-quatre heures en 144^{gr},6. Déjà le 11 mai au
soir, après le deuxième repas, l'animal pesait 7,130 grammes,
et le 20 mai, il pesait plus qu'avant l'expérience, 7,480 grammes. Cette substitution d'une quantité de sang égale à un cen-
tième du poids du corps fut supportée sans souffrance, mais l'i-
nanition étant poussée jusqu'au vide complet de l'intestin pour
rendre l'élimination d'urée aussi lente que possible, la perspiration insensible et la masse de l'urine n'ont pas été manifestement altérées par l'échange qu'on a fait de 100 grammes de
sang ancien contre 60 de sang nouveau. La qualité de l'urine
et des autres sécrétions n'a pas subi de modifications, et la
perte de poids de l'animal était tout à fait la même que, chez
un animal sain qu'on aurait d'abord inanitié, puis nourri.
Quand on suspendit l'inanition, l'animal mangea avec grand
appétit et digéra si bien, que neuf jours après il avait beaucoup augmenté de poids. L'indépendance absolue qui existe
entre l'élimination d'urée et la nutrition parut alors dans ses
conditions normales. Le poids de l'urée, comme je l'ai dit,
était, avant le jeûne, de 41^{gr},497, le premier jour du jeûne
13^{gr},5, le deuxième 7^{gr},5. Mes recherches antérieures m'ont
démontré que l'élimination d'urine, même avec les progrès
constants de l'inanition, demeurait la même durant plusieurs

jours à partir du deuxième, et ne diminuait que dans de faibles proportions. L'animal dont il s'agit, après l'évacuation de son tube digestif et le jeûne, l'échange sus-mentionné une fois fait dans sa masse sanguine, perdit 7^{gr},326 d'urée en vingt-quatre heures. Sous l'influence d'une nourriture substantielle, ce chiffre monta dans les vingt-quatre heures suivantes à 37^{gr},120. (Panum.)

12e *expérience*. — Le même chien pesait le 25 mai, après cathétérisme, 7,250 grammes ; il avait jusque-là été sain et gai, et la perte de poids résulta chez lui de ce que, d'abord accoutumé à manger de la viande, il ne fut plus nourri que de pain et en petite quantité. On lui tira alors 205 grammes de sang pour lui en injecter 80 centimètres cubes ; le sang nouveau avait été défibriné et pris à la jugulaire d'un autre chien. La transfusion laissait subsister une différence au détriment de la masse sanguine de l'animal de 125 grammes, aussi était-il faible et frissonnant, mais six heures après l'opération, il sautait avec gaieté. Il pesait alors 7,070 grammes, il ne perdit dans cette période ni urine ni excréments, et la perspiration insensible diminua de 55 grammes, son poids total. Le 26 mai, à onze heures du matin, il pesait 6,990 grammes. On lui avait cependant enlevé avec une sonde 68^{gs},4 d'urine acide, d'une teinte sombre, d'une densité de 1053, n'ayant ni albumine ni sang. Dans les seize heures et demie après, la perspiration insensible monta au chiffre de 16^{gr},6 seulement ; pas d'excréments. L'urée éliminée dans les vingt-quatre heures après la transfusion monta à 7^{gr},501, quantité équivalente à celle qui, dans la première expérience, correspondait à l'état de jeûne aussitôt après le dernier repas. Il n'avait mangé avant et après la transfusion qu'un peu de pain noir et bu de l'eau. Il semble donc que la perte de sang a été si bien supportée en raison de sa petite quantité. On lui donna ensuite de la rate de bœuf crue, puis du lait et du pain, dont il mangea 430 grammes ; son poids monta donc à 7,420 grammes. Le soir, il mangea encore 400 grammes d'une épaisse soupe de riz, et atteignait alors 7,750 grammes. De sept heures à dix heures et demie du matin, le 27 mai, il sécréta 272 centimètres cubes d'urine. Cette urine était acide, claire, limpide et sans albumine, ayant

1,030 grammes de densité. Les 272 grammes éliminés de sept heures du matin à dix heures et demie contenaient 15^{gr},29 d'urée. L'urée correspondait à la quantité d'aliments azotés, et elle n'était pas aussi abondante que l'expérience précédente faite sur le même chien le faisait supposer, pour une perte de 125 grammes de sang. Mais le chien ne ressentit aucune suite de cette diminution dans sa masse, il jouit au contraire les jours suivants d'une bonne santé jusqu'à une troisième expérience (Panum).

13° *expérience*. — Un jeune chien à poil court, pesant le 20 mai 4,080 grammes, fut mis le 23 mai 1863 en expérience privé d'aliments solides ou liquides ; vingt-quatre heures plus tard, le 24 mai, il pesait 3,860 grammes et fournit 220 grammes d'urine d'un poids spécifique de 1045. On y trouvait 19^{gr},58 d'urée. Le 25 mai, vingt-quatre heures plus tard, le chien pesait, après la miction, 3,700 grammes. La masse de l'urine s'éleva alors à 55 centimètres cubes, et sa densité à 1046. D'ailleurs, production de 20 grammes d'excréments ; il avait perdu 160 grammes, soit 77^{gr},5 d'urine et d'excréments, et 82^{gr},5 par la perspiration insensible. Dans les 55 centimètres cubes d'urine, il y avait 4^{gr},776 d'urée.

On lui tira par la carotide 140 grammes de sang, et on lui infusa par la jugulaire 96 grammes de sang défibriné pris à un autre chien. La perte de sa masse sanguine l'affaiblit et le déprima beaucoup, puis il émit quelques gouttes d'urine. Il eut alors un vomissement bilieux et des mouvements péristaltiques fréquents intestinaux suivis de vertiges, le pouls devint très-dépressible et battait trois cents fois à la minute ; la respiration s'opérait seize fois dans le même temps. Après l'injection de sang chaud d'environ 32° et défibriné, il resta longtemps immobile, mais la température longtemps abaissée tout d'abord s'éleva, et, au bout de six heures, atteint le chiffre qu'elle avait avant l'opération ; quand on le sortit de sa cage, il sauta sur lui-même, aboya fort et comme s'il n'avait pas été privé de tout aliment. La température était normale, il pesait 3,650 grammes. Pas d'urines ni d'excréments ; pendant les six premières heures, la perspiration insensible lui fit perdre seulement 6 grammes.

Le 26 mai il était aussi gai qu'avant l'opération, il pesait 3,530 grammes, il avait perdu dans les vingt-quatre heures immédiatement après l'opération 120 grammes. L'urine était de couleur claire, légèrement alcaline, un peu troublée par des phosphates et de la chaux, mais sans albumine. L'urée allait à 6^{gr},090, un peu moins qu'avant l'inanition qui précéda la transfusion. Le chien mangea alors 70 grammes de pain blanc avec du beurre, de la rate de bœuf crue, 90 grammes, et but 130 grammes de lait. Il pesait alors 3,820 grammes, et fut remis au jeûne. A cinq heures et demie du soir il n'avait donné ni urine ni excréments et pesait 3,800 grammes. A six heures et demie il avait par la perspiration insensible perdu 20 grammes. Le 27 au matin, à dix heures et demie, il pesait 3,650 grammes. Point de fèces, mais 96^{gr},6 d'urine d'un poids spécifique de 1050, claire, mais de teinte foncée, un peu alcaline. Depuis la veille au soir à trois heures et demie il a perdu 150 grammes, soit 96^{gr},6 d'urine, 53^{gr},4 par la perspiration (en dix-sept heures). Pour vingt-quatre heures l'urine contenait 10,405 d'urée.

Quelques jours après l'animal était absolument rétabli (Panum).

14e *expérience*. — Le 30 mai on prit à la carotide du même chien d'abord 130 grammes de sang, ce qui l'affaiblit beaucoup ; après une nouvelle soustraction de 70 grammes, il paru mort. La cornée et la conjonctive étaient, comme le reste du corps, absolument insensibles. Quand on soulevait un membre du train postérieur, il retombait sans le moindre mouvement ; de temps à autre, après de longs intervalles, quelques contractions du diaphragme. On lui injecta par fractions de 32 c. cubes une somme de 148 c. cubes de sang défibriné ; il se remit aussitôt et put après la transfusion se relever, bien que très-affaibli. Le soir on le sort de la cage à expérience ; il chercha alors sa place habituelle et s'y remit quand on fit semblant de le replacer dans la cage. Le 31 mai, le chien était dans la chambre, mais inquiet et refusant de manger. Il pesait 3,500 grammes, tandis qu'à la fin de la transfusion il pesait 3,640 grammes. On lui tira par la sonde 32 c. cubes d'urine, un peu alcaline, mais ne contenant ni sang ni albumine, d'une densité de 1043. Le 1er juin, l'animal semblait gai. Son urine était claire et acide, et son poids descendu à 3,350. L'après-midi il mangea de la viande, du poisson et but. Le soir rien de nouveau. Mais le 2 juin au matin le chien était très-fatigué et comme enragé ; sa bouche écumait, il avait la queue entre les jambes, puis il tomba en convulsions qui durèrent jusqu'aux 3 et 4 juin. L'animal était sur le flanc, roulé sur lui-même, la tête tout à fait fléchie, tandis que son membre postérieur droit était agité comme durant la course. La température s'abaissait de plus en plus et la respiration devenait pénible. Dans cet état il fournit 55 c. cubes d'urine, d'une densité de 1055, alcaline, sombre et albumineuse. L'animal mourut dans la matinée du 4 juin.

A l'autopsie faite le 5 juin, on trouva le cœur et les gros vaisseaux rempli de caillots fibrineux très-durs, entassés dans le cœur gauche comme dans le cœur droit. L'animal était couché sur le côté gauche, et les veines de ce côté surtout étaient gorgées de caillots, et les vaisseaux dont la position était déclive, par suite de l'attitude de l'animal, contenaient un sang noir et diffluent. D'ailleurs le cœur et les poumons étaient indemnes. Les poumons, d'un beau rouge clair, n'étaient en aucun point épaissis. L'artère pulmonaire ne contenait pas de caillots ; l'estomac et l'intestin étaient mous et contenaient en abondance une écume teinte par la bile. La muqueuse intestinale est pâle et saine, le péritoine est sain. L'estomac offre des endroits très-limités, pâles et arrondis, dans lesquels la muqueuse paraît faire défaut. Le foie, les reins et la rate sont sains, ainsi que les glandes mésentériques ; le pancréas est rouge, la moelle épinière est saine dans ses enveloppes jusqu'au bulbe. Mais ici les méninges sont fortement injectées, ainsi que sur le cerveau et tout le mésocéphale. La blessure faite au cou est pleine d'une masse blanche, friable, caséeuse ; les nerfs vagues étaient entourés de matière analogue, et leur racine au niveau de la division des carotides, teintes en rouge sombre. L'autopsie fit voir que ce n'était point par les altérations du sang, mais avec des symptômes nerveux morbides que l'animal mourut, car avec la ligature des carotides on avait pu lier aussi par mégarde les extrémités du nerf vague (Panum).

Suivant trois autres expériences conduites par Panum avec la même rigueur que celles que nous avons rapportées, et qui n'ont été suivies, comme la onzième et douzième, d'aucun accident, l'animal a supporté, sans aucune incommodité, la transfusion de sang de même espèce et défibriné, même quand on l'avait préalablement dépouillé d'une quantité de sang presque double; le sang enlevé avant l'expérience était artériel, et le sang injecté était lancé dans le système veineux du chien.

L'urine n'est pas notablement altérée par l'opération; la quantité d'urée, dans chaque expérience, est augmentée quand on fait cesser l'inanition; mais dans le temps d'inanition qui précède et celui qui succède à l'opération, l'élimination d'urée semble n'être pas modifiée.

La respiration cutanée n'est pas non plus augmentée dans le temps de jeûne, avant ou après la transfusion.

Conclusion. — La fibrine ne joue pas un rôle essentiel dans les phénomènes consécutifs à la transfusion, qui sont à peu de chose près identiques, que le sang soit ou non pourvu de cet élément.

B. *Transfusion du sang défibriné entre animaux d'espèce différente.*

1° Animaux d'espèce différente mais de la même classe.

Comme dans le chapitre précédent, ce sont les chiens qui ont surtout été pris pour sujets d'expérience. Du reste, la plupart des auteurs, en les

instituant et en soumettant le sang au battage,
n'avaient pas pour but de rechercher l'influence de
la défibrination. Ici encore nous retrouvons Worm
Muller, de Christiania, et ses magnifiques observations, véritables monuments qui laissent bien loin
derrière elles les recherches si appréciées de
Panum.

1° Chien (1/139) et mouton (1/209).

1re *expérience.*—On augmente la masse sanguine d'un chien
de 22 p. 100 en lui injectant du sang d'agneau. Comme dans
les expériences précédentes, le chien avait été privé de nourriture depuis quelques jours. L'infusion fut faite le 21 juillet 1874.

Urines. Le 22 juillet, sang et 7 gr. et demi d'albumine.
       23   sang et 0,864 d'albumine.
       24   claire, 0 albumine.

Nombre des globules :

21 juillet,	275	24 juillet,	246.
22	238	25	260
23	232	26	227

Nombre des globules de mouton retrouvés dans le sang du
chien : le 21 juillet, 70 ; le 22, 31.

Température rectale : le 21 juillet, 40 degrés; le 23, 38°9.
Le 24, on cesse l'inanition, et le chien mange 50 grammes de
viande et 25 cent. cubes de lait. Le 25, 100 grammes de viande
et 300 cent. cubes de lait. Le 26, 100 grammes de viande,
20 grammes de pain et 250 cent. de lait.

1° Pendant les premiers jours qui suivirent l'opération, pas
de fièvre, pas d'hémorrhagie.

2° Pendant les deux premiers jours qui suivent l'opération,
quelques symptômes de dissolution du sang.

a) Deux heures et demie après, l'humeur aqueuse est teinte
en rouge; mais, dès le lendemain, elle est redevenue incolore.

b) L'urine prend une teinte sanguinolente.

c) La numération globulaire montra que les globules d'agneau se détruisaient avec une grande rapidité. Deux heures après la transfusion, le nombre des globules s'est abaissé de 265 à 242. Celui des globules du mouton, de 70 à 31. Le lendemain, on trouve un nombre total de 269 globules dont 238 de chien et 32 de mouton. Comme on le voit, les globules du mouton ont subi une élimination considérable. Le troisième jour on en retrouvait pourtant encore 12 sur 232 du chien. A ce moment, l'urine ne contenait ni albumine ni matière colorante du sang. Mais le microscope nous permettait d'en suivre l'altération. Dès le second jour, ils avaient paru altérés, plus pâles, etc.

3° La perte quotidienne de poids après la transfusion est manifeste. Aucun globule ne fut retrouvé dans les 130 grammes d'urine évacués dès le deuxième jour.

L'animal mourut au quinzième jour de l'expérience.

Autopsie. — La rate est normale. Dans les capsules surrénales la substance corticale est un peu injectée.

Dans les plèvres on trouve de chaque côté un épanchement de pus sanguinolent. C'est le résultat le plus saillant de cette autopsie.

2ᵉ expérience. — 28 p. 100 de sang défibriné d'agneau sont injectés à un chien du poids de 8810, pendant l'opération, vomissements et issue du matières fécales.

Quinze minutes après la transfusion, l'humeur aqueuse présente une teinte rouge, l'animal manifeste un vif malaise. Hémorrhagie capillaire sur toute la surface de la plaie.

Demi-heure après, les hémorrhagies redoublent, l'humeur aqueuse devient de plus en plus rouge. 15 c. cubes d'urine sanguinolente. Impossible d'évaluer d'une façon absolue le nombre des corpuscules. Le lendemain l'animal est trouvé mort.

Autopsie. — Dans la cavité abdominale épanchement sanguinolent, dans les plèvres épanchement semblable et ecchymoses nombreuses. On les retrouve du reste en grande partie sur l'intestin. Reins cyanosés. Poumons œdématiés.

Ces symptômes sont particuliers à l'injection du sang de mouton.

3e *expérience*. — Augmentation dans les mêmes circonstances de la masse sanguine de 44 p. 100. Opération faite le 17 août 1874. — Poids du corps, 3970. — 22 août, mort de l'animal. Poids, 3320.

$$
\begin{array}{llll}
\text{Urines,} & 17 \text{ août,} & 125 \text{ c. cube.} & \text{Urée } 8^{gr}7 \\
& 18 - & 42 & - 2\ 8 \\
& 19 - & 34 & - 2\ 8 \\
& 20 - & 50 & - 4\ 3 \\
& 21 - & 33 & - 2\ 9 \\
& 22 - & 10 & \text{(sanguinolentes)}
\end{array}
$$

Nombre des corpuscules sanguins :

$$
\begin{array}{llll}
17 \text{ juillet,} & 235 & 21 \text{ juillet,} & 197 \\
18 - & 259 & & 148 \\
19 - & 264 & 22 - & 121 \\
20 - & 239 & & 97 \text{ (Mort.)}
\end{array}
$$

La température de 38° 3 immédiatement avant l'opération est de 37° 5 une demi-heure après.

Pas d'épanchement dans l'humeur aqueuse. Pas d'hémorrhagie. Le lendemain matin la bête est faible.

Le point le plus remarquable c'est que l'urine est sanglante et rare.

Dans cette expérience, bien que la quantité de sang de mouton ne fût que la 49e partie p. 100 de celle du chien, la destruction en fut si rapide qu'une heure après elle parut totale. Ils ne formaient plus que des amas informes. Ils sont littéralement anéantis (*vernichtet*). De sorte que de l'injection du sang de mouton on ne peut attendre qu'un seul résultat, celui qui résulte de l'augmentation des parties liquides du sang (*verdunnungsflüssigheit !*).

Autopsie. — Aucun exsudat dans les plèvres ou la cavité abdominale, mais les lobes supérieurs et inférieurs des poumons sont manifestement infiltrés.

La muqueuse intestinale est pour ainsi dire imbibée de sang. Les capsules surrénales, le rein congestionnés. Le pourtour de la plaie est infiltré et l'on trouve dans les poumons de nombreuses extravasations sanguines.

Nous passons les véridiques et trop compendieux détails de deux autres expériences aussi solennellement consciencieuses.

Résumons-nous. Les différences entre les résultats obtenus dans cette série, suivant que les injections sont faites entre des animaux de même espèce ou d'espèce différente, sautent aux yeux (*augenfallig*). Comme dans le chapitre précédent, dès que la masse injectée dépasse 20 p. 100, l'animal succombe. Nous remarquons, en outre, que ces résultats ne sont pas visiblement influencés par l'état de défibrination ou d'intégrité du sang. Nous reproduisons du reste, ici, un tableau placé par Worm Muller à la fin de ses expériences.

TRANSFUSION MÉDIATE.			TRANSFUSION IMMÉDIATE.		
	Quantité de sang injecté.	Augmentation de la masse sanguine.		Quantité de sang injecté.	Augmentation de la masse sanguine.
	p. 100	p. 100		p. 100	p. 100
Exp. 1.	31	22	Le chien meurt après 15 jours d'empyème sanglant. Pas d'hémorrhagie de la plaie.	Exp. 1. 16 10 Malade 3 jours. Hémorrhag. médiocre par la plaie. Guérison.
Exp. 2.	38	30	Mort après 15 heures. Hémorrhag. de la plaie.	Exp. 2. 29 26 Mort 30 heures après. Hémorrhag. abondante par la plaie.
Exp. 3.	49	44	Mort après 20 heures. Hémorrhag. de la plaie.	Exp. 3. 32 27 Mort 32 heures après. Hémorrhagie médiocre par la plaie.

2° Transfusion de sang défibriné entre animaux de classe
différente, mais à sang chaud.

Ces expériences sont peu nombreuses; nous
allons toutefois reproduire celles que nous avons
pu rassembler.

1° *Coq et poule.*

1re *expérience.* — Coq (1/83 + 1/136). Veau (1/168). Le
21 juillet 1835, Bischoff mit à nu la veine jugulaire droite à
un jeune coq, et lui injecta une petite quantité de sang de
veau, fouetté, qui avait été tiré quelques heures auparavant
par la carotide. L'animal ne parut pas affecté par cette opération, et se mit à courir dans la chambre.

2e *expérience.* — Aucun accident n'ayant eu lieu, il fit la
même expérience sur un autre coq. Le nerf vague fut lié
pendant l'opération sans donner lieu à aucun accident. Les
deux coqs survécurent ainsi qu'un troisième, auquel il injecta
du sang artériel et veineux mélangés et qui avaient été préalablement défibrinés.

3e *expérience.* — Le 2 juillet, il injecta dans la veine jugulaire droite d'une poule forte et adulte une assez grande
quantité de sang artériel défibriné, pris à un chien, et chauffé
à 36 degrés Réaumur. La poule en perdit une assez grande
quantité, mais moins cependant qu'on ne lui en injecta. Elle
parut faible après l'opération; sa respiration était tranquille;
elle se remit bientôt, guérit parfaitement, et vécut jusqu'au
6 août, époque où Bischoff s'en servit pour une autre expérience.

Une circonstance curieuse se manifesta : la poule devint
méchante, elle sautait à la figure de tous ceux qui l'appro-
chaient, et tua même quelques petits poulets. Cette mé-
chanceté diminua plus tard, mais ne se perdit pas complate-
ment.

4° expérience. — Le 6 août, il prit une poule qu'il épuisa par une hémorrhagie, puis lui injecta du sang défibriné de deux rats. Elle ne se ranima pas.

2° *Canard* (1/76 et 1/135).

1re expérience. — Sur un canard fut injecté du sang fraîchement défibriné de chien. Il guérit après avoir présenté des phénomènes identiques à ceux de la poule de l'expérience précédente.

2e expérience. — Le 28 juillet, Bischoff mit à nu la jugulaire d'un canard et d'un chien, il introduisit des tubes dans les vaisseaux de ces deux animaux, après leur avoir ôté assez de sang pour qu'ils fussent dans un état voisin de la mort.

Après cela, il injecta au canard du sang défibriné de chien, et au chien du sang défibriné de canard. Aucun de ces deux animaux ne revint à la vie.

3° *Oie* (1/78.)

Expérience. (Bischoff). — Après avoir dénudé avec le plus grand soin la veine jugulaire droite d'une oie, il y plaça un tube. L'extrémité céphalique du vaisseau ayant été lié préalablement, il enleva du sang à la carotide de deux lapins, le défibrina par le battage, et l'éleva à une température de 34 degrés Réaumur. Il ôta alors la ligature placée sur la veine et bientôt l'hémorrhagie mit cette oie dans un état de mort apparente. A ce moment, il poussa par le tube quatre petites seringues du sang défibriné de lapin ; aucun effet avantageux ne s'ensuivit et l'oie resta morte.

Inversement, des expériences de transfusion de l'oiseau au mammifère, moins nombreuses, il est vrai, ont donné les résultats suivants :

1re expérience. — Un chien reçut de Bischoff, par la carotide, une once de sang de poule défibriné et chauffé. Il guérit.

2e expérience. — Un lapin épuisé par une hémorrhagie reçut le sang défibriné de deux coqs, sans résultat (Bischoff).

3e expérience. — Un chien épuisé par une hémorrhagie reçut du sang défibriné de canard. Il ne put être rappelé à la vie.

De toutes ces expériences, on peut conclure que, toutes les fois que l'animal s'est trouvé, avant l'opération, dans un état, sinon normal, du moins d'anémie peu considérable, le mélange de deux sangs a pu se faire sans détriment pour l'organisme. Il n'en était plus de même quand l'hémorrhagie préalable avait exsanguifié le sujet.

3° Transfusion du sang défibriné entre animaux
à sang froid et à sang chaud.

Landois a pratiqué de nombreuses transfusions de mammifères à batraciens. Parmi ces derniers, les grenouilles se prêtent particulièrement à ce genre d'opération, car elles possèdent trois grosses veines abdominales sous-cutanées, l'une médiane et deux latérales, recevant facilement la pointe d'une seringue de Pravaz. A une grenouille (*rana esculenta*), Landois injecte par cette voie, 5 à 8 centimètres cubes de sang de mammifère frais et défibriné. On sectionne ensuite un doigt de la membrane natatoire, et à divers intervalles, on recueille une goutte de sang qui s'échappe par la plaie et que l'on place pour l'examen dans le liquide conservateur de Pacini.

Si le sang injecté provient du lapin, on n'en re-

trouve plus les globules au bout de trois à cinq minutes ; si c'est du sang de cochon d'Inde, les globules
en ont disparu au bout de vingt minutes, ceux de
l'homme après trente minutes, ceux du chien après
cinquante minutes, ceux du brochet après trente-
six minutes, ceux du pigeon après quatre-vingt
minutes seulement. Ces globules se dissolvent dans
le sérum du sang de la grenouille qui, comme toutes
les solutions d'hémoglobine, présente alors une
coloration laque foncée.

Cette coloration dure pendant près de huit jours,
pendant lesquels elle va diminuant graduellement.
L'élimination de l'hémoglobine dissoute dans le
sérum sanguin se fait surtout par les urines, qui
sont rouges (sanglantes), et contiennent en même
temps de l'albumine. L'hémoglobinurie et l'albuminurie durent pendant huit jours environ. Si l'on
injecte à la *rana esculenta* du sang de *rana tempora-
ria*, on ne provoque pas d'albuminurie.

En plaçant une goutte de sang de mammifère
dans du sang de grenouille ou simplement dans
du sérum de grenouille, on voit au miscroscope
les globules du mammifère diminuer de volume,
pâlir graduellement et finir par se dissoudre complétement en même temps que le liquide prendre
une couleur laque. Les stromas des globules sont
assez longs à se dissoudre et s'agglutinent volontiers entre eux. Landois pense que cette agglutina-
tion peut quelquefois se produire dans la circulation
et donner naissance à des masses emboliques (d'où

les paraplégies que la transfusion détermine souvent chez la grenouille).

La dissolution graduelle des globules transfusés peut du reste s'observer directement dans le sang en circulation, sur la membrane natatoire, le mésentère et surtout sur la vessie de la grenouille curarisée.

Si l'on injecte du sérum de mammifère, sans globules, à une grenouille. ce sérum dissout les globules de la grenouille.

L'injection du sérum provenant du chien détermine chez la grenouille de l'hémoglobinurie et de l'albuminurie pendant 8 jours environ ; le sérum de mouton ou d'homme ne provoque que de l'albuminurie.

EXAMEN DES CONDITIONS VARIABLES DE L'EXPÉRIMENTATION.

Nous venons d'examiner les principales conditions qui font varier les résultats de la transfusion opérée dans la série animale ; mais, pour ne pas embarrasser le récit déjà trop long des faits expérimentaux, que de détails n'avons-nous pas dû passer sous silence ! Le moment est venu de pousser plus avant notre analyse et d'exposer les points spéciaux qui compliquent ces expériences.

Les moyens mécaniques de la transfusion, l'état du sang, l'état du sujet, telle est la division que nous croyons devoir introduire dans cette étude, qui nous permettra de chercher, dans le cours de ce chapitre, la théorie physiologique de la transfusion.

§ 1. Moyen mécanique de la transfusion.

Je n'ai pas l'intention de décrire ici les appareils employés pour pratiquer la transfusion ; ce que je veux établir, c'est l'importance de la distinction des méthodes dans l'examen des données de l'expérience. Ces méthodes sont au nombre de deux, l'immédiate et la médiate.

a). TRANSFUSION IMMÉDIATE OU DIRECTE.

« Ces deux nœuds estant faits, écrit Richard Lower, en décrivant le manuel de son opération, ouvrez l'artère et mettez dedans un petit tuyeau de plume, et liez avec les deux fils l'artère bien serrée, etc. » Et plus loin : « Faites une incision dans la veine et y fourrez deux tuyeaux, l'un dans sa partie inférieure, pour recevoir le sang de l'autre animal et le porter au cœur, et l'autre tuyeau dans la partie supérieure qui vient de la teste, par lequel le sang du second chien puisse couler dans les plats... Après cela, débouchez le tuyeau qui descend dans la veine jugulaire du premier chien, et l'autre tuyeau qui sort de l'artère de l'autre chien, et par le moyen de deux ou trois autres tuyeaux, suivant qu'il en sera besoin, joignez-les l'un à l'autre, puis lâchez le nœud coulant, etc. »

Telle est, dans toute sa simplicité, la manière de faire passer immédiatement le sang d'un animal dans un autre ; c'est le procédé employé par beaucoup d'auteurs. il présente l'avantage de fournir à l'animal le fluide nourricier de l'autre dans toute son intégrité. Là, pas de contact du liquide avec l'air, pas de crainte de coagulation, partant, pas de défibrination.

1° Injection du sang avec tous ses principes ;

2° Injection instantanée, de façon à éviter à coup sûr la coagulation et la mort du sang ;

3° Injection successive et par petite ondée sanguine, imitant le cœur lui-même, qui ne l'envoie aux organes que par petite quantité à la fois, et non brusquement et en masse considérable ;

4° Injection à l'abri de l'air atmosphérique, de façon que rien ne puisse être ajouté au sang à transfuser, qu'il ne puisse perdre aucun principe volatil.

Et pourtant, les résultats expérimentaux ne se sont pas toujours prononcés en faveur de cette méthode.

Dieffenbach a pratiqué onze fois la tranfusion *immédiate*. Je ne citerai qu'une seule de ces expériences, toutes les autres étant semblables pour le procédé suivi et les résultats obtenus.

Expérience. — Il ouvrit la carotide à un petit chien et laissa couler le sang jusqu'à ce que l'animal ne donnât plus aucun signe de vie. Cet état de mort apparente fut précédé de convulsions violentes ; pendant les accidents nerveux, la pupille se dilata et se contracta alternativement, jusqu'à ce qu'elle restât complétement et largement immobile. A ce moment, la veine jugulaire fut ouverte.

Un tube étant alors placé dans la carotide du premier et dans la jugulaire de l'autre, le sang passa dans la veine de ce dernier. Le chien parut d'abord respirer mieux, mais il ne survécut pas.

Pratiquée sur six chiens, deux chats, une vieille brebis, un veau et un taureau, cette expérience fut suivie de mort chez trois chiens, un chat et un taureau. Tous ces animaux périrent plus ou moins promptement. Les trois autres chiens, un chat, la brebis et le veau, se rétablirent peu à peu, et recouvrèrent le santé au bout d'un temps variable, depuis quelques heures jusqu'à trois jours.

La transfusion *immédiate* peut donc quelquefois sauver la vie, dit Dieffenbach ; mais, même dans les cas heureux, elle n'est pas sans danger.

Ces faits, en contradiction avec les plus logiques inductions, étaient évidemment entachés de quelque vice originel. C'est à M. Oré que revient l'honneur de l'avoir prouvé, et par le raisonnement, et par l'expérience.

Faut-il accuser la transfusion *immédiate* de ces revers, ou bien la manière dont elle a été pratiquée? Si l'on réfléchit, on ne tardera pas à s'apercevoir que le tube intermédiaire employé par Dieffenbach est essentiellement défectueux. Pour établir un trait d'union entre les animaux, ce tube devait avoir une certaine longueur, et par conséquent contenir une *assez grande quantité d'air*. Or, le sang n'a pu passer d'un animal dans l'autre, sans pousser devant lui l'air renfermé dans le tube. Les expériences d'Oré ont appris, il est vrai, qu'une proportion minime de ce gaz peut circuler dans l'appareil vasculaire sans compromettre immédiatement la vie d'un animal ; mais cela n'est possible que lorsque l'animal *n'a pas été préalablement épuisé par une forte hémorrhagie* ; il n'en est plus ainsi lorsque cette dernière circonstance se produit. Les pertes de sang diminuent les mouvements du cœur ; elles les affaiblissent et les ralentissent beaucoup. Que de l'air, même en petite quantité, arrive dans les cavités droites et les distende, la mort n'arrivera pas toujours, mais elle se manifestera souvent, surtout si les animaux sont de petite taille. Aussi, loin d'accepter les reproches que Dieffenbach adresse à la transfusion *immédiate*, a-t-on démontré, à l'aide des faits, que ce procédé est préférable à tous les autres.

Ces faits, je ne ferai ici que les rappeler ; sans remonter bien haut, sans faire appel aux expériences des physiologistes du XVIIe siècle, qui, pendant quelque temps, eurent tous recours à la transfusion immédiate, nous renverrons à celles que M. Oré a pratiquées dans le laboratoire de M. Longet, et à celles de M. Moncoq, à Alfort. Ce dernier auteur soumit, en effet, plusieurs fois les animaux à la transfusion au moyen d'un appareil réalisant suffisamment le procédé immédiat.

b). TRANSFUSION MÉDIATE OU INDIRECTE.

Les auteurs qui n'ont pas adopté la transfusion immédiate, se sont prononcés en faveur de la transfusion médiate, c'est-à-dire faite au moyen d'instruments, de seringues, de canules ne constituant pas un système non interrompu entre les deux circulations à réunir.

Blundell a fait avec du sang *non défibriné* des expériences de transfusion *médiate*. Il s'est servi d'une seringue à injection. La première question qu'il s'est posée est celle de savoir *si le passage du sang par la seringue ne le rend pas impropre à ranimer les fonctions.*

1ʳᵉ *expérience.* — La veine fémorale ayant été mise à découvert sur un chien, le chirurgien introduisit dans l'artère un tube avec lequel il tira en deux minutes 8 onces de sang à l'animal.

Les symptômes les plus alarmants se montrèrent bientôt : difficulté dans la respiration, convulsions, profond évanouissement marqué par l'arrêt de la circulation, par la perte de la sensibilité, par un relâchement complet des muscles abdominaux.

Après quelques secondes, 6 onces de sang furent prises dans l'artère fémorale d'un autre chien et injectées dans la veine. L'animal se ranima, la respiration redevint régulière, et la sensibilité se rétablit. Cette résurrection fut si complète, que l'animal parut se réveiller plutôt que sortir d'un état de mort apparente.

2ᵉ *expérience.* — La veine fémorale d'un chien fut mise à découvert ; un tuyau y fut introduit, ainsi que dans l'artère ;

à mesure que le sang s'échappant de ce dernier vaisseau tombait dans un vase, il fut de suite introduit dans la veine.

Cette opération fut continuée pendant *vingt-quatre minutes*, et le chien n'en parut pas incommodé. Or, pour que cette expérience ait été prolongée pendant vingt-quatre minutes, il faut, dit Blundell, que *le même sang ait passé plusieurs fois par les instruments*.

De ces deux expériences, il conclut que *le sang peut être transmis par la seringue, et cela à plusieurs reprises, sans devenir impropre aux fonctions vitales.*

On peut donc accepter comme démontré : *que le passage du sang dans une seringue à injection ne l'empêche pas de conserver ses propriétés régénératrices.* Aucun expérimentateur ne le niera ; mais ce qui est plus contestable, c'est que le sang ait pu, pendant vingt-quatre minutes, et cela à plusieurs reprises, passer par la seringue, sans perdre les qualités qui sont indispensables pour que la transfusion soit *exécutable*. Nous signalerons bientôt les faits sur lesquels reposent ces doutes.

Telles sont les deux méthodes en présence. Essayerons-nous de les comparer? Ces faits, tirés de l'expérimentation animale, ne nous le permettent pas encore. Théoriquement, la supériorité appartient sans conteste à la transfusion immédiate. Nous verrons plus loin de quelles complications inattendues les exigences de la pratique sont venues obscurcir ce problème.

§ 2. État du sang.

a). ARTÉRIEL OU VEINEUX.

Le sang artériel contient plus d'oxygène et moins d'acide carbonique que le sang veineux. L'azote semble aussi en plus grande quantité dans le sang artériel où, d'ailleurs, sa proportion est toujours faible. Il faut ajouter que les gaz contenus dans le sang y sont à la fois à l'état de combinaison pour une part, et à l'état de liberté pour une autre proportion.

C'est à la présence du gaz *oxygène* que le sang *artériel* doit sa coloration *rouge vermeil*, et c'est à l'acide carbonique que le sang *veineux* doit sa couleur *rouge-brun*.

Le sang artériel est plus riche en fibrine et en globules. L'albumine se trouve dans les deux sangs à peu près dans les mêmes proportions.

L'eau semble en plus grande proportion dans le sang veineux. Le sang artériel est plus riche en sels inorganiques.

Le sang artériel offre plus de tendance à se *coaguler* que le sang veineux, et son caillot est plus volumineux; ce qui s'explique par sa proportion plus grande de fibrine et de globules.

Ces différences connues, la solution théorique de la question ne saurait être douteuse. Le sang artériel est le plus propre à ranimer un animal exsanguifié ou seulement anémié. Voyons ce qu'a répondu l'expérience.

Les premiers transfuseurs injectaient du sang artériel en mettant en communication, au moyen d'un tube, la carotide d'un animal avec la jugulaire de l'autre. Les résultats furent le plus souvent heureux; mais un point à ne pas oublier, c'est que le sang que l'on injecte dans les organes d'un animal en état de mort apparente doit être non-seulement vivificateur, mais encore excitateur. Sous ce dernier rapport, le sang noir jouit, s'il faut en croire Brown-Séquard, de propriétés incontestables. « Le sang rouge, dit-il, donne aux tissus la faculté d'agir, la puissance; le sang noir engendre l'action, met en œuvre cette puissance. Les effets stimulants de ce dernier seraient dus à l'acide carbonique. C'est sous l'influence de cet acide que les fibres musculaires du cœur entreraient en contraction. Du reste, que l'on ne soit pas effrayé par les dangers de l'introduction d'une quantité considérable de sang chargé d'acide carbonique dans l'économie. Ce n'est, en effet, que dans les premiers instants de l'opération qu'il peut agir en tant que sang veineux, car ce n'est qu'après avoir traversé les poumons qu'il est propre à ranimer la vie prête à s'éteindre. Poussé dans le cœur, il excite d'abord cet organe, qui se contracte et le chasse dans les poumons, où, sous l'influence de l'air, il devient du sang artériel. »

Ce serait une erreur que d'exagérer le rôle de

l'oxygène dans la résurrection des animaux transfusés. Ce qui agit, ce n'est pas l'oxygène seul, c'est
le globule. « Dans certaines expériences de transfusion, il a été constaté, dit Longet(1), que l'intégrité
des globules était nécessaire pour que le sang pût
régénérer les propriétés vitales des différents tissus;
il a pu paraître vraisemblable que cela a dépendu,
au moins en partie, de ce que les globules altérés
ne portaient pas autant d'oxygène aux tissus que
les globules normaux. Il est dès lors permis de se
demander, ajoute cet auteur, si du sérum qu'on
aurait artificiellement chargé d'oxygène ne possé-
derait pas, dans la transfusion, un pouvoir vivifiant analogue à celui des globules qui renferment
naturellement ce fluide. Je ne sache pas que cette
expérience ait été faite jusqu'à présent. » M. Longet
est dans l'erreur, cette expérience a été pratiquée :
du sérum a été agité dans une atmosphère artificielle d'oxygène, puis injecté dans les vaisseaux
d'un animal exsangue qui ne se ranima pas. De son
côté, M. Bert s'est demandé si une dissolution d'hémoglobine oxygénée est capable, au point de vue
du rappel à la vie, de jouer le même rôle que le
sang lui-même. Ayant saigné un chien de façon
qu'il fût près de la mort, il lui injecta dans la jugulaire une solution d'hémoglobine. Il y eut, pendant
quelques instants, une apparence d'amélioration ;
mais bientôt les phénomènes reprirent leur cours,

____

(1) Longet, *Traité de physiologie*, 2e vol., page 37.

et, dit M. Paul Bert, la mort survint plus vite même, ce semble, que si aucune injection n'avait été faite.

Puisque le sérum seul ou oxygéné, puisque l'hémoglobine sont impuissants à entretenir la vie, la partie véritablement active dans le fluide injecté et qui ranime est donc le globule, le globule dans son intégrité anatomique et physiologique, c'est-à-dire pourvu de tous ses éléments solides, liquides et gazeux.

Qu'il nous soit permis, en terminant ces considérations sur la nature du sang, de faire remarquer que, l'injection étant le plus souvent faite dans une veine, il n'est peut-être pas indifférent de lancer, dans les canaux à sang noir, le fluide artériel extrait d'une carotide. L'excitant naturel des veines, des cavités du cœur droit, est le sang veineux, noir, carbonique, et non le sang rouge, artériel, oxygéné.

Aussi bon nombre d'auteurs préfèrent-ils, à la transfusion artério-veineuse, la veino-veineuse, qui n'est point passible des mêmes objections. Je ne puis pas étudier ici la veino-artérieuse; trop peu d'expérimentateurs y ont eu recours. Et quand à la transfusion artério-artérieuse, telle que l'a étudiée M. Guérin, ce n'est plus une transfusion, c'est une communication absolue, intime, entre deux circulations; et les caractères en sont tellement particuliers, qu'elle ne nous semble pas rentrer directement dans le cadre qui nous est tracé.

b). TempÉrature du sang.

Un des obstacles de la transfusion est la coagulation du sang. Il est donc nécessaire d'étudier
d'abord le degré de température qui favorise ou
retarde la coagulation ; puis de faire des expériences de transfusion avec du sang amené à la
température qui convient le mieux pour éviter la
coagulation.

Dans les deux cents observations, écrit Nicolas,
que nous avons sous les yeux, d'opérations faites
soit sur les animaux, soit sur l'homme, nous voyons
que toutes les précautions possibles ont été prises
pour empêcher la coagulation. Les expérimentateurs pensaient que la principale cause de la
coagulation du sang était l'abaissement de la température ; aussi s'efforçaient-ils de prévenir le refroidissement du sang. Pour atteindre ce but, tantôt
on a fait passer le sang directement d'un animal
dans l'autre, au moyen de tubes ; tantôt on a reçu
le sang dans une seringue chauffée et rapidement
opéré la transfusion. Cette pratique semble erro-
née. Par la chaleur on hâte la coagulation, par le
froid on la retarde, et le froid n'enlève pas au sang
ses propriétés vivifiantes : voilà ce qu'il s'agit de
démontrer. M. Malgaigne avait d'ailleurs déjà formulé clairement sa manière de voir sur ce sujet.
« Aujourd'hui, dit-il, on recommande généralement de recevoir le sang tiré de la veine dans un

vase chauffé au bain-marie, ou autrement, à une température de 25 à 30 degrés, et l'on fait chauffer également la seringue. Or, c'est là un premier exemple des erreurs pratiques entretenues par de fausses notions sur la coagulation du sang, et l'on va voir qu'au lieu de prévenir la coagulation, la chaleur la favorise. »

Voici, toujours d'après Nicolas, les résultats obtenus par quelques observateurs sur le temps que met le sang à se coaguler, suivant le degré de température auquel il est exposé.

J. Hunter (1) plaça 3 onces (85 gr. 5) de sang, tirées à un jeune homme, dans de l'eau chauffée à 120 degrés F. (55°,56 c.); la coagulation complète se fit en cinq minutes. 3 onces (85 gr. 5) de sang, tirées au même sujet, et placées dans de l'eau à 48 degrés F. (8°,89 c.), ne commencèrent à se coaguler qu'au bout de vingt minutes, et, cinq minutes après, la coagulation n'était pas achevée.

Blundell (2) mit dans un verre conique, et abandonna à la température ambiante moyenne 3 drams (5 gr. 31) de sang pris à un chien; la coagulation commença après dix secondes, et elle fut complète en quatre-vingts. Quelques drams de sang veineux, tirés du bras d'une jeune fille, furent laissés à la température ordinaire; la coagulation commença sur les bords du vase, soixante secondes après la

(1) *OEuvres complètes*, t. I, p. 100.
(2) *Loc. cit.*, p. 129.

sortie de la veine ; cinq ou six minutes après, elle était complète.

Scudamore (1) divisa en trois parties du sang enlevé à un individu bien portant. La première, abandonnée dans une chambre à la température ambiante, se coagula en cinq minutes. La seconde, chauffée à 120 degrés F. (48°,9 c.), fut coagulée en moins de trois minutes ; la troisième, soumise à un mélange réfrigérant, descendit à 40 degrés F. (4°,44 c.) ; au bout de vingt minutes, elle était parfaitement liquide ; dix heures après, la coagulation n'était pas entièrement complète.

J. Davy (2) porta une certaine quantité de sang à 32 degrés F. (0° c.) ; il le vit rester liquide plus d'une heure. La température ayant été encore un peu abaissée, le sang se gela. Après être resté une heure dans cet état, il se dégela, et reprit sa fluidité.

Je citerai maintenant quelques expériences faites dans ce sens sur du sang de lapin.

1° Dans un appartement, dit Nicolas, dont la température était de 16 degrés centigrades, 20 centimètres cubes de sang furent coagulés complétement en dix minutes.

2° 12 centimètres cubes de sang, conservés à la même température de 16 degrés centigrades, furent coagulés en six minutes.

3° 20 centimètres cubes de sang, recueillis dans un vase

(1) *Essay on the blood*, p. 19 ; 1824.
(2) *Observations on the coagulation of the blood* (*Edinburg med. and surg. journ.*, t. XXX, p. 251 ; 1828).

chauffé à 48 degrés centigrades, ont été coagulés en quatre minutes.

4° La température ambiante étant de 14 degrés centigrades, je plaçai 40 centimètres cubes de sang dans un vase contenant de l'eau à 12 degrés centigrades. Au bout de dix minutes, l'équilibre de température s'était établi entre le sang et l'eau; vingt minutes après, légère coagulation sur les bords du vase; trente minutes après la sortie du sang de l'artère, coagulation de 2 millimètres sur les bords du vase, de 4 millimètres au bout de trente-cinq minutes; enfin, après quarante minutes, coagulation complète.

5° Température ambiante, 16 degrés centigrades. Je mis 45 centimètres cubes de sang artériel dans un vase contenant de l'eau à 9 degrés centigrades. Après dix-sept minutes, la coagulation n'était pas commencée. Au bout de vingt-huit minutes, j'ai garni une seringue pour faire la transfusion, seulement les parois du vase étaient recouvertes d'un léger dépôt de sang coagulé, et tout à fait au fond du vase, qui avait une forme conique, se trouvait un petit caillot du volume d'un centimètre cube.

6° Température ambiante, 16 degrés centigrades. 55 centimètres cubes de sang sont amenés à la température de 8 degrés centigrades. Une heure s'est écoulée avant que la coagulation fût complète.

7° Température ambiante, 13 degrés centigrades. 60 centimètres cubes de sang sont placés dans un vase à 8 degrés centigrades. Une heure après, la coagulation n'est pas complète. Sur les bords du vase, il y a un dépôt de 3 millimètres de sang coagulé, et il reste au milieu un espace conique où le sang est entièrement liquide.

Je crois qu'il n'est pas nécessaire de citer un plus grand nombre d'observations; toutes celles qui ont été faites ont donné les mêmes résultats; enfin le sang dont la coagulation a été retardée par le froid ne semble pas, observé au microscope, offrir de déformation dans ses globules.

Pour conclure, disons avec M. Malgaigne (1) : « Ce n'est donc pas le refroidissement qui amène la coagulation du sang, tout au contraire ; et lorsque l'on voudra tenter la transfusion, on saura désormais que pour le maintenir liquide, le mieux est de faire refroidir le vase et la seringue. »

Il nous reste à compléter cette étude par l'expérimentation, et à rapporter les expériences de transfusion opérées avec du sang refroidi.

Expérience. — Sur un gros lapin, l'artère carotide a été ouverte, et on a laissé couler le sang jusqu'à ce que les battements du cœur et les mouvements respiratoires se soient arrêtés. La température était considérablement diminuée, les pupilles étaient dilatées. L'animal avait perdu 60 centimètres cubes de sang. Six minutes après la fin de l'hémorrhagie, j'ai injecté dans la veine jugulaire 10 centimètres cubes de sang artériel, pris à un autre lapin, et amenés à la température de 8 degrés centigrades. L'injection a duré cinq minutes. Deux minutes après l'opération, quelques mouvements respiratoires, lents, faibles, et un léger frémissement à la région précordiale se sont manifestés. Au bout de six minutes, l'animal est délié, il marche avec peine ; la température reste basse, le cœur bat faiblement. Douze minutes après, les battements du cœur sont toujours faibles, mais ils sont très-précipités. Après trente minutes, les battements du cœur sont bien sensibles, moins précipités, plus rapprochés du type normal. Enfin, une heure et demie après l'opération, l'animal marche et prend des aliments ; les mouvements respiratoires, la circulation, la température, sont comme dans l'état normal (Nicolas).

Expérience. — A un gros lapin j'ai enlevé 55 centimètres cubes de sang. A la fin de l'hémorrhagie, cet animal, après avoir fait quelques mouvements et poussé quelques cris, est

(1) *Loc. cit.*, p. 482.

tombé dans un état de syncope très-complet : pas de battements de cœur, pas même un léger frémissement ; respiration entièrement supprimée. Il était dans cet état depuis sept minutes, lorsque j'ai commencé à lui injecter du sang artériel pris à un autre lapin. 10 centimètres cubes de sang à 8 degrés centigrades ont été poussés dans sa veine jugulaire : l'injection a duré cinq minutes. Une demi-minute après l'opération, quelques légers mouvements respiratoires se sont manifestés. En comptant à partir du moment où l'injection a été terminée, voici la succession des phénomènes que ce lapin a présentés. Une minute après, léger frémissement à la région précordiale. Au bout de quatre minutes, les mouvements respiratoires sont bien établis, mais la température ne s'élève pas ; l'animal, délié après cinq minutes, a fait quelques légers mouvements. Après dix minutes, battements de cœur faibles, mais cependant bien sensibles ; ils sont très-précipités. Vingt minutes après l'injection, les battements du cœur sont très-sensibles et moins précipités ; la chaleur s'est élevée, mais elle est encore inférieure à la température normale. Peu à peu les phénomènes respiratoires et circulatoires se sont bien établis, et deux heures après l'opération toutes les fonctions de la vie s'accomplissaient régulièrement. L'animal était assez vif, il prenait des aliments, et fuyait lorsqu'on l'approchait (Nicolas).

Expérience. — J'ai retiré à un lapin de taille ordinaire 50 centimètres cubes de sang. L'hémorrhagie a été arrêtée lorsque des mouvements convulsifs se sont montrés et quand les battements du cœur et la respiration se sont suspendus. L'hémorrhagie était terminée depuis cinq minutes, lorsque je lui ai injecté dans la veine jugulaire 10 centimètres cubes de sang artériel pris à un autre lapin et amenés à la température de 9 degrés centigrades. Pendant l'injection, qui a duré trois minutes, la température s'est abaissée un instant, puis elle a commencé à s'élever, pour arriver jusqu'à la température normale. Une minute après l'opération, les battements du cœur sont à peine sensibles et les mouvements respiratoires peu apparents. Au bout de dix minutes, battements du cœur bien sensibles, mais très-précipités. Vingt minutes après l'opération, les battements du cœur, les mouvements respiratoires la chaleur, sont comme dans l'état normal (Nicolas).

Expériences. — Trois chiens ayant été réduits à un état voisin de la mort, par suite d'une piqûre de la carotide, je leur ai transfusé 100 grammes de sang dont la température était tombée à 6 degrés. Ces trois chiens ont été ramenés à la vie. Le même résultat a été obtenu chez un lapin (Oré).

Tous commentaires seraient inutiles. Ces expériences offrent un grand intérêt, elles démontrent avec évidence :

1° Qu'il n'est point nécessaire que le sang injecté soit à la température du corps ;

2° Que son refroidissement facilite l'opération en retardant sa coagulation.

c). PRÉSENCE DE L'AIR DANS LE SANG.

Son influence peut s'exercer de deux façons : 1° par le contact plus ou moins prolongé ; 2° par le mélange de ces deux fluides.

C'est M. Oré qui s'est chargé de résoudre la première question, celle du contact. Les anciens auteurs avaient, à plusieurs reprises, tenté de se rendre compte de ce que devient le sang après son séjour plus ou moins prolongé à l'air libre. C'est ainsi que nous avons vu Dieffenbach infuser du sang sorti des vaisseaux depuis un temps quelquefois assez considérable, 50 ou 60 heures, par exemple. Toutefois, aucune conclusion réellement scientifique n'avait été tirée de ces essais isolés.

Les expériences d'Oré remontent à 1866. Elles furent répétées assez souvent pour qu'on puisse les accepter comme des faits absolument démontrés. Nous ne saurions mieux faire que de reproduire textuellement la plus concluante.

Expérience. — Afin d'éviter le contact de l'air avec le sang, je me suis servi pour recueillir ce dernier d'une poire en caoutchouc, munie d'un robinet de cuivre, que l'on peut ouvrir et fermer à volonté. Du robinet part un tube de la même substance, long de 20 centimètres et terminé par une canule dont l'ouverture offre de 5 à 6 millimètres de diamètre; après avoir fait le vide dans la poire à l'aide de l'aspirateur, le robinet étant fermé, j'ai introduit la canule effilée dans la veine jugulaire d'un chien de moyenne taille; j'ai ouvert alors le robinet : le sang, attiré par le vide, a commencé à couler par le tube de caoutchouc et à remplir la poire.

Après dix minutes, j'ai constaté, et M. Merget a pu constater avec moi, une fluctuation évidente, en pressant sur les parois du récipient. Voulant apprécier dans quel état se trouvait le sang, j'ai ouvert la soupape, et j'ai pu apprécier qu'*il était encore liquide*. Il renfermait bien quelques caillots isolés; mais il aurait pu être transfusé sans déterminer d'accident, surtout si l'on avait eu soin de se servir de la seringue modifiée comme je l'ai dit.

Cette expérience offrait un intérêt véritable, si l'on songe que le sang du chien, mis au contact de l'air, se coagule presque immédiatement.

De ce fait, je me crois en droit de conclure que le contact de l'air extérieur avec le sang est une des principales causes de sa coagulation.

Tel était l'état de la question quand un jeune physiologiste Frantz, Glénard (1) (de Lyon) reprit

(1) *De la coagulation spontanée du sang*, par Frantz Glenard. Paris, 1875.

et développa, dans un travail magistral, la question de la coagulation au contact de l'air. Il établit tout d'abord que l'influence dominante en faveur de la fluidité du sang est celle de la paroi : « hors de la paroi pas de fluidité possible. »

« Réduite à ses proportions, écrit M. Glénard, la question est encore très-complexe ; il faut établir en effet si cette paroi agit en préservant le sang de toute immixtion avec le monde extérieur, soit en empêchant l'accès d'agents coagulateurs, soit en prévenant l'issue des agents fluidifiants ou bien si ses propriétés physiques en tant que membrane perméable, sont la condition *sine qua non* de sa fluidité ; s'il se fait à travers cette membrane, entre le sang et les milieux extérieurs, des échanges capables, dans ces conditions, d'entraver toute coagulation.

« Hunter concluait que le contact de l'air n'est pas cause de la coagulation, parce que, lorsqu'on reçoit du sang dans le vide, il se prend en caillot comme dans la palette. Mais pour recevoir du sang dans le vide barométrique (Scudamore) ou sous l'huile (J. Davy), expériences dont les résultats constituent les arguments dont on se sert depuis Hunter, il faut admettre que le contact de l'huile ou du mercure, ou même des tubes de communication, ne pourraient en aucune façon déterminer la coagulation et primer ainsi l'influence du vide, dans le cas où elle empêcherait le sang de se coaguler.

« Magendie avait remarqué qu'on peut injecter lentement dans les veines d'un animal des quantités énormes d'air atmosphérique, sans communiquer au sang aucune tendance à se coaguler, et Palmer, comparant ce résultat avec celui d'Hewson, que nous avons cité plus haut, conclut à une différence dans les effets produits par l'air, suivant que le sang est en repos ou en mouvement dans les vaisseaux (1). »

Mais voici quelques expériences, qui, pour être en contradiction avec celles d'Hewson, n'en sont pas moins concluantes :

Expérience. — Un lapin fut tué par entrée de l'air dans la veine cave inférieure, qu'on lia lorsque les symptômes locaux et généraux particuliers à cet accident eurent éclaté, et, tandis que le cœur battait encore et qu'on pouvait apercevoir à travers les minces parois de l'oreillette les mouvements d'un sang manifestement spumeux, une ligature fut jetée sur le pédicule du cœur, cet organe enlevé et placé au-dessous d'une cloche, destinée à prévenir une trop rapide évaporation.

Cinq heures après, le sang évacué de l'organe est trouvé très-liquide, très-spumeux, et, recueilli dans une soucoupe, s'y coagule en cinq minutes. (Glénard.)

Expérience. — Un segment artériel (carotide) d'âne, mesurant 10 centimètres de longueur, fut, aussitôt après son ablation de l'animal, évacué à moitié par l'excision d'une des ligatures, tandis qu'on retenait le reste du sang en comprimant le vaisseau avec les doigts. A la place du sang évacué qui se coagula en dix minutes, on insuffla de l'air à distance, opération facilitée par la béance artérielle (car il ne fallait faire intervenir aucun corps étranger), la ligature fut replacée

____

(1) Hunter, page 43, note.

et le vaisseau tourné plusieurs fois sur lui-même, pour que l'air se mit bien en contact avec le sang restant.

Trois heures après, le sang évacué fut retrouvé parfaitement fluide et mit vingt-deux minutes à se coaguler en masse. (Glénard.)

Expérience. — Un segment veineux d'ânesse, enlevé depuis cinq heures à l'animal, fut suspendu au-dessus d'une éprouvette à l'aide de petits crochets qui le retenaient seulement par sa tunique celluleuse, de telle sorte que ni le sang, ni la paroi interne ne fussent en contact avec ces corps étrangers. On enlève alors la ligature supérieure, et le fragment de vaisseau sus-jacent aux crochets est réséqué. Quelques gouttes de plasma débordèrent aussitôt et s'écoulèrent dans l'éprouvette, où on les trouvait coagulées au bout de cinq minutes; quant au plasma qui restait dans le segment, on put le conserver fluide pendant trois heures.

En tirant de nouveau sur la ligature inférieure du segment, que l'on avait eu soin de conserver assez longue pour qu'elle pût être ramenée en dehors de l'éprouvette, on pouvait soulever le fond et faire écouler ainsi quelques gouttes qui se coagulaient peu après leur chute.

Cette expérience, répétée sur un segment de vaisseau appartenant à un bœuf, donna des résultats encore plus caractéristiques.

Parmi les expériences faites à l'aide de ce procédé, citons encore la suivante :

Expérience. — Un segment veineux de cheval, isolé à huit heures cinquante-cinq, fut suspendu, à deux heures trente-cinq, à l'aide de petits crochets, et sa calotte enlevée permit l'issue de quelques gouttes de sang qui se coagulèrent en vingt-cinq minutes, au fond de l'éprouvette; pendant deux heures on put, à l'aide d'une pipette, puiser du plasma (qui avait rapidement surnagé, comme toujours, dans le segment) et on l'utilisa pour diverses recherches ; les premières gouttes étaient depuis longtemps coagulées que le générateur était encore fluide. Lorsqu'on eut suffisamment exploité cette mine, à quatre heures trente, on ouvrit largement le segment; le reste du sang qu'il contenait après avoir été étendu d'eau, put être *intégralement* filtré, et, soumis à un courant d'acide carbonique, nous fournit du fibrinogène. (Glénard.)

« Nous reviendrons plus loin, ajoute Glénard, sur les causes de cette longanimité du sang.

« Il nous paraît impossible de trouver un mode expérimental plus concluant. Aux conditions inconnues qui président à la fluidité dans notre segment, nous ajoutons une condition connue, et nous sommes absolument sûr que, la seule différence dans les deux cas résultant de la condition suspecte, nous pourrons rigoureusement lui attribuer tout ce qui arrivera, et réciproquement, s'il n'y a aucune modification produite, nous pourrons affirmer que la condition nouvelle n'est pas capable de la produire. C'est ainsi que nous pouvons affirmer que *la coagulation spontanée du sang n'est pas due au contact de l'air*.

« Nous ne voulons ici faire allusion qu'au phénomène de la coagulation spontanée normale; car le contact prolongé avec l'air peut déterminer mécaniquement, à la suite du dépôt de poussières, par exemple, la formation d'une pellicule dont la présence ébranlera la coagulabilité en puissance dans le sang, ou chimiquement, par le transport de germes, la formation d'infusoires, l'action soutenue de ses gaz constituants, etc., toutes conditions contre lesquelles le sang peut réagir par la

coagulation, comme d'autres substances albuminoïdes par la fermentation, si tant est que ce soient
phénomènes comparables.

« Mais il nous aurait suffi de pouvoir conserver
fluide, en présence de l'air, sans addition d'aucune
substance étrangère, ne serait-ce que pendant une
demi-heure, un sang qui au sortir du vaisseau se
coagule en dix minutes, pour affirmer, croyons-
nous, avec raison, que la coagulation normale
n'est pas due à l'évaporation d'un principe subtil
(Richardson) ou à l'influence d'un des gaz de l'air
(Scudamore, Virchow).

« Du reste, on peut démontrer directement la
fausseté de ces hypothèses.

Expérience. — Un segment jugulaire d'âne pesant 7 gr. 82
fut placé sous la machine pneumatique où l'on pratiqua le
vide à 1 cent. 50, à trois heures quarante-cinq, une heure et
demie après son ablation de l'animal. Le lendemain matin, à
neuf heures, il fut retrouvé fluide (le vide ne s'était pas maintenu), et lorsque, à trois heures quarante, on ouvrit le segment, le sang s'écoula bien liquide dans un récipient, où il fut
trouvé coagulé le lendemain.

« Si l'on admet qu'au moment du contact avec
l'air le sang peut dégager du gaz ammoniac, on
admettra bien qu'au sein du vide ce même gaz
s'échappera à travers la paroi. Notre expérience
vient à l'appui des objections que Thiry, Strauch,
Kühne, Davy, ont élevées contre la théorie de Richardson, en démontrant, par des réactifs d'une
extrême sensibilité, qu'il ne se dégageait pas de gaz
ammoniac pendant la coagulation, en démontrant

que l'ammoniaque ajoutée au sang ne l'empêche pas de se coaguler (1).

« Ce même mode de réfutation peut s'appliquer à l'opinion de Panum, qui attribue la coagulation au dégagement d'un atome de Co^2 et a la transformation d'un bicarbonate fluidifiant en carbonate. »

2° MÉLANGES DE L'AIR AVEC LE SANG.

De toutes les objections que soulève la transfusion du sang, il n'en est pas de plus sérieuse que celle de l'entrée de l'air dans les veines. Aussi cette question appelait-elle toute l'attention des travailleurs. Quelle part d'influence revient à cet accident dans la pratique expérimentale de la transfusion ? A cette question, M. Oré a consacré de nombreuses expériences dont nous serions impardonnable de ne pas exposer ici les détails et les résultats. Nysten, dans un ouvrage qui a pour titre : *Recherches de physiologie et de chimie pathologique, pour faire suite à celles de Bichat sur la vie et sur la mort,* puis Amussat, avaient autrefois déjà scruté ce problème. Jetons donc d'abord les yeux sur le travail du premier : j'en emprunte le résumé à M. Oré.

1re *expérience.* — 100 centimètres cubes d'air ont été injectés dans la veine jugulaire externe droite d'un chien pesant 7 kilogrammes. L'injection a été faite en quatre fois, et dans l'intervalle de cinq minutes trente secondes : l'animal est mort. A l'ouverture, Nysten trouva les poumons dans leur

(1) W. Richardson, *The cause of the coag. of the blood.* London, 1858. *In Journ. de phys.*, Brown-Séquard, 1858, t. I, p. 489-570-816.

état normal; l'oreillette et le ventricule pulmonaires étaient distendus par un mélange de gaz et de sang liquide. (*Loc. cit.*, p. 15.)

2ᵉ *expérience* faite sur un chien pesant 4 kilogrammes 1/2. 100 centimètres cubes d'air ont été injectés en cinq fois dans la veine jugulaire dans l'espace de huit minutes trente secondes, en laissant d'une injection à l'autre l'intervalle de une à trois minutes; il n'en est résulté aucun symptôme grave. Deux minutes et demie après la cinquième injection, Nysten en fit une de 30 centimètres cubes qui fut immédiatement suivie de la suspension de la respiration, des mouvements du pouls et de toute action musculaire. Deux minutes après, l'animal mourut (P. 17).

Nysten fait remarquer que cet animal, quoique plus petit que le précédent, avait reçu plus d'air que lui; mais il ajoute que c'est dans un intervalle de huit minutes et demie que la quantité totale de 100 centimètres cubes a été injectée, tandis que chez l'autre il ne s'était écoulé que cinq minutes et demie.

3ᵉ *expérience*. — 90 centimètres cubes d'air injectés en trois fois dans un intervalle de douze minutes ont suffi pour faire périr un chien du poids de 4 kilogrammes 1/2; mais chaque injection était de 30 centimètres cubes, et le chien avait peu de force. Aussi il n'est pas douteux qu'il eût succombé à la première injection si elle eût été de 50 à 60 centimètres cubes (P. 19).

Dans une *quatrième expérience*, Nysten injecta en une fois 70 centimètres cubes d'air à un chien du poids de 5 kilogrammes. Au bout de quelques secondes, l'animal mourut. A l'ouverture, on constata que les cavités pulmonaires étaient énormément distendues par l'air; les poumons étaient sains (P. 20 et 21).

De ces expériences, Nysten conclut :

« Toutes les fois que j'ai injecté d'un seul coup de piston beaucoup d'air dans les veines des animaux, je les ai fait périr avec les mêmes phénomènes.

Quand ils étaient petits, comme certains épagneuls, 40 à 50 centimètres cubes d'air suffisaient pour les tuer promptement. Quand ils étaient forts comme des dogues, d'une taille au-dessus de la moyenne, il fallait injecter de 100 à 120 centimètres cubes d'air pour déterminer la mort (P. 21).

« L'air injecté dans le système veineux des animaux vivants ne détermine donc la mort qu'en distendant outre mesure les parois des cavités droites du cœur, et en les empêchant de revenir sur elles-mêmes pour chasser dans les poumons le sang qu'elles contiennent » (P. 23).

Autre expérience à l'appui de cette théorie du mécanisme de la mort :

Expérience. — Chez un chien de forte taille, du poids de 7 kilogrammes, il a injecté 80 centimètres cubes d'air ; quelques secondes après l'injection, l'animal est sans pouls, il pousse des cris douloureux, est pris de mouvements convulsifs avec renversement du tronc en arrière ; et après quelques inspirations, il ne donne plus aucun signe de vie. Nysten ouvrit alors la veine sous-clavière et en fit sortir beaucoup de sang au moyen de la pression sur les parois thoraciques. Cela fait, l'animal respira ; le pouls redevint sensible, et le chien ne mourut pas. Au bout de trois jours, l'animal fut sacrifié, et on constata qu'il n'y avait plus aucune bulle de gaz ni dans le cœur, ni dans aucune partie de l'appareil vasculaire (P. 22 et 23).

« Il est bien évident, ajoute Nysten, que l'air atmosphérique injecté dans le système veineux des animaux vivants ne les fait périr promptement qu'en déterminant une distension énorme de l'oreillette et du ventricule pulmonaires, puisqu'il suffit de faire cesser cette distension pour rappeler les animaux à la vie. Répétées un grand nombre de fois, ces expériences ont toujours réussi » (P. 24 et 25).

Je me contente d'indiquer pour le moment cette opinion de Nysten ; je la discuterai plus tard.

Aux travaux de Nysten il convient d'opposer les recherches d'Amussat dont l'importance est incontestable. Le Mémoire d'Amussat, publié en 1839, renferme plusieurs séries d'expériences.

Dans la première série setrouvent celles relatives à l'introduction spontanée de l'air dans les veines.

Dans la seconde, il rapporte toutes celles dans lesquelles l'air a été introduit de force soit par l'insufflation, soit avec une seringue.

Enfin, il consacre la troisième à déterminer les moyens propres à empêcher, arrêter ou détruire l'accident.

Première série. — Après avoir établi que l'air ne peut s'introduire spontanément que dans les veines où se fait le reflux du sang, phénomène qu'on désigne sous le nom de *pouls veineux,* et que ces veines se trouvent toutes à la partie antérieure du cou et supérieure à la poitrine, Amussat entre dans le détail de ses expériences.

Expérience. — Sur cinq lapins, la veine jugulaire droite ou gauche a été ouverte à la partie inférieure du cou, au-dessous du point où se fait le reflux du sang. Presque aussitôt, l'air s'est introduit dans le vaisseau en produisant un bruit particulier ; les cris, l'agitation, la fréquence des mouvements respiratoires, ont succédé à cette pénétration du gaz, et les animaux ont succombé dans l'espace de une à cinq minutes.

A l'autopsie, on a constamment retrouvé le ventricule droit et l'artère pulmonaire remplis de sang écumeux.

Ces expériences faites de la même manière sur des chiens, des moutons, des chevaux, lui ont permis d'établir que l'introduction spontanée de l'air par une veine blessée, près du sommet de la poitrine, sur des animaux de volumes fort différents, produit presque toujours la mort d'une manière plus ou moins subite.

Désireux de placer ces animaux dans les mêmes conditions que l'homme pendant une opération, Amussat a recherché l'influence de l'affaiblissement produit par la soustraction d'une certaine quantité de sang sur le phénomène de l'introduction de l'air dans les vaisseaux et il est arrivé à cette conclusion :

La déplétion des vaisseaux par la soustraction d'une certaine quantité de sang a une grande influence sur la promptitude des effets de l'introduction spontanée de l'air dans les veines. On peut établir, en effet, que, lorsque cette circonstance se présente, la mort arrive d'autant plus promptement que l'animal a perdu plus de sang ou qu'il a été épuisé par la douleur.

Etudiant ensuite l'introduction forcée, tantôt brusque, tantôt lente de l'air dans les veines, comme Nysten, il reconnaît que l'air introduit de force du côté du cœur par les veines jugulaire ou axillaire, soit par insufflation, soit par injection, détermine presque toujours subitement la mort chez les animaux de différentes espèces.

Il fait remarquer cependant que l'introduction lente et prolongée produit les mêmes phénomènes que l'introduction brusque, mais d'une manière beaucoup plus lente ; qu'après la mort, déterminée par l'entrée spontanée, on ne trouve généralement que les cavités droites distendues ; tandis qu'après l'introduction forcée, on trouve souvent de l'air dans les cavités gauches, ainsi que dans les artères et les veines.

De toutes ces recherches, Amussat conclut que :

1° A l'ouverture immédiate de la poitrine des animaux morts subitement par l'introduction spontanée de l'air dans les veines, on trouve constamment les cavités droites du cœur distendues, ballonnées par l'air plus ou moins mêlé de sang ; tandis que les cavités gauches sont presque toujours vides, affaissées, et ne contiennent que peu ou point d'air.

2° La cause de la mort paraît devoir être attribuée à l'interruption de la circulation pulmonaire.

C'est en 1862 que M. Oré publia, pour la première fois, ses travaux sur la même question. Il suivit une marche toute différente :

Au lieu de faire des injections partielles d'air à des intervalles plus ou moins rapprochés, il a toujours poussé dans les vaisseaux, en une seule fois, la quantité d'air suffisante pour amener la mort. Il n'était point fixé sur la dose de ce gaz nécessaire pour produire ce résultat; il lui a fallu dès lors, c'était facile à prévoir, tâtonner beaucoup pour arriver à formuler une proposition nette et précise. Du reste, les expériences suivantes le démontreront mieux que tous les raisonnements.

1re *expérience*. — J'ai injecté par la veine crurale, à un chien de moyenne taille, 150 centimètres cubes d'air; deux minutes et demie après, l'animal a présenté des mouvements convulsifs des membres antérieurs, la tête s'est renversée en arrière sur le tronc; la respiration, d'abord très-accélérée, s'est ralentie; le pouls est devenu petit, lent, irrégulier; les matières fécales et les urines sont sorties involontairement, par suite du relâchement des sphincters, et l'animal a succombé. A l'autopsie, les poumons, affaissés par suite de l'ouverture des parois thoraciques, ont présenté leur teinte rosée habituelle; les veines caves supérieure et inférieure sont distendues par l'air qui occupe également la cavité de l'oreillette et du ventricule droits; les cavités gauches du cœur ne renferment pas d'air, mais contiennent encore du sang dont la coloration est celle du sang artériel.

Les parois des cavités gauches offrent les mouvements fibrillaires que l'on observe toujours après la mort. Ces mouvements se rencontrent également dans l'oreillette droite, quoique affaiblis, malgré sa distension; mais dans le ventricule droit, ils ont cessé, et les fibres musculaires y sont réduites à un état presque complet d'immobilité.

La ponction de ce ventricule donne issue à du sang dont la coloration est plus vermeille que celle du sang veineux, et qui est mélangé à une assez grande quantité d'air. A mesure que l'air contenu dans la cavité du ventricule s'est échappé par l'ouverture pratiquée à la paroi, j'ai vu reparaître d'une manière manifeste les mouvements fibrillaires qui ont été assez énergiques pour chasser en même temps et l'air et le sang.

2e *expérience* — J'ai injecté, par la veine jugulaire externe droite, 65 centimètres cubes d'air à un petit chien. Les symptômes observés peuvent se résumer ainsi :

Mouvements convulsifs et tétaniques, suivis d'une résolution complète des membres ; respiration d'abord accélérée, puis lente et très-prolongée ; émission des urines et des matières fécales. Mort après quatre minutes et demie.

A l'autopsie, j'ai constaté, comme dans le cas précédent, des mouvements contractiles très-évidents dans les parois des cavités gauches et de l'oreille droite ; le ventricule droit, seul, ne se contracte pas. Une ponction pratiquée à la face antérieure de ce ventricule donne issue à du sang vermeil écumeux d'abord, puis noir, et qui coule en bavant. A mesure que l'air abandonnait la cavité ventriculaire, les mouvements reparaissaient dans les parois.

3e expérience. — Après avoir mis la veine crurale droite à découvert sur un gros lapin, j'ai injecté 35 centimètres cubes d'air. Trois minutes après, l'animal était mort. Il avait présenté, du reste, des mouvements convulsifs, de l'exorbitisme, une dilatation considérable des pupilles. La respiration, accélérée au début de l'expérience, est devenue très-lente, l'animal faisant par intervalles de très-longues inspirations.

Autopsie. — Les veines caves inférieure et supérieure sont distendues par l'air injecté. Il est facile de le voir circuler librement dans la cavité de ces vaisseaux.

Le cœur présente une distension manifeste de l'oreillette et du ventricule droits. En même temps, j'ai observé des mouvements rapides dans l'oreillette, tandis que, dans le ventricule du même côté, la fibre musculaire paraît presque complétement immobile. Les cavités gauches renferment du sang rouge vermeil ; il existe des contractions dans leurs parois, plus fortes dans l'oreillette que dans le ventricule, ce qui est la règle.

Une ponction pratiquée au ventricule droit donne issue à du sang spumeux qui s'écoule en bavant, et dont l'écoulement est accéléré par les contractions des fibres musculaires du ventricule, qui reparaissent à mesure que l'air renfermé dans cette cavité s'échappe au dehors.

4e expérience. — J'ai injecté, par la veine crurale gauche,

35 centimètrcs cubes d'air à une poule de six à huit mois. Les phénomènes indiqués précédemment se sont montrés aussitôt, et la mort est arrivée après deux minutes.

A l'autopsie, j'ai constaté, du côté du cœur, les mêmes particularités signalées dans les trois premières expériences : distension des cavités droites, avec immobilité des fibres musculaires du ventricule, qui a cessé dès qu'une incision pratiquée à la paroi a donné issue à l'air.

5e *expérience*. — Par la veine axillaire droite, j'ai injecté 20 centimètres cubes d'air à un gros lapin. Bientôt, mouvements convulsifs du tronc; dilatation considérable des pupilles; renversement de la tête. Mort après une minute et demie.

L'autopsie m'a permis de constater les particularités précédemment indiquées.

6e *expérience*. — 15 centimètres cubes d'air injectés à un gros lapin ont produit la mort, qui a été accompagnée de toutes les circonstances déjà notées.

7e et 8e *expériences*. — Deux chiens de taille moyenne ont reçu, par la veine crurale, l'un 70, l'autre 80 centimètres cubes d'air. La mort, comme dans tous les cas précédents, a été la conséquence de cette injection.

Chez ces deux animaux, j'ai trouvé le ventricule droit distendu et immobile; les autres parties du cœur se contractaient. L'immobilité a cessé dès qu'une ponction pratiquée à la paroi du ventricule droit a permis à l'air contenu dans sa cavité de s'échapper au dehors.

9e et 10e *expériences*. — 35 centimètres cubes d'air injectés à deux petits chiens ont amené le même résultat, et l'autopsie a révélé les mêmes particularités.

« Je pourrais, dit l'auteur, continuer le récit de ces expériences, car elles ont été très-nombreuses;

mais je tomberais dans des répétitions inutiles : je me contente de dire que j'ai toujours constaté les mêmes phénomènes chez tous les animaux qui ont servi à mes expériences.

Plusieurs conséquences découlent de ces faits :

1° Une quantité d'air plus ou moins considérable, injectée lentement, mais d'une manière continue, dans les veines d'un animal, amène presque immédiatement la mort.

2° La quantité d'air nécessaire pour produire ce résultat varie suivant les animaux ; elle est moindre pour les lapins que pour les chiens. Chez les chiens de petite taille, 30 ou 40 centimètres cubes suffisent ; chez les chiens de taille moyenne, il en faut de 60 à 80 centimètres cubes ; chez les chiens d'une taille plus élevée, Nysten a pu injecter jusqu'à 100 et même 120 centimètres cubes.

3° L'air, en arrivant dans le cœur, amène la distension des cavités droites, en même temps qu'il rend immobile la paroi du ventricule, sans produire le même effet sur l'oreillette et sur les cavités gauches.

Mais une question de la plus haute importance se présente :

Est-ce bien la distension des cavités droites du cœur qui occasionne la mort, et l'air n'a-t-il, dans la production de ce phénomène, qu'une action purement mécanique ?

Pour répondre à cette question, il devenait nécessaire de faire de nouvelles expériences : il fallait décomposer l'air, et, prenant chacun des éléments qui le constituent, vérifier si, introduits séparément, les uns après les autres, dans les veines, en quantité égale à la quantité d'air qui occasionne la mort, on pourrait produire avec eux ce dernier résultat. C'était assurément la seule manière de juger l'action mécanique ; c'est ce qu'a fait M. Oré.

Nous ne pouvons rapporter aussi longuement toutes les expériences de M. Oré sur l'action de l'oxygène, de l'azote et de l'acide carbonique. Nous nous bornerons aux conclusions :

1° Tous les gaz, — air, oxygène, azote, — injectés dans les veines, peuvent produire la mort, s'ils sont injectés en trop grande quantité ;

2° Tous les gaz peuvent être supportés, si la dose est faible.

Il n'est pas difficile d'expliquer la première de ces propositions. Toutes les fois qu'une compression énergique s'exerce sur les veines, elle y interrompt la circulation. Si cette compression, pratiquée extérieurement, amène ce résultat, ne doit-il pas en être absolument de même lorsqu'elle agit directement sur le sang ? Or, une très-grande quantité d'air pénétrant dans l'appareil vasculaire et le cœur, doit évidemment refouler le sang vers les capillaires, troubler la régularité de la circulation, et, par suite, entraîner la mort.

La seconde conclusion offre un intérêt capital, car elle affranchit la transfusion du sang d'une des objections les plus sérieuses qu'on pût lui opposer :

l'entrée de l'air dans la veine où l'on injecte du sang étranger.

« Mes expériences m'ont appris, comme à Nysten, que 30, 40, 50, 65 centimètres cubes d'air n'entraînaient pas la mort chez des chiens de moyenne taille : il est dès lors permis de supposer que cette tolérance que j'ai constatée chez ces derniers doit, à plus forte raison, exister chez l'homme. Or, les instruments dont on se sert pour pratiquer la transfusion (la seringue à hydrocèle est le meilleur) offrent une trop grande perfection, dans leur mode de construction et dans leur mécanisme, pour laisser jamais pénétrer dans le sang beaucoup d'air, et surtout une quantité égale à celle qui peut être supportée impunément.

« Mes expériences doivent donc donner au chirurgien une sécurité parfaite et une confiance légitime, en même temps qu'elles répondent d'une manière péremptoire à une objection dont il est impossible de se dissimuler l'importance et la gravité. »

Ce n'est pas tout. M. Oré a remarqué dans les autopsies un état particulier du cœur dont les fibres lui paraissent avoir été frappées d'une immobilité particulière, mais en signalant le mal, il a soin de signaler le remède, comme on en peut juger par les conclusions suivantes :

« Je pense *que l'air a une action sédative sur la fibre musculaire du cœur qui détermine la paralysie plus ou moins complète du ventricule droit.* La solidarité qui

existe entre les diverses parties de l'organe central
de la circulation explique comment le trouble apporté dans le mécanisme de l'une exerce un contre-
coup fâcheux sur les autres.

« L'action sédative, paralysante de l'air étant
admise, le raisonnement me conduisait à penser
qu'en lui opposant une stimulation énergique, locale ou générale, je pourrais empêcher les conséquences funestes que détermine la présence de ce
gaz.

« L'excitation des pneumo-gastriques, vers la
partie moyenne du cou, à l'aide des courants élec-
triques, empêche la mort.

« Des expériences nombreuses m'ont appris, en
outre, qu'on peut arriver au même résultat sans
électriser directement le tronc même du nerf ; mais,
en plaçant un des conducteurs sur la gaîne qui le
renferme, dans son voisinage ou même dans la
bouche de l'animal, et l'autre dans une plaie faite à
la paroi thoracique.

« Cette manière de procéder détermine une dilatation des parois thoraciques qui entraîne la dilatation des poumons. Or, si l'inspiration suffit, pour
attirer dans le cœur l'air atmosphérique, par une
ouverture faite à une des veines profondes du cou
ou de l'aisselle, il est rationnel d'admettre que la
dilatation forcée des parois, et, par suite, des poumons, par l'action des courants, permet à ces organes de débarrasser le cœur d'un partie de l'air

qu'il renferme; qu'enfin, ils agissent comme une pompe aspirante.

« L'emploi des courants empêchant la mort, occasionnée par l'entrée de l'air dans les veines, et affranchissant le chirurgien de la préoccupation inséparable de certaines opérations pratiquées sur le cou ou dans l'aisselle, me semble un résultat heureux et tout à fait inattendu fourni par la physiologie expérimentale. C'est la première fois que cette application de l'électricité a été signalée. »

d) INFLUENCE DE L'ADDITION DE CERTAINES SUBSTANCES.

Après les faits si nombreux que nous venons de rapporter sur la persistance de la fluidité du sang, après surtout ce qui a été démontré par Blundell au commencement du chapitre précédent, il peut sembler étrange que je discute ici l'opportunité d'introduire, dans le sang à transfuser, des sels de diverse nature destinés à prévenir sa coagulation. De pareilles pratiques ont pourtant été souvent recommandées, et au temps même où la chimie enveloppée d'obscurité, les rendait plus dangereuses, des opérateurs n'ont pas craint d'y avoir recours. Le sel marin, le sel ammoniac sont les principaux agents chimiques employés à cet effet.

Qu'il me suffise de rappeler l'observation que nous avons citée *in extenso* dans l'historique et où il est dit que Major avait eu soin, « avant de recevoir le sang, de répandre dans le vase du sel ammoniac. »

Chacun connaît l'action de ce sel ainsi que du chlorure de sodium ; des cristaux de ces sels déposés à la surface d'un caillot provenant d'une hémorrhagie, de ventouse ou d'une saignée, s'entourent immédiatement d'une auréole rutilante, et la solution saline qui se répand autour du solide en fusion forme sur le cruor noirâtre des traînées d'un rouge écarlate se dirigeant vers les parties déclives. Cette rutilance s'explique par la mise en liberté de l'acide carbonique et l'absorption de l'oxygène par l'hémoglobuline. La permanence de cette coloration signifie qu'il ne se produit pas d'acide carbonique, sans doute il n'en serait plus de même si le sang était contenu dans les vaisseaux et si les hematies entraient en conflit avec les substances combustibles faisant retour dans le réseau capillaire veineux.

Cependant Richardson est d'avis que le sang est maintenu fluide dans les vaisseaux, grâce à la présence d'un composé ammoniacal très-volatil. C'est d'après les mêmes idées que Neudefer recommande d'ajouter au sang un peu de bicarbonate de soude, en dissolution dans l'albumine.

Hewson a constaté qu'un assez grand nombre de sels de soude et de potasse font disparaître la coagulabilité du sang. D'après MM. Prévôt et Dumas, il suffit, d'un millième d'une dissolution de soude ou de potasse pour produire cet effet. Il suffit, dit M. Desgranges, de 14 parties de ce sel pour retarder pendant plusieurs heures la coagulation de 1,000 parties de sang.

Le carbonate de soude produit le même effet à une dose moitié moindre.

Le professeur Rouget conseille de remplir l'appareil à transfuser avec du bicarbonate de soude, de façon que ce dernier chassé par l'arrivée du sang dans l'instrument et rejeté au dehors en assez grande quantité avant de faire l'injection, maintienne fluides les premières couches de sang qui pénètrent dans l'instrument.

M. Pavy dit, au contraire, que le carbonate, le bicarbonate et le nitrate de potasse sont immédiatement mortels si on les injecte avec le sang, que le carbonate de soude peut être supporté un moment, mais que son action nuisible ne tarde pas à se faire sentir.

Récemment M. Braxton Hicks a proposé d'ajouter une solution de phosphate de soude : 6 à 8 onces de cette solution suffisent pour une opération ; mais dans aucune de ses tentatives il n'a pu réussir.

Pour nous, il nous est difficile de trouver dans les rares faits publiés la confirmation des espérances des auteurs. De sérieuses objections peuvent en outre être adressées à cette manière de faire. Ces substances peuvent diminuer la plasticité du sang et augmenter la tendance aux hémorrhagies. Nous rejetons donc d'une façon absolue ces manœuvres antiphysiologiques.

Les transfuseurs ne se sont pas bornés à ces additions de nécessité, puisque, selon eux, le succès de l'opération en dépendait; quelques-uns sont allés jusqu'à proposer d'injecter, avec le sang nouveau, des médicaments destinés à agir avec une activité précieuse sur l'organisme ; nous aurons lieu de revenir sur cette question.

5° INFLUENCE DE LA QUANTITÉ DU SANG.

« Il n'est pas nécessaire, a dit le professeur Bérard, de rendre à un animal ou à un individu quelconque, qu'une hémorrhagie a rendu anémique et plongé dans un état de mort apparente, autant de sang qu'il en a perdu ; l'indication urgente est de remettre en mouvement des rouages qui ont cessé de fonctionner, afin que l'individu qui a été soumis à la transfusion puisse ensuite former du sang par sa propre activité. » Toutes les expériences démontrent, en effet, que les animaux reviennent à la vie par l'injection d'une très-minime quantité de sang.

Jetons les yeux sur les faits rapportés plus haut. Les chiffres qui figurent dans les observations sont 1 once, 1 once 1/2 (Dieffenbach) ; 12 centimètres cubes (Nicolas) ; 40 grammes, 6 onces, 7 onces, 9 onces (Blundell), et jusqu'à 16 onces (Thomas Coxe) ; 270, 283 grammes (Blundell). Or, il n'est pas possible de saisir une relation de cause à effet, entre l'issue diverse de ces expériences et les quantités variables de liquide injecté.

Une très-petite quantité suffira donc, en général, pour produire l'effet immédiat de la revivification. Brown-Séquard, dans les cas où les parties contractiles de l'organisme avaient perdu leurs propriétés vitales, où la rigidité cadavérique s'était déclarée déjà, ne leur a-t-il pas rendu la vie en injectant un volume minime de sang riche en globules? Il suffit que les nerfs et la moelle, dont les fonctions sensitives sont suspendues par l'interruption de la circulation, soient excités par un stimulus, si petit qu'il soit, pour que le cycle des phénomènes physiologiques se produise à nouveau. Nous ne voulons pas dire que, dans la suite, l'action bienfaisante de la transfusion se doive prolonger autant dans un cas que dans un autre; tout porte, au contraire, à croire que le relèvement du sujet ne peut être de quelque durée que si à la force excitatrice se joint une force réparatrice et vraiment nutritive.

L'excès de fluide injecté produit assurément des phénomènes plus dignes d'attention : les congestions, les hémorrhagies, les œdèmes, les suffusions, les symptômes divers de dissolution des parties solides du sang ne tardent pas à se montrer. Nous avons vu que, dans nombre de cas, on ne parvenait à entretenir la vie du sujet en expérience qu'en pratiquant une saignée déplétive. Nous insistons à dessein sur ces faits dont la nature, au point de vue pratique, est considérable et nous sera d'un bien puissant secours dans la suite de ce travail.

Mais, il faut bien le dire, nombre d'observateurs se sont laissé induire en erreur et ont commis à ce sujet une confusion regrettable entre les effets de la masse du sang injecté et de la rapidité de l'injection. Cette distinction n'a point échappé à M. Oré, et surtout à M. Worm Muller, cet admirable expérimentateur. Il faut avoir soin, dit-il, quand on pratique l'injection, de « faire des pauses fréquentes, » injecter pendant une minute, puis cesser une minute et demie. De cette façon, l'on conjure des accidents de pléthore, qui, dans bien des cas, ont été mis sur le compte du trop grand volume du fluide, et l'on arrive à introduire dans le système sanguin des quantités de sang réellement considérables.

§ 3. État du sujet

a). INFLUENCE DE L'ANÉMIE.

Nous avons parlé précédemment de la pléthore qui pouvait accompagner la transfusion chez les animaux qui n'avaient pas été soumis à la saignée déplétive préalable. Nous allons maintenant étudier l'influence des différents degrés d'anémie produits chez le sujet en expérience. Nombre d'auteurs se sont occupés de cette question, Bischoff, Muller, après Dieffenbach, Thomas Coxe et Gassini, et enfin, à une époque plus rapprochée de nous, Polli, Brown-Séquard, Oré, Longet, Moncoq.

Je résume d'abord les conclusions de Polli :

1° Un animal, *qui a été réduit à l'extrémité* par la perte de sang artériel occasionnée par une plaie faite à une grande artère, *est en peu de temps rappelé à la vie* et rétabli dans ses fonctions par l'injection dans ses veines de ce même sang artériel défibriné.

2° Si l'hémorrhagie artérielle a été produite par l'ouverture de plusieurs artères, et a occasionné la mort complète de l'animal, celui-ci n'est pas ravivé par l'injection de son sang artériel défibriné, par la raison que le cœur, devenu immobile, ne permet pas à l'ondée sanguine de passer outre.

3° Si un animal a été privé d'une grande quantité de sang veineux au point de tomber exsangue sur le sol, et qu'on lui injecte une bonne partie de ce sang défibriné, il est ravivé au point de se mettre sur ses pattes.

4° Un animal peut recevoir dans ses veines, sans danger ou seulement avec quelques accidents passagers, le sang d'un individu de son espèce *préalablement défibriné*, quoique d'une densité moindre.

Voici, maintenant, une remarquable expérience d'Oré :

Deux chiens de haute taille ayant été attachés côte à côte, je mis à découvert la veine crurale gauche de l'un et la veine crurale droite de l'autre. Je retirai de l'artère crurale du premier deux grandes éprouvettes de sang dont la quantité peut être évaluée à deux ou trois livres environ. Bientôt les mouvements de la poitrine s'arrêtèrent. L'oreille, appliquée sur la région précordiale, distinguait une sorte de murmure sourd qui avait remplacé les battements du cœur; les muscles des membres et du cou étaient dans un état complet de relâchement. L'animal paraissait presque mort. Plongeant alors la canule de l'appareil de Moncoq dans la veine du chien qui n'avait subi aucune hémorrhagie, je fis passer 90 grammes de son sang dans la veine de celui que j'avais rendu exsangue. Dès que le liquide commença à pénétrer, les mouvements de la poitrine reparurent. Ceux du cœur devinrent plus perceptibles. La vie semblait renaître comme par enchantement; après une minute et demie, le chien ouvrit les yeux, les muscles du cou et des pattes se contractèrent. A la fin de la troisième minute, le chien était sauvé. Je le détachai rapidement, après avoir lié les vaisseaux; aussitôt il s'élança de la planche sur laquelle il était lié et se mit à marcher dans l'appartement.

On comprendra facilement, au récit de cette expérience, l'émotion de tous les assistants, et leur étonnement en présence d'une opération qui avait amené, chez un animal si près de mourir, une résurrection instantanée.

Une expérience semblable avait été faite à la Faculté de médecine de Paris, en juin 1863, avec le même instrument et le même succès, par le proesseur Longet.

Autre fait plus concluant encore, si possible, et dû à Moncoq.

Le chien destiné à recevoir le sang a été pesé : son poids était de 11 kilog. 750 grammes. Il a été fixé à côté du chien destiné à fournir le sang à transfuser. On a ouvert au premier l'artère fémorale droite. En douze à quinze minutes, il a perdu 815 grammes de sang, c'est-à-dire tout le sang qui a pu sortir, car il est important de bien noter que l'animal a éprouvé trois syncopes successives. On a pu le faire revenir des deux premières en lui lançant quelques gouttes d'eau sur les yeux et sur le nez, et chaque fois un peu de sang a coulé de nouveau. Mais, à la troisième syncope, les mêmes tentatives ont été infructueuses : il était complétement exsangue, en effet, si l'on considère la quantité énorme de sang perdu, et si on la compare au poids de l'animal. Aussi, ses muqueuses étaient complétement décolorées, il ne respirait plus. Bientôt il s'est agité convulsivement, et chacun l'a cru mort pour toujours.

C'est seulement soixante ou quatre-vingts secondes après cette mort apparente que du sang lui a été rendu ; et, l'appareil étant gradué, il a été facile de constater le poids du liquide qui passait dans les veines de l'animal. Or, le chien soumis à l'expérience avait à peine reçu 80 à 90 grammes de sang, que la respiration s'est rétablie peu à peu, au plus grand étonnement de tous. On lui a transfusé 125 grammes de sang, puis on s'est arrêté dix minutes : après ce temps on lui a rendu de nouveau 125 grammes de liquide. De façon que le chien qui, complétement exsangue, avait perdu 815 grammes de sang, en a reçu 250 grammes en deux fois.

Depuis le milieu de l'expérience, l'animal a continué à revenir progressivement à la vie, son œil s'est ranimé peu à peu avec toutes ses fonctions. On l'a laissé reposer quelques minutes, puis ce chien a circulé autour de l'enceinte, et il a paru se trouver parfaitement du sang de son voisin, coulant, on peut le dire, exclusivement dans ses veines.

L'animal soumis à la transfusion dont nous venons de parler a été conservé et représenté aux témoins de l'expérience du 13 juin, pendant les huit jours suivants ; et ce ne fut que lorsque l'opération eut été jugée concluante par tous, que cet animal cessa d'être mis en observation. Les étudiants de ce temps n'ont pas oublié ce petit chien, que le professeur lui-même se plaisait à montrer aux leçons qui suivirent le 13 juin 1863.

J'ajoute, pour être complet, que ce fut par les veines de la cuisse que le sang fut pris et rendu.

De tels faits parlent assez haut pour que nous n'ayons pas besoin d'en faire ressortir tout l'intérêt.

Regrettons toutefois que, uniquement préoccupés du côté théâtral de la question, les auteurs n'aient pas apporté dans leurs observations un peu de cette rigueur mathématique qui seule éclaire véritablement et fixe des limites précises.

b). INFLUENCE DE L'INANITION.

Nous sommes entré dans de si complets détails en relatant les recherches de Worm Muller, que nous serons bref sur la question de l'inanition. On se rappelle que ce professeur, pour éviter toute cause d'erreur, privait de nourriture les animaux en expérience plusieurs jours avant et après la transfusion.

Je n'ai pas à revenir sur l'issue de ces opérations. Dans le plus grand nombre des cas, elles furent suivies de mort. Un fait en ressort clairement, c'est que la transfusion n'est pas et ne saurait être un acte nutritif.

Jusqu'à quel point la transfusion pourrait-elle remplacer le travail digestif ? se sont demandé les physiologistes, et plus encore les chirurgiens entrevoyant d'immenses résultats. Et déjà Blundell avait institué des expériences à ce sujet.

Il résulte de ces expériences faites sur des chiens : 1° que la quantité de sang fournie de cette manière ne maintient pas l'équilibre du corps, comme le ferait une égale quantité de sang formée par la nutrition ; 2° que la santé s'altère. Trois semaines suffisent pour produire une hypertrophie considérable du cœur, de la rate et du foie. 3° Il attribue ces résultats à l'irrégularité forcée de la nutrition plutôt qu'à son mode. 4° Il espère que l'on pourrait appliquer ces données à l'espèce humaine, pour prolonger la vie dans certains cas.

Il y a 50 ans que Blundell a formulé ce vœu et les nombreux efforts tentés dans cette direction sont restés vains. Que nous apprend en effet l'observation? C'est qu'au bout de très-peu de temps, quelquefois même une ou deux heures, le sang injecté dans la circulation a disparu. Les parties liquides se sont exosmosées, et, si elles n'ont pas produit en divers organes des apoplexies séreuses, elles ont pris le chemin de la vessie. Les globules sont pour ainsi dire frappés de mort à leur entrée dans la circulation ; pâles d'abord, puis fragmentés, détruits, anéantis, leurs débris vont se joindre aux urines dont la couleur plus foncée trahit l'élémination d'un principe pigmentaire. Ce n'est pas tout, la dose d'urée quotidienne excrétée se trouve subitement accrue en quantité notable. Quel est donc le résultat total d'une transfusion chez un sujet inanitié? C'est, on n'en saurait douter, un accroissement des pertes quotidiennes de l'économie. Cette conclusion est inéluctablement déduite d'expériences trop rigoureuses pour n'être pas à l'abri du soupçon.

Il y a plus, on sait qu'il est possible de prolonger les jours d'un animal inanitié en lui faisant manger chaque jour quelques grammes de son sang extrait par une saignée. Eh bien ! au risque d'être accusé de paradoxe, appuyé sur les faits de Worm Muller, nous sommes forcé d'admettre que cet animal soumis chaque jour à une saignée alimentaire survivra plus longemps qu'un animal semblable auquel on pratiquerait chaque jour une injection intraveneuse d'une égale quantité de sang.

c). INFLUENCE DE L'ÉTAT PATHOLOGIQUE.

Il ne s'agit pas ici de rappeler qu'un chien accusé et convaincu de gale fut, dès les premiers essais de cette opération, guéri par une injection de sang d'agneau, ni de parler de ce malheureux perroquet auquel, suivant le conseil donné par Médée aux filles de Pellias, et dans un but analogue, on n'hésita pas à injecter le sang de deux sansonnets inutilement sacrifiés ; nous voulons étudier, avec von Bélina, Eulenburg, Landois et Panum la possibilité de remédier aux intoxications soit aiguës, soit chroniques de la masse sanguine.

Les expériences d'Eulenburg et Landois ont porté sur les empoisonnements :

a). Par des gaz rendant le sang incapable de remplir ses fonctions respiratoires, en se substituant à l'oxygène des globules rouges (oxyde de carbone).

b). Par des substances toxiques exerçant un effet délétère sur les centres nerveux, par l'entremise du sang (ex. l'opium).

Dans toutes ces expériences on s'est servi d'un procédé composé, qu'on pourrait désigner comme *transfusion combinée* ou *déplétive* ou comme *substitution du sang* » (Panum). Ce procédé consiste dans la combinaison de la transfusion simple, mais répétée à plusieurs reprises, avec la déplétion aussi parfaite que possible du sang empoisonné. Ayant donc ouvert une veine jugulaire de l'animal entre deux ligatures, on a, pu en lâchant tantôt l'une, tantôt l'autre des ligatures, pratiquer alternativement la déplétion (du bout supérieur), et la transfusion (dans le bout inférieur de la veine), au point de remplacer la plus grande partie du sang empoisonné par un sang normal rouge et défibriné, et d'obtenir un effet évident.

Ces auteurs préféraient n'employer qu'une veine pour les deux actes parce que, en liant les veines de l'un et de l'autre côté du cou la circulation cérébrale aurait pu être troublée d'une façon considérable.

Voici quels ont été les résultats :

1° Dans les expériences faites avec l'*oxyde de carbone* la transfusion combinée s'est montrée comme le remède le plus sûr et le plus efficace, même dans les cas graves, où il y avait asphyxie et paralysie absolue, cas entièrement rebelles au traitement soit par des saignées seules, soit par la respiration artificielle la plus énergique (faradisation des nerfs phréniques, insufflations dans la trachée ouverte).

2° Dans les expériences faites avec l'*opium*, par

l'injection de la teinture d'opium dans la veine, on a constaté :

a). Qu'en employant des doses au-dessous de celles qui sont absolument délétères, on peut, à l'aide de la substitution du sang, diminuer la durée aussi bien que la gravité des symptômes toxiques ;

b). Qu'en soumettant les animaux à des doses délétères, on peut également sauver la vie et conserver l'intégrité de toutes les fonctions, en pratiquant assez promptement la transfusion combinée.

Ces observations, quoique fondées jusqu'ici sur une seule substance (l'opium), permettent pourtant d'attendre les mêmes effets à l'égard d'autres narcotiques et même de tous les poisons agissant sur les organes nerveux d'une manière analogue.

De ces conclusions du savant Allemand, nous sommes heureux de rapprocher les observations faites en France, il y a quelques années, par M. Maurice Raynaud.

« Dans le but, dit M. Maurice Raynaud (Communication orale), de me rendre compte des diverses phases de l'intoxication par les gaz de la combustion du charbon, j'ai fait, à plusieurs reprises, l'expérience suivante :

« Un lapin était placé dans une caisse en bois dont une des parois était formée par une vitre transparente, et dans laquelle j'ai fait arriver en abondance des vapeurs de charbon ; au bout de quelques instants, l'animal, après avoir passé par un état d'excitation grande, était pris peu à peu d'une somnolence donnant les apparences de la mort; lorsque l'animal en était à cette dernière phase, j'ouvrais rapidement la caisse et j'injectais, à l'aide de l'appareil de Demarquay, une petite quantité de sang de lapin défibriné dans la veine crurale de l'animal en expérience. A peine quelques grammes étaient-ils arrivés dans la circulation du lapin que ses yeux se rouvraient; peu à peu les extrémités reprenaient leur température primitive, les mouvements respiratoires s'accéléraient rapidement, et en quelques minutes, sous l'influence de l'injection de sang nouveau dont les hématies remplissaient le rôle des anciens globules détruits par les gaz toxiques, l'animal revenait à la vie. »

Citons maintenant les expériences non moins intéressantes de M. de Belina relativement à la septicémée. Nous les empruntons à son *Mémoire des archives de Physiologie* :

« Le 25 janvier 1865, j'injectai, dans la veine crurale d'un chien adulte de taille médiocre, 12 gr. de sang décomposé d'une accouchée, après avoir étendu ce sang d'eau et l'avoir filtré à travers une toile. Aussitôt après l'injection, la respiration se souleva, et il se produisit un tremblement et des frissons; les pupilles ne changèrent point; au bout d'un quart-d'heure, l'animal revint à lui et se mit à courir languissamment autour de la pièce où il se trouvait; au bout d'un second quart d'heure, il se coucha tranquillement sur le ventre, les jambes de derrière étendues, et dans un état de prostration complète.

Le 26 janvier, l'animal parut alerte et mangea comme d'habitude ; les défécations étaient normales, la plaie suppurait fortement ; de la gueule s'échappait une odeur fétide.

Le 28 et le 29, même état.

Le 30, je tirai au chien 60 gr. de sang que je défibrinai, et que j'injectai dans la veine jugulaire d'un chien de petite taille et très-délicat, à qui j'avais préalablement tiré 45 grammes de sang. Je défibrinai ces 45 grammes de sang et je les injectai au chien malade.

Chez le petit chien, aussitôt après l'injection de ce sang en apparence si peu infecté, il se produisit de violentes convulsions. La respiration et le pouls devinrent plus forts, les pupilles commencèrent peu à peu à se dilater ; quelques minutes après, les globes des yeux même sortaient de leurs orbites. L'animal se mit sur le ventre et trembla d'une façon continue. Cet état persista les jours suivants ; l'animal ne voulut point manger et s'amaigrit visiblement.

Chez l'autre chien, la plaie de la cuisse commença à se fermer, l'état général ne se modifia pas. Pour que les symptômes d'infection se manifestassent plus clairement, j'injectai dans l'artère crurale gauche du chien qui me paraissait le plus vigoureux, 32 grammes de pus d'une odeur infecte, filtré et étendu d'eau. Pendant l'injection, il se produisit de faibles contractions tétaniques, la respiration et le pouls augmentèrent. Après qu'on eut détaché le chien de la planche où il était attaché, il sauta à bas, et resta pendant une demi-minute tout effaré, comme s'il voulait s'enfuir ; puis il se coucha sur le ventre et commença à trembler ; le tremblement se manifestait à la peau et dans quelques muscles.

Le 7 février, l'état des deux chiens était le même : l'appétit était faible, le tremblement et les frissons persistants, quoique à un plus faible degré chez le petit chien. Les défécations étaient, pour la plupart, sphériques et assez humides ; cet état persista pendant plusieurs jours : les plaies suppuraient beaucoup et se couvrirent d'une couenne diphthéritique. Lorsqu'on ouvrait la porte du chenil, il s'en échappait une odeur pestilentielle.

« Le 12 février, je pratiquai sur les deux chiens la transfusion dépléthorique. Au grand chien je fis une saignée de 90 grammes ; au petit j'en fis une de 30 grammes, et j'introduisis, à l'aide de mon appareil, par la même ouverture de la veine jugulaire, au premier 130 grammes, à l'autre 60 grammes de sang défibriné de deux chiens bien portants de la même espèce et d'une taille ordinaire.

« Pendant l'opération, le grand chien vomit, certainement par suite d'une injection trop précipitée. Le petit chien ne vomit que deux heures après, une masse considérable de mucosités. L'état des deux chiens s'améliora sensiblement, mais pour peu de temps ; les plaies anciennes et nouvelles suppurèrent extrordinairement les jours suivants. Elles ne montraient point de tendance à la cicatrisation et avaient une apparence diphthéritique.

« Je répétai la transfusion le 18 février : je tirai au grand chien 60 grammes de sang et je lui en injectai 90 grammes ; au petit chien je me contentai de faire une transfusion de 60 grammes. J'opérais avec le sang défibriné de deux chiens bien portants ; j'injectais le plus lentement possible, et les vomissements ne se reproduisirent pas ; seulement je remarquai des inspirations profondes, et de forts battements du cœur. Aussitôt après l'opération, on put constater chez les deux chiens une vivacité frappante. Les jours suivants l'état continua à s'améliorer, et les plaies commencèrent à s'assainir.

« Le 28 février et le 16 mars, je répétai encore la transfusion de 90 grammes chez le grand chien et 45 chez le petit, sans déplétion ; après quoi l'état s'améliora considérablement. Les plaies guérirent radicalement une semaine après la dernière opération, et les animaux se rétablirent complétement. Ils sont même devenus plus gros et plus forts qu'auparavant.

INJECTION DANS LE TISSU CELLULAIRE

C'est en octobre 1873 que Karst, de Kreuznach (1), émit dans le *Berliner Wochenschrift* l'idée de substituer à la transfusion intravasculaire

(1) Karst de Kreuznach. Wochen. 1873, n° 49, octobre.

l'injection de sang dans le tissu cellulaire. Il se basait sur une seule expérience pratiquée sur un lapin. Le sang s'était résorbé avec une rapidité surprenante. Un an après, cette proposition fut reprise et contrôlée par Landerberger de Stuttgard, au moyen d'expériences sur les animaux. Cette opération, suivant l'auteur, peut se renouveler un grand nombre de fois sans que la rapidité de l'absorption en soit troublée. Injecte-t-on de petits coagulum, les parois des capillaires s'opposent à leur absorption comme un filtre... Toutefois, Landerberger et Karst de Kreuznach sont loin d'avoir porté sur ces faits les lumières d'une expérimentation rigoureuse et vraiment scientifique. Une idée venue d'Allemagne et n'ayant d'autre prétention que d'entrer dans la pratique est du reste chose assez rare, pour que le fait vaille d'être signalé. Mais la science n'y perd rien, grâce au zèle de deux expérimentateurs français, MM. Malassez et Poncet et de M. Ponza, de Florence.

Que devient une masse sanguine injectée dans le tissu cellulaire ? Au bout de combien de temps disparaît-elle ? Quelles voies d'élimination sont les siennes ? Les expériences de M. Poncet, quoique instituées dans un but absolument étranger à la transfusion, vont nous l'apprendre.

1re *expérience.* — Chat blanc et noir, âgé de trois mois et demi, enfermé dans la cage, le 9 août 1873.

(3) Wurtember. Corr. Bl. XLIV, 20. 1874.
(2) Poncet, *De l'ictère hématique traumatique.* Paris, Masson, 1874

On laisse de côté les urines des premières heures, puis, à l'aide d'un flacon fixé au plafond en tôle de la cage, on recueille les urines de vingt-quatre heures. L'animal est nourri exclusivement avec de la viande et du lait.

Pendant quatre jours, nous recueillîmes ainsi la quantité totale des urines par vingt-quatre heures, et, après les avoir filtrées, nous cherchâmes à l'aide du tableau de Vogel à déterminer leur coloration. Elle était rouge-jaune ; nous pûmes considérer cette teinte comme la teinte normale. Quant à la quantité des urines excrétées normalement, la moyenne des quatre jours nous donne 198 centimètres cubes.

14 août. Les poils préalablement rasés, injections dans le tissu cellulaire sous-cutané, sous la peau du dos et du ventre, de 30 centimètres cubes de sang défibriné, provenant d'un gros chat tué au moment de l'expérience.

Temp. rect. de l'animal avant l'injection, 39°. Par la pression du doigt, on s'efforce de diffuser le sang dans le tissu cellulaire.

Le 15. L'animal ne paraît nullement incommodé, il est aussi gai que la veille. Temp. rect. 30° 1/10. Les piqûres seules témoignent des injections faites le jour précédent. Pas de bosses sanguines, pas d'empâtement, le sang a filtré au loin.

Urines de vingt-quatre heures, 200 centimètres cubes.

Coloration plus foncée que la veille. Teinte rouge-brun.

Le 16. Urines de vingt-quatre heures, 195 centimètres cubes, teinte rouge-brun. Par l'acide azotique, pas de pigment biliaire.

Le 17. Urines de vingt-quatre heures, 204 centimètres cubes, teinte intermédiaire entre rouge-jaune et rouge-brun. La coloration est moins foncée.

Le 18. Les urines paraissant se décolorer, nous voulûmes faire à l'animal de nouvelles injections de sang, mais, pendant l'expérience, il fut accidentellement étouffé. A l'autopsie nous cherchâmes ce qu'était devenu le sang injecté sous la peau du dos et du ventre.

Dans le tissu cellulaire sous-cutané, se trouvaient deux plaques de sang noir, à peine de la largeur d'une pièce de cinq francs, envoyant de côté et d'autre des prolongements. Cette couche sanguine mesurait 2 millimètres environ d'épaisseur. Lorsque nous l'examinâmes au microscope, l'ensemble de la préparation avait une teinte rouge brique, toute apparence globulaire avait disparu, et au milieu de nombreuses granulations colorées, on voyait des cristaux d'hématoïdine.

2e *expérience*. — Chat jaune et blanc de trois mois.

On prend les mêmes précautions que pour le chat précédent.

6 septembre. Injections dans le tissu cellulaire de la peau du dos et du ventre, de 25 centimètres cubes de sang défibriné, provenant d'un chat sacrifié au moment même.

Le 7. Urines de vingt-quatre heures, 197 centimètres cubes, rouge-brun.

Le 8. Urines de vingt-quatre heures, 192 centimètres cubes, idem comme teinte.

Le 9. Urines de vingt-quatre heures, 203 centimètres cubes. Coloration intermédiaire entre le rouge-jaune et le rouge-brun.

Le 10. Urines de vingt-quatre heures, 187 centimètres cubes. Coloration rouge-jaune.

Les jours suivants, la quantité d'urine excrétée fut sensiblement la même, et la coloration resta rouge-jaune.

Les expériences suivantes exécutées sur des chiens dans le laboratoire de chimie biologique de M. Gautier confirment de tout point les observations faites, sur les urines des chats, après des injections de sang dans le tissu cellulaire sous-cutané. Quoique la quantité totale des urines excrétées en vingt-quatre heures n'ait pu être recueillie, et quoique, par cela même, il fût impossible de doser la matière colorante urinaire, deux faits importants ressortent cependant de ces expériences : 1° l'augmentation considérable de l'urobiline dans les urines de ces animaux ; 2° l'absence de toute trace de pigment biliaire.

3ᵉ *expérience*. — Chienne boule-dogue blanche et de taille moyenne.

19 mai. L'animal étant solidement maintenu sur un chevalet, nous lui injectâmes sous la peau, à la partie interne de chaque cuisse, une demi-seringue de sang de mouton défibriné, recueilli le matin même à l'abattoir.

Sous la peau de la paroi thoracique de chaque côté, nous injectâmes une seringue pleine. Total des quatre injections, 110 centimètres cubes. Faisons remarquer que dans nos deux expériences, la canule qui servait de trocart dépassait à peine comme volume celui d'un stylet ordinaire de trousse. La canule était introduite assez profondément, mais avec beaucoup de précaution dans le tissu cellulaire sous-cutané. L'injection était poussée très-lentement, et à mesure que le sang formait tumeur, par la pression modérée du doigt, on s'efforçait de le faire cheminer.

Au moment de l'expérience, la chienne émit quelques centimètres cubes d'urine que nous pûmes recueillir. La coloration était jaune, elle correspondait au n° 3 du tableau de Vogel. Par la dilution du bichromate de potasse, on fit une liqueur étalon de même teinte que l'urine, afin d'avoir un terme de comparaison exact. Temp. rect. 40°. (On sait que l'urine, exposée à l'air, se fonce en couleur.)

Neuf heures après l'injection, l'animal est abattu, il se meut difficilement et paraît malade. Temp. rect. 40°. Pouls pris à la fémorale 134. On ne trouve presque pas de traces des injections faites à la partie interne des cuisses. En dehors du sternum de chaque côté se voit une tumeur oblongue, molle, non fluctuante ; il semble, au toucher, qu'il y ait des caillots.

Le 20, matin. Les bosses sanguines ont complétement disparu, au toucher on ne constate pas d'empâtement, les piqûres sont les seules marques des injections.

On parvient à recueillir quelques gouttes d'urine, qui, comparée à la liqueur étalon, a une teinte plus foncée. La coloration est rouge-jaunâtre. T. R. 40° 5/10.

Le 21. L'animal est couché sur le dos, il ne fait aucun mouyement. On le place dans une caisse en tôle, lavée avec soin ; à la fin de la journée, 200 centimètres cubes d'urines filtrées ont une coloration rouge brun.

L'animal est de plus en plus abattu, il est insensible aux caresses, il peut encore se tenir debout ; mais, s'il essaie de marcher, il tombe aussitôt. Affaiblissement du train postérieur. Temp. rect. 40° 5/10.

Mort le 22 mai, à une heure de l'après-midi.

Autopsie, 20 minutes après la mort. Incision de la peau sur la ligne médiane, depuis la fourchette sternale jusqu'au pubis. On remarque que le sang a diffusé bien au delà des parties injectées ; le tissu cellulaire sous-cutané, sur une grande étendue, est infiltré d'un liquide sanguinolent d'un noir foncé ou d'un rouge sale. Le sang s'est répandu uniformément, et nulle part il ne forme de tumeur. Il semble qu'en quelques points seraient survenus des abcès si l'animal eût vécu. Peut-être a-t-il succombé à des accidents septicémiques.

A l'examen histologique du sang extravasé, on notait la décoloration des hématies altérées, et en même temps la couleur rouge-grisâtre du liquide inter-globulaire. On remarquait, en outre, de nombreux *cristaux d'hémoglobine*.

Le cœur était mou, flasque, les divers organes n'offraient aucune altération. Vessie revenue sur elle-même, point d'urine.

La peau du ventre et des mamelles, au niveau de l'épanchement sanguin, commençait à se colorer en rouge.

L'analyse des 200 centimètres cubes d'urines, faite par M. Cazeneuve, suivant le procédé que nous avons décrit, démontra qu'elles ne contenaient pas la plus faible trace de la matière colorante de la bile. Il isola, au contraire, une quantité notable d'urobiline par le procédé de Jaffé.

4°, *expérience*. — Chienne boule-dogue rouge de taille moyenne.

22 mai. Avant l'expérience, urines de coloration jaune. Temp. rect. 40°. Injection de 70 centimètres cubes de sang de bœuf défibriné, en deux points dans le tissu cellulaire sous la

peau des régions thoraciques droite et gauche. Bosses sanguines.

Le 23. L'animal n'est pas abattu comme le précédent. On recueille 50 centimètres cubes d'urines qui, filtrées, ont une teinte jaune rouge.

Temp. rect. 40° 1/10.

Le 24. Matin. La chienne est couchée dans la caisse en tôle, les paupières sont closes, elle ne répond en aucune façon à la voix. On recueille dans la caisse 75 centimètres cubes d'urine, d'une coloration rouge-jaune foncé, se rapprochant de la teinte rouge-brun.

L'animal crève dans la soirée.

Autopsie, 15 minutes après la mort. Par la dissection, on voit que le sang a filtré dans le tissu cellulaire sous-cutané des régions thoraciques et abdominales ; à l'incision, il s'écoule des gouttes d'un sang noir fluide. Dans ce sang examiné au microscope, on remarque très-peu de globules rouges, ceux qui existent sont déformés ; quant au liquide inter-globulaire, il a une coloration jaunâtre.

Dans différentes préparations, nous n'avons pas trouvé de cristaux. Au pourtour des piqûres, on percevait de la crépitation gazeuse.

Les urines ont été soumises aux mêmes procédés d'investigation que celles de l'autre chienne : elles ont été trouvées sans pigment biliaire, mais en revanche très-riches en urobiline.

Concluons, avec M. Poncet, de ces expériences que : l'injection sous la peau d'un animal d'une certaine quantité de sang défibriné, à la température de 37 à 38 degrés, provenant d'un animal de même espèce tué au moment même, est le plus souvent inoffensive. L'animal n'est nullement incommodé, et les phénomènes locaux sont aussi simples qu'après une injection d'eau pure. Quelques heures après l'injection, toute trace de bosse sanguine a disparu, le sang gagne de proche en proche, il filtre un peu dans toutes les directions. La résorption s'effectue rapidement, comme le prouve l'examen, au bout de deux ou trois jours des épanchements sanguins.

Les urines d'animaux auxquels on a injecté du sang dans le tissu cellulaire sous-cutané sont beaucoup plus riches en urobiline qu'à l'état normal, elles ne contiennent pas de matière colorante de la bile. Aux études chimiques le soin de corroborer les données de la physiologie en précisant la nature véritable de cette matière colorante, et en établissant par une équation exacte les relations du pigment sanguin avec le pigment urinaire.

De son côté, M. Malassez a bien voulu nous remettre une note de ses expériences sur la même question, en collaboration avec Ponza. Dans deux cas, on injecta à des lapins du sang non défibriné, immédiatement au sortir des vaisseaux. Des thrombus se produisaient, mais ils disparurent assez rapidement. L'examen microscopique fut pratiqué chez l'un le quatrième jour, chez l'autre le huitième. Dans les deux cas, localement, on trouva une sérosité contenant de la matière colorante et des globules rouges sphériques et pâles, dans un état analogue à celui qui se produit quand les globules sont restés en présence de l'eau. Dans les portions où persiste encore un caillot, on trouve encore des globules rouges, paraissant en bon état de conservation, sauf au centre, où l'on rencontre

l'état granuleux des caillots en voie de dégénéres-
cence.

Le tissu conjonctif qui entoure les parties où ont
été faites les injections, présente un plus grand
nombre et un gonflement des cellules conjonctives,
et en même temps leur protoplasma contient des
granulations pigmentaires ; de même il existe un
plus grand nombre de globules blancs. Le départ
se fait ainsi de deux façons : les parties dissoutes
par la sérosité sont reprises par les lymphatiques ;
et les parties solides par les globules blancs et les
cellules du tissu conjonctif.

Hâtons-nous d'ajouter que M. Malassez ne considère pas la question comme résolue, et se propose
de renouveler ses intéressantes expériences.

Comme on le voit, par ces faits encore trop peu
nombreux, il est peu probable que les injections
cellulaires du sang puissent suppléer, même dans
une mesure restreinte, aux actes nutritifs ; de même
qu'à la suite des injections intravasculaires, on constate une augmentation des pertes de l'organisme,
nous croyons, pour notre part, que les injections
de liquides toniques (café, vin) et alimentaires,
comme elles ont été préconisées en Allemagne,
méritent, dans tous les cas, la préférence. Mais ce
n'est pas tout, les expériences de Poncet nous édi-
fient sur l'exactitude de l'une des propositions de
Landerberger et de Karst, qui a bien son importance. Tous deux insistent, en effet, sur l'innocuité
absolue de ces injections, tandis que les expériences

que nous avons relatées font mention de cas de mort survenue à la suite d'une injection. Tant que les faits parfaitement probants de Poncet n'auront pas été réfutés par ces auteurs, nous sommes donc autorisés à tenir leur assertion comme controuvée par l'expérience.

INDICATIONS

Comme nous l'avons vu, dans le chapitre à propos de l'historique, quand la transfusion fit son apparition dans le domaine de la clinique, elle fut considérée plutôt comme une source de force et de rénovation organique mise à la disposition des malades atteints d'affections chroniques, que comme une ressource ultime donnée au chirurgien jusque-là désarmé devant un patient *à bout de sang*. Aussi n'est-ce pas l'idée de *restitution* qui guide les premiers pas des novateurs; c'est celle de *mutation*. Nous l'avons déjà dit, on parlait alors de *changer de sang comme de chemise*. Aujourd'hui, grâce aux progrès de l'art, ce que les sectaires inexpérimentés de la *chirurgie infusoire* promettaient sans pouvoir le tenir, nous sommes en droit de l'attendre de l'application perfectionnée des récentes conquêtes de la physiologie. Aussi, tandis que, jusqu'à ces dernières années, c'était seulement en présence d'un malade exsangue par suite d'une hémorrhagie traumatique, ou d'une femme accouchée prête à succomber aux suites d'une perte utérine, que l'on se croyait autorisé à tenter la transfusion, comme *ressource extrême*, aujourd'hui l'on est en droit de la pratiquer sans crainte sur des patients dont la mort n'en est pas moins certaine pour être moins imminente, sans redouter d'être taxé de témérité et d'imprudence, puisque l'expérimentation et la clinique ont parlé.

Nous ne nous occuperons pas ici de la qualité du sang, cette question devant être développée dans le chapitre suivant ; nous disons seulement que le sang doit être aussi riche et aussi vivant que possible.

Les maladies qui nous mettent dans la nécessité de pratiquer la transfusion doivent se classer suivant qu'il faut remplacer immédiatement toute la masse sanguine devenue impropre à son rôle physiologique, ou suppléer par des additions successives à l'insuffisance de sa qualité ou de sa quantité, c'est dire que nous allons examiner successivement :

1° Les indications de la transfusion avec déplétion préalable ;

2° Les indications de la transfusion sans déplétion préventive.

1° DES INDICATIONS DE LA TRANSFUSION AVEC DÉPLÉTION PRÉALABLE.

Actuellement il est bien peu de praticiens en France qui seraient disposés à pratiquer la transfusion après déplétion préalable, c'est-à-dire à supprimer à un individu une certaine quantité de sang vicié pour y substituer une quantité correspondante de sang normal, et pourtant quoi de plus rationnel ?

En bien des cas, en effet, le sang n'est pas seulement insuffisant à l'hématose, il est nocif par lui-même ; par son contact avec les éléments anatomiques, il détruit la vie des tissus, et n'est-il pas admis que l'asphyxie est plus grave que la syncope ?

Les anciens n'hésitaient pas à faire la saignée en pareille occurrence (déplétion simple) ; mais il ne suffit pas d'enlever le corps du délit, nous devons aller plus loin : au sang vicié, substituer un sang sain et rénovateur.

Si le principe de la déplétion est tenu en suspicion par la généralité des praticiens d'aujourd'hui, il était admis sans conteste par les parrains scientifiques de la transfusion, et c'est encore dans leurs œuvres que nous allons chercher les observations les moins équivoques à ce sujet. A cette époque, les pertes de sang étaient comptées pour peu de chose. De la phlogose, de l'âcreté de ce liquide dérivant pour ces pathologistes la plupart des maladies, il paraissait tout naturel de l'enlever, surtout quand, par une interprétation au moins naïve de la transfusion animale, on s'efforçait de tempérer les vices physiques du sujet par les qualités contraires de l'animal qui fournissait le sang. Assurément les idées de iatro-mécanique sur la réplétion des réservoirs sanguins guidaient surtout la lancette de l'opérateur, bonnes ou mauvaises soient les raisons dont s'autorisait leur hardiesse, les heureux succès qui la couronnèrent n'en doivent pas moins être pris en grande considération. Je rappelle quelques-uns de ces faits, qui pour la plupart ont déjà trouvé place dans l'historique.

Le 15 juin 1667, Denys injecte 9 onces de sang, après déplétion de 3 onces, sur un jeune homme atteint de fièvre continue ; il guérit. A quelques jours de distance, chez un homme de quarante-cinq ans nouvelle transfusion, nouvelle déplétion de 10 onces cette fois, puis injection de 20 onces. Succès complet.

Denys pratiqua encore une déplétion de 10 onces chez un maniaque, qui reçut ensuite 6 onces de sang artériel de veau, et le lendemain, après une nouvelle saignée de 3 onces, une nouvelle transfusion de 12 onces. Il compta encore un succès.

Rappellerai-je les cas de Lower et de King, qu débarrassèrent le patient, le premier de 10 onces, le deuxième de 14 onces de sang, et n'obtinrent que d'heureuses terminaisons ?

Ces quelques faits sont surtout destinés à nous servir de jalons pour les considérations dans lesquelles nous allons entrer et nous permettent de proposer la transfusion :

1° Dans le cas où il y a altération physiologique ou anatomique des globules ;

2° Dans les cas moins bien définis d'intoxication générale dans lesquelles la masse sanguine paraît être le véhicule d'un poison.

a). L'intoxication par l'oxyde de carbone peut nous servir de type pour les cas de la première catégorie. En effet, les recherches de Claude Bernard tendent à démontrer que le contact d'un sang sain avec un sang oxy-carboné fait perdre à celui-ci ses propriétés pathologiques et même sa sensibilité au réactif spectroscopique, pourvu qu'il soit en certaine quantité (environ 2/3 de la masse). Ce n'est donc pas seulement par la substitution d'une quantité physiologique, mais par une action en quelque sorte médicamenteuse qu'agirait la transfusion avec déplétion préalable dans le cas d'intoxication par l'oxyde de carbone.

Jetons un coup d'œil sur les faits qui nous autorisent à formuler *à posteriori* ces doctrines que le raisonnement et la saine physiologie nous permettaient d'admettre d'emblée.

La littérature médicale contient quelques faits relatifs à cette application de la transfusion, mais la déplétion ne fut pas pratiquée, et il est bien difficile de croire que la masse de liquide injectée ait été dans tous les cas suffisante, au moins thérapeutiquement, pour régénérer le sang intoxiqué. Nous citerons néanmoins deux de ces faits.

1ʳᵉ OBSERVATION. — En 1866, MM. Martin et Badt se trouvent en présence d'un empoisonnement par l'oxyde de carbone, chez un bossu anémique ; la respiration était à peine perceptible, le pouls très-petit et intermittent, le coma complet. C'est en vain que l'on avait administré les excitants; avec l'appareil de Martin, on lui injecta en cinq fois de 180 à 210 grammes de sang. Pendant l'incision de la veine on avait vu s'écouler un sang noir ; aussitôt l'opération pratiquée, une amélioration étonnante se manifesta. Cinq heures après le

malade ouvre les yeux, peut avaler et la connaissance revient.
La guérison fut complète.

(*Verhandlung der Berliner med. Gesellschaft.* Berlin, 1867,
3 Heft., p. 301.)

2e OBSERVATION. — En 1864, pareil fait se présenta au docteur Sommerbrodt, chez une fille de 20 ans, empoisonnée par
l'oxyde de carbone, ayant déjà perdu la connaissance, respirant à peine, cyanosée ; secouée par des convulsions ; elle
reçut 120 grammes de sang défibriné. Une amélioration se
montra, les symptômes graves de l'asphyxie étaient enrayés ;
mais les lésions produites furent assez graves pour amener la
mort qui survint trois jours après. (*Friedberg, die Vergiftung
durch Kohlendunst.* Berlin, 1866, p. 166-169.)

Parmi les empoisonnements par les gaz, Eulenburg et Landois citent ceux par le gaz d'éclairage
et l'hydrogène sulfuré contre lesquels ils recommandent la transfusion. D'après l'avis de Liebig, il
s'opère dans ce dernier cas, sous l'influence du gaz
hydrogène sulfuré, entre l'oxyde de fer des globules rouges du sang et le soufre, une combinaison
qui forme du sulfure de fer, d'où résulte la suppression de l'activité respiratoire du sang. Comme
dans cet empoisonnement on ne connaît aucun remède capable de dissoudre cette combinaison sulfurée, la transfusion dépléthorique peut seule agir,
en substituant du sang normal au sang rendu
par la présence du soufre incapable d'être hématosé.
Le curage des égouts et les vidanges peuvent souvent fournir l'occasion de recourir à la transfusion.

Jusqu'à quel point ces données sont-elles applicables à la clinique ? c'est ce que l'avenir seul peut
nous apprendre ; mais sous ce rapport, il est ra-

tionnel de croire que la chirurgie pourra en bénéficier pour le traitement de certaines affections septiques. Paul Bert, dans une expérience (1) sur une chienne, a pu constater en effet que le sang de cet animal, qui succombait aux suites d'une septicémie aiguë, avait perdu ses proprités physiologiques et comme le sang saturé d'oxyde de carbone n'était plus susceptible de s'oxygéner. Il en est de même dans l'asphyxie simple, quand la respiration artificielle a été reconnue impuissante ; car le *sang asphyxié* ne s'hématose plus au contact de l'air.

« Si après une fièvre thyphoïde, dit M. Béhier, le sujet ne se rétablit pas malgré l'administration des toniques, s'il y a hydrohémie, si le sang ne se reconstitue pas et que les globules et la fibrine ne soient pas en proportion voulue pour stimuler convenablement l'organisme, on devrait alors enlever au malade une petite quantité de sang égale à celle que l'on se propose de transfuser, de façon à ne pas remplir outre mesure le système circulatoire et à n'agir que par la qualité de sang, plus apte à lutter contre la débilité générale. On pourrait ainsi espérer ranimer le système nerveux, et par lui le système digestif et absorbant, rendre au sang ses qualités voulues pour continuer le mouvement vital.

b) A la seconde catégorie des maladies pour lesquelles se présente l'indication de transfusion après déplétion préventive, celles dans lesquelles on peut

(1) *Traité de la respiration, loc. cit.*

invoquer l'altération de la masse du sang, appartiennent :

1° Certains empoisonnements, tels que la *morsure des serpents*. Cette indication de la transfusion a été formulée par le docteur Cockle (*in Essay on the poison, of the cobra di capello, London,* 1852, p. 27). La même proposition a été renouvelée en 1874, par les docteurs Branton et Fayrer, à la Société royale de médecine de Londres ; 2° la *maladie charbonneuse,* la *septicémie*. Le professeur Landi, à l'hôpital de Pise, a pratiqué cette opération chez un malade robuste jardinier, qui, à la suite d'une plaie artérielle avec hémorrhagies profuses, avait présenté les phénomènes d'une gangrène aiguë. L'opération fut faite avec l'appareil de Braune. Malheureusement, on se servit de sang humain défibriné et en quantité insuffisante, 80 grammes, et sans déplétion préventive, de sorte que l'opération ne put sauver le malade.

Nous venons de parler de la *gangrène aiguë,* cette gangrène envahissante qui se développe avec une si effroyable rapidité, et qui a été jusqu'ici considérée comme incurable. Quoi de plus rationnel que de remplacer la masse sanguine chez les malades atteints de cette redoutable complication, puisque, depuis les recherches du professeur Bottini de Novare, nous savons que la gangrène envahissante est une affection parasitaire du sang. Citons encore un observation de Fabbri (*Raccoglitore medico Augusto,* 1873), qui put, en transfusant seulement

30 grammes de sang dans les veines d'une malade exsanguifiée et intoxiquée à la suite des accidents provoqués par un polype intra-utérin, la ramener à la vie, l'opérer et la guérir radicalement. Cette dernière observation ne nous fournit-elle pas un argument *a fortiori ?*

Il existe nombre d'*affections parasitaires du sang*, et, si l'on s'en rapportait aux dernières recherches des pathologistes allemands, on serait entraîné à multiplier à l'infini les indications de la transfusion ; c'est une voie dans laquelle il nous paraîtrait au moins téméraire de s'engager aujourd'hui (*syphilis, fièvres éruptives, fièvre typhoïde,* etc.). Beaucoup déjà calculent l'importance que de nouveaux travaux lui donneront dans une thérapeutique peu éloignée. Pour nous, en l'absence de faits expérimentaux autorisant un jugement sûr, si nous essayons de prévoir, la transfusion du sang ne nous apparaît dans son rôle antiparasiticide comme un moyen précieux, mais uniquement palliatif. Qu'elle soit animale ou qu'elle dépende d'une végétation, la vie du parasite qui naît et se développe dans le sang ne saurait recevoir une rude atteinte d'une injection de sang nouveau ; ne paraîtra-t-il pas même à quelques-uns vraisemblable de croire que, rénovant un milieu près d'être épuisé, ce liquide prêtera à la genèse du parasite une activité nouvelle ?

Hâtons-nous d'ajouter, il est légitime de l'espérer, que plus tard, les progrès de la chimie auront peut-être mis entre nos mains un agent vraiment parasiticide qui, trouvant dans le sang transfusé son véhicule le plus naturel, pourra devenir un tout puissant moyen de guérison.

Nous ne faisons que mentionner à cet article, et pour tenir compte des points d'interrogation posés par les pathologistes modernes, les intoxications diathésiques (cancer, scrofule, dartres, etc.).

Un mot encore sur la rage.

« Est-il téméraire de dire, écrit M. Moncoq, que, peut-être, on trouvera un jour dans la transfusion le remède tant cherché de l'*infection rabique ?* » Deux essais ont été faits dans des cas de ce genre. La première tentative faite par Riva, chirurgien du dernier siècle, ne réussit pas. Mais, en 1830, Dieffenbach, dont nous avons tant de fois déjà cité le nom, fit passer en trois fois 630 grammes de sang dans les veines d'un homme qui avait eu un premier accès de rage. Une amélioration notable survint après la première injection, le malade put boire et sa mort fut retardée. L'amélioration obtenue dans ce cas, bien que passagère, est de nature à encourager les praticiens.

En terminant ce paragraphe, nous tenons à le répéter, si la transfusion avec déplétion préventive a chance de réussir, c'est dans le cas où la déplétion aura été faite *largâ manu*, et où l'on aura par conséquent sous la main le moyen de remplacer cette masse de sang ; il doit donc s'agir ici préférablement de la transfusion d'animal à homme.

Avant de terminer, nous avons à examiner une indication de la transfusion, qui, pour ne pas être nouvelle, n'en mérite pas moins d'attirer notre attention. On se souvient que, lorsque Denys osa la pratiquer sur l'homme, il avait pour but de guérir un aliéné qui prenait des attaques de délire furieux. On se servit de sang de veau ; car, disait-on, cet animal est tranquille et doux, rien de mieux pour tempérer un cerveau furieux. Comme il s'agissait alors de substituer à un *sang délirant* un *sang pacifique*, il va sans dire que la déplétion préventive était de rigueur. Eh bien ! de nos jours encore, *la folie* a été considérée comme une indication de transfusion. En Italie, en 1874, le professeur Livi, de Modène, qui avait déjà pratiqué plusieurs fois la transfusion chez une vieille démente pellagreuse, amaigrie, prostrée, mise aux portes du tombeau par une diarrhée colliquative, eut l'heureuse idée de tenter la transfusion du sang artériel chez un jeune fou du manicôme de Reggio (Emilia). Il s'agissait d'un lypémaniaque, avec tendance cataleptique ; l'opération fut pratiquée, le 10 mai, par le professeur Azzio Caselli ; il se servit d'une canule lancéolée, à bec de flûte, de son invention, à l'aide de laquelle il fit passer directement le sang de la carotide d'un agneau dans la veine médiane du malade préalablement dénudée. Il espérait ainsi mettre un terme à une maladie qui avait rendu l'existence de ce malheureux absolument insupportable, tourmenté qu'il était par le délire le plus pénible, et ce résultat fut en grande partie obtenu, si bien que le professeur Livi, encouragé par ce premier succès, répéta l'opération sur d'autres malades, et récemment encore, le docteur Ponza, directeur du manicôme d'Alexandrie, voulut imiter le professeur de Modène sur trois aliénés. Le 21 juin, il invita un certain nombre de médecins célèbres à assister à cette opération (étaient présents les docteurs Pacchioti, Berrutti, Valerani, etc.), à laquelle assistaient également tous les officiers sanitaires de la garnison d'Alexandrie. L'opération fut précédée de deux expériences physiologiques sur de jeunes agneaux; puis le docteur Ponza débuta par un aliéné pellagreux, diarrhéique depuis plusieurs mois, et, comme cet homme présentait quelques symptômes de pléthore, on fit précéder la transfusion d'une saignée représentant en quantité le sang artériel que l'on allait injecter.

Quelques phénomènes de congestion cérébrale se produisirent. On n'avait injecté que 40 grammes. Le malade restait pourtant déprimé. Le pouls se maintint égal avant et durant l'opération. Une heure après il devint plus lent, puis le malade retomba dans sa tristesse habituelle et s'endormit. C'est un de ces cas dans lesquels la réaction se développe plus violente huit ou dix heures après. (?)

Le deuxième, affecté de lypémanie fixe, avec grand épuisement vital, fut opéré avec son trocart, par le docteur Trebbi di Reggio. 50 grammes de sang pénétrèrent, la réaction fut plus vive et plus durable, le pouls plus fort et plus fréquent. Après s'être plaint de douleurs à la tête, il fut pris d'un délire qui, au dire des assistants, avait quelque chose de différent du délire ordinaire. Il parut ressembler beaucoup à celui d'un individu pris de vin et cherchant à se quereller avec le premier venu.

Le troisième malade, encore affecté de lypémanie avec idée fixe, reçut plus de 60 grammes de sang artériel d'agneau. Phénomènes réactionnels très-violents; pendant quelques instants, les mouvements respiratoires parurent supprimés, l'action du cœur paralysée, l'asphyxie imminente. La saignée dissipa rapidement ces dangers; transporté dans son lit, il tomba dans une manie plus grande qu'à l'ordinaire.

Avant de quitter l'asile, écrit l'un des témoins, j'ai revu les trois opérés et je les retrouvai dans leur état normal de monomanie. Le premier restait encore pâle; les deux autres injectés.

Cette opération fut encore appliquée dans le manicôme de Pezaro quatre fois, par les professeurs Blessich, Fabri et Frigerio. Dans ces quatre cas, l'amélioration parut considérable.

Enfin, la question fut portée, il y a quelques mois, devant le Congrès aliéniste d'Imola, dont le compte-rendu, fort intéressant, se trouve publié dans les archives des maladies mentales et nerveuses du professeur Verga. La valeur comparative du sang défibriné et du sang artériel d'agneau a été, de la plupart des auteurs, l'objet d'une étude expérimentale approfondie, d'où paraît ressortir clairement la supériorité de ce dernier.

Ce n'est pas avec des observations de cette valeur qu'on peut juger la question.

« La pensée de tous, à la réunion de dimanche, écrivait Berruti à la fin d'un compte-rendu de ces expériences dans l'*Independente*, c'est que l'Italie doit marcher orgueilleuse de cette nouvelle découverte à laquelle applaudiront les autres nations. La preuve en est dans le zèle que l'Angleterre a mis à s'emparer de ce sujet pour de sérieuses études. » Nous croyons cette appréciation un peu prématurée.

Assurément, nous ne saurions blâmer les chirurgiens qui ont remédié à l'anémie de quelques malheureux aliénés, mais s'ils avaient pour but de rendre la raison à ces pauvres fous, nous les vouerions volontiers aux antiques arguments du verbeux Lamartinière. Ajoutons, du reste, que tous les médecins italiens sont loin de partager ces illusions. Deux hommes d'une haute valeur, les professeurs Bonacosa et Mantegazza, n'ont pas craint de donner la note discordante dans le concert d'enthousiasme. Mantegazza compare les modernes transfusionnistes aux anciens alchimistes, et les relègue au rang des visionnaires. « Le globule rouge n'engendre pas de fils, leur dit-il, votre opération restera stérile par le peu de durée de ses effets. » A ces attaques, répandues à profusion jusque dans la presse littéraire, les transfuseurs, par la voie de l'*Independente*, ont répondu très-dignement. La lutte est engagée, les faits vont se presser de part et d'autre, avec les arguments, et la vérité ne saurait manquer de sortir bientôt d'une discussion conduite par des savants aussi sincères et n'ayant d'autre passion que celle de la vérité.

DES INDICATIONS DE LA TRANSFUSION SANS DÉPLÉTION PRÉALABLE.

Il ne s'agit plus ici d'affections dans lesquelles le sang est nuisible, quelle que soit du reste sa quantité, mais bien des cas où soit la qualité, soit la quantité du sang sont manifestement et seulement insuffisantes, affections dans lesquelles la nutrition est languissante, et conduit l'organisme à sa ruine, ou dans lesquelles elle ne peut plus s'effectuer par l'absence du milieu intérieur indispensable aux échanges avec le monde extérieur. Il s'agit donc dans tous ces cas d'ajouter du sang, et ce sera, comme on le prévoit, tantôt à petites doses fréquemment répétées, s'il ne s'agit que d'exciter une hématopoïèse dégradée, tantôt au contraire à dose massive, si les sources sont taries (maladies chirurgicales, obstétrique, etc.)

A. *Transfusion à doses réfractées.*

Cette indication se rencontre le plus souvent dans des maladies consomptives, la *phthisie*, par exemple. Aussi Hasse a pratiqué plusieurs fois la transfusion avec le sang d'*agneau* chez des phthisiques, et si la guérison n'a pas couronné toutes ses tentatives, la transfusion n'en a pas moins été un palliatif inoffensif et puissant : on peut donc espérer par la transfusion, *opération sans danger*, de prolonger la vie dans des cas où le pronostic est fatal et où toute intervention même plus téméraire eût été justifiée. On confie ainsi le soin de l'hématose à un organisme étranger, et, grâce aux transfusions successives, on peut dire que *le malade respire par le poumon d'un agneau*.

Hasse n'est du reste pas le seul à avoir tenté la guérison de la phthisie par la transfusion avec le sang animal. Après lui en effet, Thurn de Niederrad, en a pratiqué plusieurs ; seulement, dans ses opérations, le chirurgien allemand a eu le tort de transfuser une trop grande quantité de sang, de sorte qu'il a vu survenir des syncopes, et, au bout d'un temps variable, des frissons internes ; on a également signalé la présence du sang et de l'albumine dans les urines. Ce sont ces faits qui ont fait supposer que le sang étranger joue toujours le rôle de dissolvant sur le sang humain dans l'organisme. Quelques auteurs ont voulu considérer cette destruction du globule malade comme jouant un rôle thérapeutique analogue à la déplétion préalable ; malheureusement, les recherches si précises de Worm Muller en maintenant que la destruction atteint surtout les globules de la masse injectée, interdisent formellement cette hypothèse.

Nous trouvons dans la *Lancette* du 21 novembre
dernier le récit fort intéressant d'une transfusion
dans un cas semblable, mais qui, malheureusement
n'ayant pas été renouvelée, n'a pas produit les heureux résultats qu'on eût pu attendre de la méthode
à doses réfractées. Cette observation mérite d'être
rapportée ; nous la résumerons brièvement :

Elle fut pratiquée sur le docteur B..., atteint d'une induration tuberculeuse du poumon gauche et de laryngite ulcéreuse
avec fièvre et dysphagie. Il fut opéré, le 1er juillet, par le docteur Hasse (de Nordhausen). L'appareil employé consistait en
deux tubes de verre et un tuyau de caoutchouc contenant une
solution de carbonate sodique froide. Le sang d'un agneau
coula, par ce canal, dans la veine médiane basilique du patient
pendant quatre-vingt-quinze secondes. Les premières sensations furent de la chaleur dans le bras, du fourmillement et de
la rougeur à la face. Au bout de cinquante-cinq secondes se
manifesta une dyspnée dont l'intensité devint telle qu'il fallut,
peu de temps après, mettre fin à l'opération. De vives douleurs lombaires survinrent ensuite, qui, bien qu'amoindries
quand la transfusion eut cessé, durèrent plusieurs heures ; ces
douleurs prirent un caractère pulsatile, synchrone aux battements artériels, et furent attribuées à la pression exercée sur
le sympathique lombaire par la veine cave inférieure et l'aorte
abdominale distendues. Quarante minutes après la transfusion, parut un frisson accompagné d'une légère cyanose que
suivirent, une heure plus tard, une réaction avec sueurs profuses dont la durée fut de cinq heures ; pouls 140, respiration
32. Le sommeil, troublé, il est vrai, par la toux, eut lieu sans
médicament. Le lendemain un peu d'albuminurie ; cinq jours
après, éruption d'urticaire, fièvre assez vive, et grande prostration.

Le 8 juillet, appétit meilleur. L'opération ne fit disparaître
aucun symptôme, sauf, pourtant, la dysphagie ; d'autre part,
l'examen physique de la poitrine permit de constater une diminution très-notable de l'induration pulmonaire. Hesse règle

la quantité du sang transfusé d'après l'aspect et les sensations du malade. Il croit la transfusion indiquée chez les phthisiques dont l'anémie est considérable, en particulier quand le mal a été annoncé par une hémoptysie abondante avec signes physiques faibles ou douteux. Les signes tirés du pouls méritent l'attention : s'il est fort et plein, l'opération est dangereuse. Hasse a pratiqué celle-ci cinquante-deux fois, et dit n'avoir eu qu'un seul cas malheureux,

On pourrait encore citer les observations de Bréugelmann, de Cologne, qui obtint d'excellents résultats dans la même voie ; il eut la satisfaction de voir l'expectoration et la toux diminuer, et le malade engraisser ; le professeur Max Muller était témoin de ces tentatives. A l'hôpital Saint-Roch, de Mayence, Kleingelhoffer fit une transfusion avec du sang humain défibriné (12 onces) chez un phthisique ; pendant la transfusion, le pouls devint beaucoup plus fort, la température s'éleva, la peau rougit, une abondante sueur se répandit ; une heure et demie après, violent frisson ; tout sembla rentrer dans l'ordre ; mais l'opération pratiquée le 16 avril n'empêcha pas le malade de mourir le 20, après avoir rendu de copieuses garderobes sanguinolen- lentes. Les adversaires de la défibrination ne man- queront pas de mettre sur le compte de cette pra- tique cette dernière complication, fait inexplicable du reste, et bien rarement noté par les auteurs.

Hasse a également mis à profit la transfusion dans des cas de *chlorose* invétérée, avec vomisse- ments incoercibles et danger imminent ; dans ces cas, les malades sont pour ainsi dire incurables, et nous serions tout disposé à approuver les tentatives du médecin de Nordhausen, d'autant plus que dans bon nombre de ces observations les résultats se sont montrés durables.

Il en serait de même, paraît-il, pour la leucocythémie.

On comprendra que nous devions également signaler comme justiciables de la transfusion la plupart des cachexies, non pas que nous croyions à la possibilité d'une cure absolument efficace, mais du moins dans le but de retarder, ne fût-ce que de très-peu, l'échéance fatale. A l'appui de cette opinion, il ne nous semble pas inutile de reproduire quelques observations extraites du *Mémoire de Paolo Potempski*. Elles se rapportent à des cas d'infection générale de l'organisme, où, nous le répétons, quoique l'application n'en ait pas été faite, la transfusion *à doses réfractées* nous paraît particulièrement indiquée.

Iʳᵉ OBSERVATION.—Maria Celerini, âgée de 23 ans, fut atteinte au mois de mai 1873 d'une broncho-pneumonie. Le défaut de soins nécessaires, que sa position ne lui permettait pas de se procurer, son tempérament lymphatique et la violence du processus inflammatoire lui firent traverser assez mal toutes les phases de la maladie, jusqu'au jour où elle fut reçue à l'hôpital de la Consolation, avec le diagnostic broncho pneumonie caséeuse avec caverne au sommet gauche. Une fièvre légère s'allumait tous les jours vers le soir. Des vomissements suivaient toute tentative de nourriture; la dyspnée, les douleurs thoraciques diverses contraignaient la malade à l'insomnie; la dénutrition générale était très-avancée ; jour et nuit elle gisait dans son lit, des eschares menaçaient de survenir dans la région sacrée. Le matin du 15 décembre, je lui pratiquai la transfusion de 200 grammes de sang veineux avec mon appareil ; cette fois encore je pris le sang à un robuste paysan. Après l'opération, on note une augmentation du pouls et de la température ; diminution et disparition des vomissements, de la douleur, de la dyspnée ; les accès fébriles non-seulement furent moins intenses, mais cessèrent d'être quotidiens ; les forces augmentèrent de jour en jour ; l'état général se relève, les eschares ne sont plus à craindre, car la malade peut changer de position à volonté. Guérira-t-elle ? Nous n'en savons rien ; toujours est-il que ses souffrances auront diminué.

IIe OBSERVATION. *Carcinôme ulcéreux.* — Giuseppa Verrini, âgée de 57 ans, est reçue à notre clinique le 27 décembre 1873. Son dépérissement est extrême, elle peut à peine se lever, et a déjà le teint caractéristique de la cachexie cancéreuse. Les pertes continuelles de sang, les vomissements, la diarrhée l'épuisent chaque jour davantage, en dépit de toutes les médications employées. Le 16 décembre 1873, à onze heures vingt du matin, je fais la transfusion de 60 grammes de sang veineux. Cette quantité avait été préparée par le professeur Maggiorani, qui pensait lui en injecter autant tous les quinze jours. Le sang fut, dans ce cas, fourni par M. Bocchi, étudiant en médecine de sixième année. Examiné au microscope, le sang de la malade paraît être d'une richesse un peu exagérée en globules blancs. Quelques minutes avant l'opération, la température était de 36°, le pouls à 120, la respiration à 27.

Pendant l'opération, 11 heures 20 : Frisson, perte de la vue, rougeur de la face, douleur aiguë le long de la colonne vertébrale, très-forte surtout au niveau de la région sacrée, émission involontaire de fèces ; température 36°, pouls à 120, respiration 27.

Après l'opération, 11 heures 50 : Augmentation de la douleur vertébrale, à la nuque, à la région scapulaire ; la vue revient, la face est moins rouge. Température 37°, pouls 80, plein ; respiration 27.

Midi 15 : Douleur très-aiguë dans les régions précitées ; selles alvines, frissons légers, léger trismus. Température 36°,4, pouls 100, respiration 40.

Midi 20 : Frissons légers, deliquium. Température 36°,6, pouls 80, petit ; respiration 40.

Midi 30 : Les frissons cessent, la malade reprend ses sens. Température 37°,9. pouls 100, respiration 40.

2 heures du soir : L'aspect est bon, le visage un peu rouge. Température 38°,2, pouls 100, respiration 40.

3 heures : Température 38°,2, pouls 100, respiration 25.
4 heures :   —   38°,   —   90,   —   25.
8 heures :   —   36°,4, —   70,   —   20.

Le sang, soumis à l'examen microscopique, nous montre une quantité de globules blancs considérablement moindre. Dans la nuit la malade est tranquille, a un bon facies, toujours un peu rouge. Jusqu'au jour suivant, le thermomètre indique une température légèrement supérieure à la normale. Résumé : amélioration relativement considérable.

IIIe OBSERVATION. *Sténose du pylore par épaisissement de la tunique musculaire ; dilatation et ulcère de l'estomac.* — Theresa Gambarola, âgée de 33 ans, entre à la Clinique le 9 décembre 1873, éminemment affaiblie et très-émaciée. La peau et les muqueuses montrent par leur pâleur à quel point d'anémie elle est arrivée. Douleur hypogastrique, vomissements continuels, jour et nuit. On cherche à la nourrir avec des lavements alimentaires.

Le 23 décembre, à 10 heures et demie, je transfuse dans sa céphalique gauche 75 grammes de sang fournis par M. Cerretti, étudiant de cinquième année. L'intention du professeur Maggiorani était de recommencer au bout de quinze jours.

Voici ce qui fut noté :

A 10 heures, avant l'opération. T. 36°,   R. 20, P. 85.

Immédiatement après l'opération, la malade éprouve une sensation de chaleur à la face qui
devint rouge, les yeux se mon-
trèrent plus animés, aucun|trouble
général.......................... — 36°,3, — 22, — 90.
11 h. 10 m......................... — 36°,3, — 20, — 88.
11 h. 25 .... — 36°,6, — 21, — 80.

La chaleur et la rougeur du visage ont disparu.

11 h. 43...................... — 36°,7, — 22. — 80.
Midi......................... — 37°, — 22. — 82.

Dans la soirée, les résultats furent ce qu'ils étaient à midi.

Jusqu'au 28 la malade parut s'améliorer, mais les vomissements reparurent, et le 8 janvier elle avait cessé de vivre.

IVᵉ OBSERVATION. *Maladie de Werlhoff.* — Mˡˡᵉ P. F., âgée de 18 ans, fut prise, sans cause manifeste, de cette terrible maladie. En vain le docteur Consoni dirigea la cure la plus intelligente. La pauvre enfant s'acheminait vers une terminaison fatale quand je fus appelé — et proposai la transfusion comme moyen ultime.

Je la pratiquai le 26 décembre au soir, sans aucun aide ; le sang était fourni par un robuste paysan. 100 grammes furent transfusés.

Après l'opération, je notai une légère rougeur de la face et des muqueuses.

Une amélioration légère, accusée par la malade ; le pouls était un peu plus plein.

Mais pendant la nuit survinrent de copieuses hémorrhagies, et le 28 elle cessa de vivre.

Nous avons tout lieu de croire que ce moyen, employé plus tôt, eût été héroïque.

Théoriquement le choléra nous semble une des indications les plus nettes de la transfusion. Que disent les faits ? Gustave Kalischer (Berlin, 1873), a réuni tous les cas publiés de transfusion du sang dans le choléra. Nous ne possédons que 17 observations assez détaillées pour laisser apprécier l'influence de l'opération sur le résultat ; or, trois fois seulement, le malade à guéri ; encore dans ces trois cas heureux n'est-il pas évident que la guérison soit dûe à la transfusion du sang, c'est peut-être à la réaction spontanée qu'il faut l'attribuer. Quoiqu'il en soit, dans bien des cas, il sera avantageux de faire comme Hasse, de s'adresser directement à la masse sanguine pour lui rendre les éléments qui lui font défaut.

Est-ce à dire pour cela que nous croyions la transfusion indiquée dans *les convalescences?* Nous ne voudrions pas par trop multiplier les indications de la transfusion. Cependant, en présence d'un malade affaibli, dont les forces ne se relèvent pas, malgré la guérison de la maladie principale, n'est-on pas en droit d'intervenir? Il ne rentre pas dans notre sujet de faire ressortir tous les dangers que courent les patients pendant la convalescence; une plume plus autorisée que la nôtre (1) les a retracés naguère; rappelons cependant que certains individus, frappés pendant leur convalescence d'affections pulmonaires insignifiantes, finissent par succomber, parce que leur organisme n'a pas la force de résorber assez rapidement des produits inflammatoires qui passent à l'état caséeux (phthisie acquise, phthise consécutive aux fièvres graves). Une transfusion peut prévenir de si graves accidents.

Quant à la transfusion pratiquée *in extremis* pour soutenir des individus porteurs de lésions graves de l'appareil digestif, et destinée à suppléer dans une certaine mesure à la nutrition, nous avons dit ce

(1) Thèse d'agrégation de Paris, *Des accidents de la convalescence.* Rathery, 1875.

qu'il en fallait penser. On ne peut attendre aucun effet nutritif direct du sang fourni à un malade par cette opération. La nutrition des tissus ne se fait pas par la consomption des globules rouges ; nous savons que la quantité totale du sang, augmentée par la transfusion, est ramenée au bout de quelques jours à la quantité originaire, en même temps que la quantité relative des globules du sang se trouve augmentée d'une manière presque proportionnelle à la quantité transfusée.

D'autre part, les matières albuminoïdes, la fibrine contenues dans le sang, ne peuvent servir d'une façon appréciable à la nutrition des tissus ; et, en admettant qu'elles puissent réparer les tissus consommés par la décomposition continuelle, la quantité apportée par la transfusion serait trop minime.

Les observations se rapportant à des cas de cette nature confirment pleinement les données de l'expérience. L'une d'elles nous semble particulièrement digne d'attention, en raison des détails fort complets qui l'accompagnent. Nous la citerons ici *in extenso* avec un fait parallèle de Hasse. Nous aurons, du reste, à plusieurs reprises l'occasion d'y revenir,

1re OBSERVATION. *Rétrécissement de l'œsophage. Injection de sang complet.* — Z... (Henri), dix-huit ans, employé de commerce, né à Paris, entre le 21 octobre 1872, à Beaujon, service de M. Axenfeld, avec des taches d'un brun noir aux commissures labiales : au niveau et autour de ces taches, gonflement et rougeur.

Crachotement continuel.

Le malade raconte qu'il vient d'avaler, sciemment, et pour des motifs qu'il ne veut pas faire connaître, une grande cuillerée d'acide sulfurique.....

Pendant plusieurs semaines le malade présenta les troubles digestifs dûs à l'effet caustique de l'acide sulfurique sur les muqueuses œsophagienne et stomacale. Le malade arrive à un état d'anémie extrême et le 20 janvier, la numération des globules rouges du sang de Z..., faite par M. Malassez, donne 3,600,000 hématies par millimètre cube.

22 janvier. Pouls filiforme, 96. Amaigrissement appréciable depuis plusieurs jours. Le malade a toujours froid, malgré des boules d'eau chaude maintenues en permanence dans son lit.

3 février. — Lait et côtelette sans vomissement.

Examen du sang par M. Malassez : 2,600,000 hématies par millimètre cube.

10 février. Z... dit étouffer à chaque instant; l'auscultation et la percussion du poumon ne donnent rien. Bluettes, voix cassée. C'est à peine si le malade peut parler. Le moindre mouvement le met à bout. Pouls à peine sensible, 80. Temp. rectale, 38°.

Le tracé sphygmographique, pris plusieurs fois, donne une ligne tremblée où chaque pulsation est à peine indiquée.

La numération des globules donne 3,200,000 hématies par millimètre cube.

Une des veines dorsales de l'avant-bras gauche de Z..., distendue par un bandage circulaire, ayant reçu le trocart de Mathieu, on injecte par ce trocart, à l'aide de l'appareil Moncoq, modifié par Mathieu, du sang non défibriné fourni par la veine médiane céphalique d'un élève du service.

60 grammes à peu près avaient été injectés quand le trocart sortit de la veine ; on essaya de le réintroduire ; il se forma un thrombus de la largeur d'une pièce de cinq francs, épais, à peu près de 1 centimètre.

Immédiatement enlevé, le trocart fut introduit dans une veine dorsale de l'avant-bras droit; l'appareil fut amorcé de nouveau et l'on injecta 100 grammes ; la transfusion avait donc introduit plus de 150 grammes de sang nouveau, non défibriné, dans la circulation du malade.

Pendant et après la transfusion, Z... n'accuse aucune sensation.

Quelques minutes après l'opération, pouls à 84. Températ. rectale, 37°, abaissement probablement dû à la quantité de calorique fournie par Z... pour échauffer le sang nouveau, quelque peu refroidi dans son passage au travers de l'appareil.

Vingt minutes après l'opération, la numération des globules donne 3,500,000 hématies par millimètre cube.

Une heure après, la radiale, qui est plus ferme, donne le tracé n° 2.

Une heure soir. Le thrombus de l'avant-bras gauche a complétement disparu. — P. 104. Temp. rectale, 37° ; respiration, 28.

Trois heures. P. 100. Temp. rectale, 37°8. Rien à noter dans l'état du malade.

11 février matin. P. 120. Temp. rectale, 39°. — Six heures soir. P. 120. Temp. rectale, 39°6. La numération des globules donne 3,200,000 hématies par millimètre cube.

Le malade paraît toujours aussi faible et se plaint de difficultés pour respirer, sans accuser de douleurs dans la poitrine. Les urines, examinées à plusieurs reprises, ne renferment ni albumine ni sucre. — 10 février. Densité 1002,0. — 11 février. Densité 1003,0. Matière colorante abondante ; phosphates et carbonates abondants.

12 février. Mort à six heures du matin.

2ᵉ OBSERVATION. — *Cancer de l'estomac. Transfusion directe de sang d'agneau complet.* — Frantz, âgée de cinquante-quatre ans ; depuis septembre 1872 elle souffre de l'estomac. Vomissements fréquents et copieux d'aliments peu altérés et de nombreuses sarcines. Couleur jaune, livide de la peau. Marasme profond, autorisant le diagnostic de carcinôme pylorique.

Traitement médical sans effet, la malade est dégoûtée de tout aliment, elle a des renvois nauséeux et une soif brûlante Pouls petit. On la détermine à se laisser faire une transfusion, qu'on opéra le 26 juin avec du sang d'agneau. On isola d'abord la veine médiane céphalique du bras gauche et la canule de verre bouchée qu'on emploie d'habitude. La transfusion commença à onze heures cinquante du matin. Le sang coula avec une faible pression.

Quelques secondes après le début de l'opération, sueurs du front, et la figure rougit; il survint une vive douleur à la partie inférieure du sacrum.

Violente dyspnée, nausées, léger vertige, survenant soixante-quinze secondes après l'opération. La face était redevenue pâle.

A une heure vingt-cinq, soit trente-cinq minutes après la transfusion, commencement des frissons, puis léger tremblement de la poitrine.

A une heure trente-cinq, angoisse thoracique, disparition des douleurs du bassin, mais douleurs dans la plaie veineuse. Les mains paraissent froides.

Une heure quarante. Frisson généralisé. Pouls 96. Respiration 24.

Une heure cinquante. Le frisson a cessé. Mains chaudes. P. 90 à 100. R. 28 à 32.

Les douleurs du sacrum ont complétement disparu. Température 38°7.

A trois heures dix, température 39°.

La malade a dormi pendant l'intervalle. Le bien-être et les douleurs de l'estomac seules subsistent. Le soir, sueurs considérables. La nuit, bon sommeil.

Le 27 juin, la malade ne se sent pas plus forte qu'avant la transfusion. Légères douleurs de la plaie veineuse. Hier soir et ce matin elle a rendu de l'urine qui ne contenait ni albumine, ni matière colorante du sang. Température, 37°1.

Le 28 juin, la malade est altérée. Après abondante injection de lait elle vomit des sarcines. On en retire encore une abondante quantité avec la sonde stomacale.

Le 29, pouls assez bon. La teinte de la face s'est assez améliorée. Pas de vomissements. Le sommeil de la nuit a été contrarié par la température de l'atmosphère.

Le 30 juin, pouls bon. Physionomie satisfaisante. La malade passe la journée en plein air. La plaie du bras est guérie.

La malade accuse toujours une saveur désagréable dans la bouche.

Le 2 juillet, l'estomac est de nouveau dilaté.

Le 5 juillet, les vomissements ont vidé l'estomac ; la surface de cet organe donne une matité s'étendant du foie à une tumeur située entre le nombril et les fausses côtes. Cette tumeur est irrégulièrement dure et on la sent au-dessous du muscle droit abdominal. Le diagnostic d'un squirrhe de l'estomac fut donc rapidement établi. Bien que la tumeur fasse des progrès, la physionomie et les symptômes généraux de la malade sont moins mauvais qu'avant la transfusion.

Fin août les signes morbides augmentent, les forces diminuent, et la malade meurt le 8 septembre 1872.

B. *Transfusion sans déplétion préalable, à dose massive.*

Ici l'indication est indiscutable : elle se présente avecune telle netteté qu'on peut dire qu'elle est absolue. Quelle ressource avez-vous en présence d'une femme exsangue qui va succomber et qui présente des convulsions caractéristiques de la mort par hémorrhagie? Cette femme est jeune et robuste; elle vient de mettre au monde un enfant vivant; elle présentait, il y a un instant à peine, tous les attributs de la santé. Elle est maintenant sans vie, la pâleur de sa peau, ses lèvres décolorées témoignent assez qu'il ne lui manque que le sang qui vient de s'écouler : il ne manque là que le moteur de ces rouages tous intacts.

La seule indication vraiment rationnelle est le défaut d'une quantité suffisante des globules rouges du sang, capables de se combiner avec l'oxy-

gène de l'air atmosphérique, et de rendre cet oxygène aux tissus qui en ont besoin pour leurs fonctions.

Aussi l'indication de transfuser, dans le cas d'hémorrhagie profuse, n'est-elle nulle part discutée.

« L'hémorrhagie ! dit M. Chailly-Honoré, que ce
mot rappelle à l'accoucheur de terreurs, d'an-
goisses ! Jamais drame n'a présenté de péripéties
aussi saisissantes. L'action peut marcher d'abord
avec lenteur et tenir l'homme de l'art dans une sécurité trompeuse ; puis la scène se déroule tout à
coup avec une effrayante rapidité qui glace d'effroi
les plus intrépides. Qui ne se rappellera toute sa vie
les longues heures pleines d'anxiété passées seul,
au milieu de la nuit, auprès de femmes dont, après
Dieu, on devenait le seul arbitre ! L'inefficacité des
moyens ordinaires, de la compression même de
l'aorte, comme moyens propres à arrêter une hémorrhagie après l'accouchement, présage une mort
inévitable. Quoi qu'on fasse, la transfusion seule
peut laisser quelques chances de salut. Elle est là
qui donne à l'accoucheur cette sécurité, cette confiance si nécessaire en pareils cas. Il sent qu'il est
le maître de l'existence de la femme, et il puise
dans cette confiance, qu'il communique aux autres, la force et le sang-froid dont il a tant besoin.
Il peut alors, avec ordre, méthode et célérité, sauver la malade. »

A quel moment faut-il pratiquer la transfusion
dans un cas d'hémorrhagie puerpérale ? Peut-on

par la transfusion arrêter une hémorrhagie ; est-on en droit d'espérer que l'anémie est la seule cause d'inertie ? Ne doit-on pas craindre, en rendant du sang à la malade, d'empêcher une syncope favorable à l'hémostase en stimulant la circulation, pour me servir de l'ancien langage de l'école ? Faut-il attendre, au contraire, qu'un certain calme se soit rétabli ? Ce sont là des questions que nous ne sommes pas en mesure de résoudre. Dans la plupart des cas publiés, en effet, on ne parle que du danger que courait la malade et de la précipitation avec laquelle il était indispensable d'agir ; du succès obtenu ou de circonstances qui ont expliqué l'insuccès. Mais, en général, les détails de l'observation qui nous permettraient de déterminer avec précision les points en litige n'ont point été recueillis.

Aussi, comme indication, nous bornerons-nous à dire ceci : toutes les fois qu'à la suite d'une hémorrhagie profuse *post partum*, la vie de l'accouchée parait sérieusement compromise, il y a formelle indication à pratiquer la transfusion.

Est-il besoin de le dire, la source du sang importe peu. Ce qu'il faut, avant tout, c'est la promptitude ; le sang d'agneau nous paraît sous ce rapport appelé à rendre dans les Maternités de réels services et le jour n'est pas loin peut-être, ainsi que l'a prétendu un auteur allemand, où cédant aux progrès de la physiologie pathologique de l'hémorrhagie et de la syphilis, on se verra forcé d'annexer à nos Maternités l'étable prête à fournir le sang à la mère qui va mourir, le lait à l'enfant qui vient de naître.

Les observations de ce genre sont très-nombreuses ; il nous serait bien difficile de faire mention de toutes ; tenant pourtant à donner une idée des résultats qu'on peut obtenir, nous avons choisi deux d'entre elles, l'une couronnée d'un plein succès et due à notre maître M. Desgranges, l'autre malheureuse et tirée du travail de Hasse. L'observation de M. Desgranges mérite à plus d'un titre de fixer l'attention. L'époque déjà éloignée à laquelle elle a été appliquée, la simplicité des moyens, la promptitude et la sûreté de l'acte opératoire, enfin l'exactitude et le soin avec lesquels sont notés les détails postérieurs à l'opération, tout contribue à donner à ce fait clinique une importance capitale et à légitimer l'immense retentissement qu'il eut dans les annales de la science.

1re OBSERVATION. *Métrorrhagie, suite d'avortement : anémie extrême, mort imminente, transfusion du sang, guérison* (Desgranges). — Le 25 octobre, à neuf heures du matin, on couchait dans le lit 109 de la salle dite des troisièmes femmes une malade qu'on venait d'y apporter. C'était la nommée Marie Gueire, née à Saint-Félix (Savoie), âgée de 27 ans, exerçant à Lyon la profession d'ouvrière en fausse bijouterie. Cette fille, d'une complexion assez forte, d'un tempérament lymphatico-nerveux, est étendue sans mouvement, les paupières immobiles, les yeux éteints, à demi fermés, les traits abattus et la face tout entière d'une pâleur si grande que nous en sommes tous frappés au premier aspect. Voici une hémorrhagie grave, telle fut la première parole de M. Devay en voyant la malade. Les porteurs nous apprennent, en effet, que cette femme, à la suite d'un accouchement prématuré, avait eu, les jours précédents, une hémorrhagie si abondante qu'elle avait perdu tout son sang.

A cette heure, tout écoulement a à peu près cessé, et on constate les phénomènes suivants : faiblesse générale extrême, intelligence conservée, mais paresseuse et comme engourdie, perte complète de l'usage de la parole. (La malade répond quelquefois par signes affirmatifs ou négatifs, mais péniblement et après s'être fait répéter plusieurs fois la même demande.)

La face, la langue dans toute son étendue, les muqueuses des lèvres et des paupières, offrent une pâleur complète et uniforme. Les membres inférieurs et supérieurs, le tronc, en un mot, toute la surface du corps est dépourvue de chaleur. Le pouls est petit, très-accéléré (130 pulsations environ par minute), facilement dépressible et fuyant sous le doigt ; les battements du cœur sont faibles et précipités ; bruit de diable dans les carotides. A de rares intervalles, la malade semble sortie pour un instant de l'espèce de léthargie où elle est plongée. L'anxiété précordiale est grande, et les muscles de la face, se crispant d'une façon convulsive, dénotent une souffrance profonde. La bouche exécute certains mouvements, indices d'une soif vive : on lui donne à boire à chaque instant, mais l'estomac rejette aussitôt le liquide qu'il vient de recevoir. Le volume et la sensibilité du ventre n'offrent rien de particulier : une pression modérée exercée sur ses parois n'arrache aucun signe de douleur à la malade.

Le lendemain 26, à la visite du matin, tous les phénomènes généraux et particuliers persistent à un degré plus avancé : les yeux paraissent plus éteints que la veille ; les paupières, entièrement closes, s'entr'ouvrent avec peine et s'abaissent aussitôt. Si la malade essaye de nous montrer sa langue blanche et comme effilée, celle-ci ne peut revenir au dedans de la cavité buccale, et reste engagée entre les arcades dentaires. Les réponses par signes sont plus difficiles à obtenir que la veille. Il existe un état de réfrigération générale.

M. Devay, jugeant alors que la transfusion est la ressource ultime, fait prier M. Desgranges, chirurgien en chef désigné de l'Hôtel-Dieu, de se rendre auprès de la malade. Ces messieurs réunis prennent l'avis du docteur Delorme, présent à la visite, et d'un commun accord la transfusion du sang est déclarée la seule chance de salut qui reste à cette femme.

Opération. — Aussitôt après, M. Desgranges, qui se charge de cette opération délicate, dispose les instruments qui doivent lui servir : 1° une petite canule à injections veineuses ; 2° une seringue à hydrocèle ; 3° un stylet aiguillé chargé d'un fil ; 4° un bistouri et des pinces à dissection.

La petite canule, longue de 3 centimètres, est formée par la réunion de deux moitiés dissemblables. D'un côté c'est un tube cylindrique de 2 millimètres de diamètre, de l'autre un pavillon allongé, infundibuliforme, dont l'orifice est de 5 millimètres de diamètre. Elle est donc construite de façon qu'on puisse la fixer à la veine par une simple ligature, et que sans peine on puisse y adapter le bout de la seringue.

La seringue à hydrocèle peut contenir 180 grammes d'eau : le piston, à double parachute, bouche hermétiquement et glisse sans effort. Cette seringue est enveloppée de plusieurs doubles de linge fixés par une bande ; elle est plongée ensuite dans un vase rempli d'eau chaude, qu'à tout instant on renouvelle pour avoir constamment une température d'environ +40 degrés centigrades. Je ne saurais préciser davantage, la préoccupation du moment nous ayant fait négliger l'emploi du thermomètre.

Premier temps. Isolement de la veine. — Vers le milieu de la médiane, et parallèlement à son axe, on fait à la peau une incision de 13 millimètres. La veine mise à découvert se distingue facilement à sa coloration bleuâtre. Elle est soulevée au moyen du stylet, comme s'il s'agissait d'une ligature artérielle. Le stylet sert à conduire le fil, qui, plus tard, doit fixer les parois veineuses au cylindre de la canule.

Deuxième temps. Introduction de la canule. — La veine est incisée longitudinalement avec le bistouri dans une étendue de 4 millimètres. On insinue la canule dans le vaisseau, sur lequel on la fixe au moyen du fil. L'aide, placé près du bras, veille sur la canule et comprime la veine directement au-dessus ; il place un autre doigt sur l'orifice béant du bout inférieur de la veine, afin d'arrêter une perte nouvelle, si petite qu'elle soit.

Troisième temps. Transfusion. — Tout étant disposé comme il vient d'être dit, M. Desgranges ouvre la veine médiane basilique droite. Le sang est recueilli directement dans la seringue chauffée ; et sans perdre un instant, dès qu'elle est pleine on y met le piston et l'on en chasse l'air avec le plus grand soin. De nouvelles compresses imbibées d'eau bouillante sont enroulées à la seringue. L'injection commence.

Le piston est poussé avec précaution et lenteur : le sang pénètre sans peine, sans qu'il en tombe plus de quelques gouttes à l'extérieur. En deux minutes et demie, et à l'abri du plus léger accident, on fait couler 180 grammes de sang pur dans le système veineux de la malade.

Quatrième temps. Pansement.

Phénomènes constatés. — Le pouls marque 138 pulsations par minute, 8 de plus qu'avant l'opération. Les pulsations, d'oscillantes qu'elles étaient, sont devenues plus résistantes : il y a plus d'énergie dans l'artère ; les contractions des ventricules sont régulières ; leur puissance a doublé et même triplé ; le bruit de diable a disparu complétement ; les yeux de la malade s'ouvrent, ses regards deviennent intelligents ; elle remarque ce qui se passe autour d'elle. La rétraction de la langue de dehors en dedans de la cavité buccale s'exécute facilement. La pointe de cet organe paraît déjà légèrement rosée ; en un mot, l'ensemble des phénomènes nouveaux indique qu'une modification profonde a été imprimée subitement à l'économie tout entière, en présence du nouveau liquide réparateur.

L'excitation générale qui s'était manifestée immédiatement après la transfusion est allée croissant dans le reste de la journée et dans la nuit du 26 au 27. Il y a même eu un peu de délire. La malade pousse fréquemment des cris perçants, prononce des paroles incohérentes, et, malgré sa faiblesse réelle, se livre à des mouvements qui nécessitent l'emploi d'un lacq passé autour du lit pour prévenir une chute qui serait des plus fâcheuses.

27 octobre. L'agitation est moindre que la veille ; le pouls

est tombé à 110 pulsations. La pâleur du visage et des muqueuses est la même. La température du corps est devenue sensible ; la malade continue d'être altérée, mais elle n'éprouve plus ni nausées, ni vomissements.

Vers la fin de la journée, l'état d'excitation disparaît, et la malade tombe dans un collapsus fort inquiétant.

28. La nuit a été bonne, le sommeil long et calme ; le matin le pouls est meilleur, il ne marque plus que 90 pulsations ; la peau a perdu de la sécheresse qu'elle offrait les jours précédents ; l'usage de la parole est revenu, les réponses se font avec facilité ; la langue se colore légèrement, les lèvres ont perdu de leur pâleur, les yeux deviennent brillants ; la malade demande elle-même à manger ; elle prend deux tasses de bouillon dans la journée.

Le soir, le rhythme et le nombre des pulsations sont les mêmes ; les joues se colorent d'une légère teinte rosée. L'état des forces est meilleur.

29. La soif continue, le sentiment de la faim se développe de plus en plus. On ne peut, malgré cela, transporter la malade hors de son lit sans qu'il survienne des défaillances. Les claquements valvulaires sont doués d'un timbre éclatant ; le pouls tend toujours à fuir sous le doigt ; la langue est recouverte d'une éruption aphtheuse, blanche, semblable au muguet des enfants.

2 novembre. Battements du cœur un peu obscurs ; bouffissure légère de la racine du nez et des paupières ; miction difficile.

3 novembre. Un peu d'obscurité de la respiration à droite ; bruit de cuir neuf dans le cœur ; bruit de souffle dans les carotides.

7. Chaque jour les forces vont en augmentant ; la soif a cessé d'être aussi vive ; la faim se fait plus impérieusement sentir ; la malade commence à manger. On la soumet à un régime tonique, qui donne les meilleurs résultats, l'état général s'améliore.

La bouche se nettoie, l'éruption aphteuse de la langue disparaît.

25. La malade recommence à se lever et fait quelques tours

de promenade dans la salle ; la coloration de son visage a pris une nouvelle intensité ; sur la remarque qui lui en est faite, elle nous dit que c'était là son état habituel avant la maladie.

29. Depuis le 25, notre malade n'a pas manqué de se lever et de passer dans la salle, assise ou à se promener, la plus grande partie de la journée. Cette femme, voyant son état s'améliorer si rapidement, avait manifesté plusieurs fois le désir de sortir de l'Hôtel-Dieu. Aujourd'hui, M. Devay, après avoir constaté son état de parfaite santé, lui accorde son *exeat*. Elle nous quitte joyeuse et insouciante, comme elle s'est montrée durant la dernière moitié de sa maladie, et nous remercie avec la plus grande effusion.

IIᵉ Observation. — *Hémorrhagie utérine. Transfusion de sang d'agneau.* (Hasse). — Une malade de 34 ans, qui a eu cinq accouchements normaux, le dernier en juin 1872, et, après une semaine au lit, fut prise de métrorrhagie ; sa physionomie prend une teinte livide, et elle se sent faible et déprimée. Au mois d'août, elle attendait son nouvel accouchement ; mais, depuis le 10 juin, une métrorrhagie profuse semblait l'anéantir. L'examen fit découvrir une insertion du placenta sur le col. On fit des injections d'eau froide. La malade prit 5 grammes de seigle ergoté. Le travail avança. La tête fœtale s'engagea successivement par la pression sur le segment interne du bord libre de l'utérus, et l'accouchement d'un enfant mort, de 7 mois, s'effectua. La délivrance fut rapide et complète : l'utérus revint, mais la malade était anémique et faible.

Je me décidai, pour relever la malade, à faire une transfusion de sang d'agneau, que j'espérais pouvoir pratiquer le jour même.

Après avoir retiré, selon les principes que M. Cantor Neumeyer, de Hafrungen, prescrit, du sang d'une carotide d'agneau reçu dans un verre, j'opérai en 90 secondes. 200 grammes de sang furent injectés dans la veine médiane isolée du bras droit. Après la transfusion, la carotide de l'agneau donna issue à 300 grammes de sang, et l'animal en mourut.

Pendant l'opération, la malade souffrit de douleurs lombaires, suivies bientôt d'angoisse et de dyspnée. Cette symptomatologie n'a manqué dans aucune transfusion de sang d'agneau, à savoir que le thorax fait de profondes inspirations, et que l'expiration est gênée. Une heure après l'opération, frissons, douleurs convulsives, sensation de raideur générale pendant une demi-heure, transpiration abondante, et assoupissement profond jusqu'au lendemain matin.

11 juin. La malade se sent bien, et assez forte pour se tenir debout. Appétit bon, pouls fort à 90. L'utérus est revenu sur lui-même, le ventre mou et indolore ; les lochies sont peu abondantes. Émission d'environ 800 grammes d'urine jaune sombre, transparente, sans albumine.

12 juin. Même état. Le 13, rétablissement complet, selles normales.

14 juin. Les seins sont gonflés et douloureux. Pouls, 96 à 100.

16 juin. Les seins sont dégonflés. Sommeil, appétit, miction. Pouls, 90.

18 juin. La malade se plaint de maux de tête et de son peu d'appétit. Pouls, 90.

25 juin. La malade, depuis trois jours, ne reste plus au lit. Elle s'occupe des soins de son ménage, se plaint encore de céphalalgie, causée sans doute par la perte de sang qu'elle subit, la menstruation s'étant rétablie.

1er août. La malade travaille du matin au soir ; sa physionomie est meilleure que je ne l'avais connue depuis quelques années. Elle ne souffre que d'une légère céphalalgie que le repos de la nuit fait cesser.

2 septembre. Rétablissement complet. Pouls à 78. Disparition des maux de tête.

Il arrive souvent dans les hôpitaux des grandes villes que l'on apporte des malades exsangues qui viennent de subir des traumatismes considérables ; les puissants engins des nos usines produisent des délabrements jusqu'ici inconnus dans leurs détails, et, disons-le en passant, à côté du traité des blessurés faites par armes de guerre, il reste à faire un traité des blessures industrielles, et rien n'est plus difficile que de formuler des indications opératoires en présence de ces terribles mutilations : il faudrait amputer, pratiquer une résection, une ablation d'esquilles ; mais qui peut assurer au chirurgien qu'il n'exécutera pas l'opération sur un cadavre? Alors il recule, il ajourne, et que de fois l'autopsie ne vient-elle pas lui démontrer qu'il ne lui a manqué qu'un allié pour triompher : le sang. Eh bien ! qui le contestera? la transfusion est positivement indiquée dans ces cas-là? J'emprunte à M. Moncoq le résumé de quelques heureux résultats dus à cette pratique. Les journaux anglais ont rapporté un cas de succès obtenu à Liverpool : Un charpentier de navire, blessé à l'avant bras, devait subir l'amputation. Il avait perdu tant de sang que le docteur Higginson ne crut prudent de pratiquer l'opération qu'après la transfusion préalable de 250 grammes de sang. La transfusion fut faite ; l'amputation, qui eut lieu le lendemain, fut parfaitement supportée, et le malade guérit rapidement.

En 1867, un ouvrier avait été blessé en déchargeant un navire sur la Tamise ; il y avait une fracture comminutive à la jambe avec plaie et hémorrhagie des plus graves. Il fallait se décider pour l'amputation. Mais on reconnut que le malheureux ouvrier était d'une faiblesse telle qu'il ne pourrait supporter l'ablation de la jambe. Le chirurgien ne balança pas et, avec l'appareil à entonnoir, on fit passer dans les veines du blessé 150 grammes de sang. L'opération put se faire, et le blessé sortit complétement guéri deux mois après. Les journaux anglais de 1867 publièrent ce fait intéressant.

A Vienne, le professeur Billroth a agi d'une façon semblable. Dans son cours de pathologie générale, il a rapporté deux faits récents de transfusion heureusement pratiqués par lui, chez des opérés que la perte de sang, relativement trop considérable pendant l'opération, menaçait d'une mort prochaine.

De ces résultats, du reste, nous tenons à rapprocher ceux que l'on obtient tous les jours par l'anémie artificielle des membres; nous avons vu dans les hôpitaux de Lyon des blessés exsangues, sur le point de mourir de syncope, renaître, pour ainsi dire, après que l'on eut méthodiquement expulsé le sang des organes périphériques dans le système des organes principaux. Or, restreindre le champ circulatoire tout en y faisant refluer le sang des régions périphériques, n'est-ce pas faire une véritable transfusion?

A côté de ces faits, qui rentrent dans le domaine purement chirurgical, nous signalerons d'autres indications de transfusion en masse qui peuvent se présenter dans les services de médecine : les hémorrhagies intestinales de la fièvre typhoïde, particulièrement celles qui surviennent tardivement, alors que le malade paraît entrer en convalescence, rentrent dans cette catégorie ; nous y joindrons aussi ;

en attendant les faits, les hématémèses symptomatiques de l'ulcère de l'estomac, les hémorrhagies des hémophiles.

Bien peu nombreux encore sont les faits qui nous autorisent à esquisser ces indications, dont le caractère paraîtra à plusieurs trop exclusivement théorique. Nous sommes pourtant assez heureux pour pouvoir insérer ici une note que nous devons à l'obligeance de M. le docteur Liouville, agrégé de la Faculté, que nous prions ici d'accepter tous nos remerciements pour l'empressement avec lequel il l'a mise à notre disposition.

« Dans un cas de transfusion faite au Havre en 1874, par les docteurs Channel, Liouville et Voisin, pour une fièvre thyphoïde, une amélioration très-légère et très-passagère parut pouvoir être remarquée à la suite de l'opération, qui n'offrit en elle-même aucune difficulté, ni complication.

« Il s'agissait d'un jeune homme de 25 ans environ. Le sang fut fourni par un de ses amis, du même âge.

« Malheureusement la tentative n'avait pu être faite que devant les plus graves accidents ; le malade succomba à tous les phénomènes de la forme hémorrhagique. »

Nous n'insistons pas sur ces indications ; lorsque les hommes de l'art auront reconnu l'innocuité de la transfusion, et ne se croiront plus obligés d'employer du sang humain, ils en seront moins avares.

Quant aux *hémoptysies foudroyantes,* comme nous ne pouvons dans ce travail en discuter la physiologie pathologique, nous nous bornerons à faire remarquer que, si nous avons admis la transfusion à dose réfractée pour relever l'organisme, nous n'oserions encombrer d'une masse sanguine considérable un poumon qui n'est plus en état de faire bénéficier l'organisme, par l'hématose, de cette ressource nouvelle.

Nous en avons terminé avec les indications tirées des hémorrhagies ; nous les résumerons en ces termes empruntés à Grisolle :

« Lorsque des hémorrhagies se prolongent longtemps, ou bien lorsque tout à coup elles deviennent très-abondantes et que les individus n'ont plus dans leurs vaisseaux la quantité de sang nécessaire pour entretenir la vie, lorsque la syncope se prolonge et que les malades sont sur le point d'expirer, on ne doit pas hésiter à pratiquer la transfusion. »

DES DIVERSES MÉTHODES DE TRANSFUSION

Le raisonnement aussi bien que les faits viennent de nous démontrer quel parti la pratique peut tirer de la transfusion du sang, mais, l'opportunité reconnue, les indications admises, un problème reste encore à résoudre, celui de l'élection de la méthode et du procédé.

L'examen des diverses méthodes proposées va nous occuper dans ce chapitre ; le suivant sera consacré à la description des procédés et à l'exposé des principes qui devront guider le praticien dans sa détermination.

La première question qui se présente au début de ce chapitre est la suivante : Doit-on préférer le sang complet ou faut-il le priver de sa fibrine ?

Les anciens, ignorant la composition réelle du sang, le transfusaient en nature, la fibrine représentant à leurs yeux la partie vraiment essentielle et active du fluide sanguin ; cette lymphe plastique, cet élément régénérateur par excellence, eût été le dernier de ces éléments qu'ils eussent consenti à sacrifier.

Les travaux de Bischoff et de Dieffenbach, ceux de Dumas et Prévôt et de Muller firent perdre singulièrement de leur importance aux parties liqui-

des au bénéfice des globules, et ces auteurs don-
nèrent formellement le conseil de se débarrasser de
cet élément toujours inutile, quelquefois nuisible.
Le silence se fit vers le milieu du siècle autour
de la transfusion, et les observations célèbres
de Monneret et de Desgranges avaient fait oublier les préceptes des partisans de la défibrination, quand les découvertes de Cruveilher, Le-
groux, Wirchow appelant l'attention de tous sur
l'embolie vinrent les faire revivre. Si la plupart des
caillots qui déterminent, par leur migration, les
apoplexies pulmonaires sont des blocs fibrineux er-
ratiques, ne semblait-il pas naturel d'attribuer à ce
mécanisme les insuccès si souvent constatés à la
suite de la transfusion, et mis par Prévost, Dumas
et Bischoff sur le compte d'une action toxique in-
connue et mystérieuse. Panum appela surtout l'attention sur cet ordre de faits, et fut un de ceux
qui recommandèrent le plus vivement l'emploi du
sang défibriné. Ses conseils furent entendus. Polli,
Neudoruef, Demme eurent recours à la défibrination dans bon nombre de cas que le succès fut
loin de couronner tous. Enfin, dans ces derniers
temps, un des partisans les plus zélés de l'emploi
du sang défibriné fut M. de Belina, qui a consacré
à cette étude un travail important plusieurs fois
cité. Nous ne reviendrons pas sur l'appréciation
que nous avons dû faire de ses expériences, nous
avons montré qu'aussi fréquemment que dans
les injection de sang entier les embolies avaient été

constatées. Cependant depuis quelque temps un retour en faveur de ce dernier s'est produit en France avec Behier, Moncoq et Oré ; en Italie, avec Ponza, Livi, Albini ; en Russie et en Allemagne surtout avec Gesellius et Hasse. C'est à ces derniers surtout que nous allons emprunter les arguments mis en avant dans cette importante question, qui ne laissera pas, je l'espère, d'équivoque dans l'esprit de mes lecteurs.

Nous n'avons pas à décrire longuement le procédé conseillé pour la défibrination, il est des plus simples et consiste à exécuter un battage de quelques minutes au moyen d'une baguette de verre, d'un morceau de baleine, de l'un, enfin, des mille objets qui peuvent tomber sous la main de l'opérateur. La fibrine s'attache tout autour de ce corps étranger, et en même temps l'on voit le liquide prendre une couleur rouge vermeil, c'est là ce que les auteurs ont appelé l'artérialisation du sang veineux, et à partir de ce moment la coagulation n'est plus à craindre, le sang peut se conserver même plusieurs heures et dans tous les cas les manœuvres de l'injection peuvent se pratiquer sans hâte et sans précipitation. De plus, la crainte de l'épaississement du liquide faisait considérer aux opérateurs comme fort utile de le pousser d'un seul coup dans le système vasculaire. Le cœur, dans ce cas, surpris par une ondée trop forte, se distend outre mesure et peut s'arrêter en diastole. Enfin, comme c'est à du sang veineux qu'on a le plus souvent recours, ce sang est injecté tel quel, tandis que la manœuvre de la défibrination le transforme pour ainsi dire en sang rouge. En un mot, l'opération gagne infiniment en sécurité, sans rien perdre de son efficacité : tels sont les principaux arguments invoqués par les auteurs que nous venons de citer et que M. de Belina a surtout résumés avec chaleur et talent.

Voici maintenant les raisons entassées par Gesellius contre la défibrination du sang, je les présente ici dans leur forme succincte et quasi-aphoristique, comme l'auteur l'a fait dans son travail (P. 104-106).

1° *Perte de temps* de 15 minutes au moins causée par la défibrination ; de sorte que la transfusion risquera d'arriver trop tard surtout à la suite des hémorrhagies foudroyantes, de l'asphyxie, etc.

2° *Activité vivifiante bien moindre du sang défibriné ;* ce qui est prouvé par ce fait qu'il faut en injecter une bien plus grande quantité pour arriver au succès.

3° L'opinion que le sang défibriné artérialisé au contact de l'air est comparable au sang artériel est une erreur, car c'est seulement par le processus d'oxydation qui se passe dans le poumon que peut être détruite la veinosité du sang même défibriné et non par l'agitation.

4° Le sang est un tissu collectif, le sang défibriné n'est plus qu'une portion de sang.

5° Nous ne savons pas ce qu'on enlève au sang

en le privant de la fibrine. Rappelons ici le travail de Frantz Glénard, de Lyon, qui considère la fibrine plasma comme la partie vivifiante par excellence, comme la réserve des globules rouges.

6° Il est plus que vraisemblable que les manœuvres de la défibrination modifient la constitution moléculaire des corpuscules sanguins.

7° Mittler et Gesellius n'ont jamais obtenu avec le sang défibriné entre animaux de même espèce des succès comme avec le sang entier.

8° Dans la transfusion de sang entier la déplétion préalable correspondante est inutile.

9° Au contraire, avec le sang défibriné, la déplétion préalable est indispensable ; l'expression la plus conforme pour désigner la transfusion de sang défibriné serait infusion déplétoire d'une portion de sang (*depletorische infusion*).

10° Le sang défibriné des mammifères agit sur les mammifères d'une espèce différente presque toujours comme un poison, et tue le plus souvent même en petite quantité.

11° Au contraire, le sang *entier* d'animal d'une autre espèce agit sur le mammifère, même en grande quantité, rarement d'une façon nuisible; il n'est jamais mortel.

D'après Magendie, la fibrine facilite la progression des corpuscules sanguins dans les capillaires des poumons, de la rate et des reins ; de sorte que les infarctus de ces organes ne sont pas à craindre tant que la fibrine est dissoute, mais peuvent se

montrer par le fait de son absence avec le sang défibriné; d'après Magendie, l'absence de fibrine est
une des causes des transsudations séreuses et
sanguinolentes dans le poumon et le canal intestinal.
Rappelons ici que les chiens auxquels de Belina a
pratiqué des transfusions de sang défibriné, (expériences sur lesquelles est édifiée sa thèse, dont
Gesellius réfute très-longuement les conclusions),
sacrifiés quelque temps après, ont été trouvés avec
les poumons criblés d'infarctus. Les expériences de
Belina dont les sujets furent prématurément perdus
de vue par l'auteur n'ont donc peut-être pas toute
la rigueur nécessaire.

13° Demme et plus tard Mader ont vu des hémorrhagies profuses par l'intestin, l'utérus, le vagin
après injections de petites quantités de sang
humain défibriné.

14° Les mêmes symptômes, — transsudations
directes et sanguinolentes de Magendie, — ont été
observés par divers expérimentateurs après les
infusions de sang défibriné entre animaux de même
espèce.

15° On peut accorder au sang entier la propriété
favorable que, dans les hémorrhagies profuses, non
justiciables d'une intervention directe locale, telles
que hémorrhagies du poumon, de l'estomac, de
l'intestin, de l'utérus, il agit par sa fibrine qui se
coagule dans les vaisseaux hémorrhagipares.

16° La défibrination est antiphysiologique, con

traire à la nature, et tout ce qui est contraire à la
nature doit être rejeté à *priori.*

J'ajouterai que, quelles que soient actuellement
les incertitudes des théories relatives aux germes
parasitaires, il ne nous répugne pas d'admettre que
pendant ces manipulations, ces filtrations, le sang,
par son conflit avec l'air, son séjour dans les vases
et son passage à travers la flanelle, ait le temps de
se charger des germes si nombreux qui existent par-
tout dans l'atmosphère, et puisse ainsi contaminer
la masse tout entière du liquide sanguin. Peut-être
même ne serait-il pas impossible que ces globules,
ainsi déformés et introduits sans leur véhicule naturel, la fibrine, dans un organisme nouveau, y
puissent dans ces conditions, provoquer eux-mêmes
des embolies capillaires, et produire précisément
les accidents que les défibrinateurs ont surtout pour
but d'éviter?

Pour toutes ces raisons, nous n'hésitons pas à nous
déclarer franchement en faveur du sang complet.
Nous voudrions bien joindre à nos argnments ceux
que nous offrent les cas déjà nombreux de la pratique française ou russe, que le succès a suivis, mais
les luttes récentes pour ou contre la défibrination
ne nous laissent plus rien à faire ; présenter les cas
heureux de sa pratique comme chose toute naturelle,
expliquer les insuccès par des raisons étrangères à
l'opération, scruter les faits de ses adversaires et
déclarer que l'issue a été favorable, malgré leur
manière de faire, et mortelle parce que la raison

l'exigeait : tel est le travail que tout transfuseur s'est imposé en prenant le public médical pour juge. On nous pardonnera de nous être abstenu de ces critiques où la sincérité ne tient pas toujours le premier rang : une statistique dans ces cas prouve bien peu de chose ; des faits plus nombreux et surtout plus froidement observés sont encore nécessaires.

La seconde question que nous devions examiner au début de ce chapitre est celle du sujet transfusant : Choisirons-nous un homme, accorderons-nous la préférence au veau, surtout au mouton, qui paraît particulièrement en faveur aujourd'hui ? Hé bien, nous avons le regret de constater que sur ce point si important de la pratique l'accord est moins fait peut-être encore que sur le précédent. Examinons donc et jugeons… si c'est possible.

Il y a quelques mois à peine, la transfusion animale n'était plus qu'un souvenir historique, quand soudain un grand cri de triomphe s'éleva de la Russie. Dans un travail fort bien fait, riche d'érudition, le docteur Frantz Gesellius, de Saint-Pétersbourg, annonçait une série de résultats dignes de fixer l'attention de tout praticien. Cet ouvrage avait à peine paru que Oscar Hasse, de Nordhausen, vint en confirmer point à point la précision. Hasse se préoccupe surtout de démontrer par ses transfusions ce que Gesellius avait déduit des observations consignées dans la science et que nous avons pour la plupart rapportées dans notre historique,

que le sang animal n'est pas nuisible à l'homme.
Hasse publie sa statistique. Il compte :

1 insuccès, non imputable à la méthode en raison des lésions graves du système nerveux.

3 cas dans lesquels l'amélioration fut insignifiante.

10 guérisons de maladies très-graves et incurables par d'autres moyens. Il s'applaudit surtout du puissant effet des transfusions avec le sang artériel de mouton contre la phthisie.

Dans les maladies chroniques les transfusions de 90 à 100 grammes de sang de mouton sont des plus utiles, mais les transfusions de 50 à 100 grammes sont encore efficaces dans un grand nombre de cas.

Les enfants de 1 à 2 ans bénéficient, eux aussi, de quelques centimètres cubes de ce sang régénérateur.

Ce travail eut un immense retentissement ; quelques mois après son apparition commencèrent en Italie les belles recherches dont nous avons parlé sur le traitement de la folie par la transfusion du sang d'agneau. De tous côtés, la pratique tendait à s'emparer de ce nouveau et si puissant moyen.

Mais, quelques esprits plus mesurés jugèrent qu'avant de le laisser se propager, il était prudent de soumettre à nouveau la question au contrôle de l'expérience. Alors sont nés les travaux de Ponfick, Worm Muller, Panum. Nous nous sommes fort étendu sur leur haute valeur scientifique. Nous ne saurions mieux faire que de reproduire les arguments du plus autorisé d'entre eux, le professeur Panum.

Tout en regrettant que l'auteur ait cru devoir donner tant de place à des questions personnelles que les débats scientifiques devraient, en tout état de cause, s'interdire, j'en emprunte le résumé au *Nordiskt Arkiv* du mois dernier.

« L'auteur démontre *que la transfusion faite, dans ces derniers temps, avec le sang de brebis et d'autres animaux, déjà essayée, abandonnée et condamnée il y a plus de deux siècles, est toujours une opération inutile et dangereuse.* Elle est inutile, parce qu'elle ne peut jamais rendre le service qu'on doit demander à la transfusion, les globules des animaux ne pouvant pas persister dans la circulation de l'homme, mais se dissolvant plus ou moins vite dans le plasma. De plus, cette opération est dangereuse, parce que le plasma du sang des animaux peut dissoudre une bonne partie des globules de l'homme, et parce que les produits de la dissolution des globules rouges de l'animal ou de l'homme peuvent produire, non-seulement une sécrétion des matières albuminoïdes et de l'hémoglobine avec l'urine, ainsi que des hémorrhagies capillaires, mais aussi une affection sérieuse des reins, qui peut occasionner une suppression plus ou moins complète de la sécrétion de l'urée. L'incitation passagère, produite par l'hémoglobine dissoute dans le plasma, a fait une grande impression sur les médecins et sur les malades, et les a trompés; car cet avantage est évidemment acheté trop cher : 1° par une affection des reins qui peut devenir dangereuse; 2° peut-être par la dissolution d'une grande partie des globules rouges du sang, dont le nombre est ordinairement déjà diminué par la maladie qui motive la transfusion. Heureusement pour les malades, la quantité de sang des animaux transfusée a, dans la plupart des cas, été sans doute très-minime et beaucoup moindre qu'on ne l'a évaluée. On a voulu calculer cette quantité en examinant combien de sang, dans un temps donné, s'écoule, dans un verre gradué, par la canule appliquée à la carotide de l'agneau; mais cette quantité ne répond pas à celle qui, dans le même temps, se serait écoulée de la veine, le sang se trouvant alors sous une pression très-variable, et qui quelquefois peut monter même à un degré égal à la pression du sang dans l'artère d'un agneau affaibli. La quantité de sang transfusée d'après cette mesure doit donc toujours avoir été beaucoup moindre qu'on ne l'a évaluée, et si l'on a l'intention de transfuser la petite quantité de 6 onces (selon la proposition de M. Gesellius), la quantité véritable transfusée sera quelquefois minime ou nulle. M. Hasse a voulu déterminer la quantité *suffisante*, en finissant l'opération au moment où l'on observe la dyspnée, etc. Mais la dyspnée dépend essentiellement de la vitesse avec laquelle le sang entre dans la veine et avec laquelle il remplit le cœur droit, nullement de la quantité de sang transfusé. Or, la transfusion de l'artère à la veine se fait ordinaire-

ment d'une manière beaucoup plus rapide que la
transfusion, à l'aide d'une seringue, du sang défibriné, et, par suite, la quantité de sang transfusé
d'après la proposition de M. Hasse sera, dans la
plupart des cas, beaucoup moindre qu'on ne se l'est
imaginé, mais quelquefois aussi elle peut avoir été
très-considérable, et plus grande qu'on ne l'a
voulu.

« L'auteur fait encore valoir qu'on ne peut pas
juger les différents procédés opératoires par le
nombre des cas dans lesquels les malades sont morts
ou non, peu après l'opération, si l'on néglige
(comme M. Gesellius) de ranger les cas d'après leurs
indications et d'après l'état actuel des malades. Il
est évident qu'une telle statistique irrationnelle
offre de meilleures chances pour l'application de la
transfusion, au moyen du sang des animaux, contre
la phthisie et contre d'autres maladies chroniques
où la mort n'est pas immédiatement imminente,
que pour l'application presque exclusive qu'on a
faite jusqu'ici de la transfusion du sang humain
dans les cas désespérés où l'on pouvait craindre
une mort prochaine.

« L'auteur arrive enfin, par la critique des travaux
de M. Gesellius, à Saint-Pétersbourg, et de M. Hasse,
praticien dans une petite ville du Hanovre, à cette
conclusion : que le public médical a été désorienté
et mystifié par l'audace inouïe avec laquelle M. Gesellius a démenti et falsifié les résultats clairs et nets
de la science, et a avancé des propositions arbi-

traires, contraires à la vérité; par la hardiesse avec laquelle M. Hasse a mis en pratique les idées de M. Gesellius; et par l'adresse qu'ils ont déployée, tous deux, aidés par l'imprimerie et la librairie des théâtres impériaux de Saint-Pétersbourg, pour mettre l'affaire en scène, au moyen des trois brochures : *Die Transfusion des Blutes,* von Dr. Franz Gesellius. — *Die Lammblut Transfusion beim Menschen,* von Oscar Hasse, et *Zur Thierblut-Transfusion beim Menschen,* von Dr. Franz Gesellius, dont la dernière, datée du 1er janvier 1874, n'est qu'une réclame pour le travail de Hasse, qui, comme on le voit à la dernière page, n'était pas encore imprimé au commencement de janvier de la même année. »

On le voit, la discussion est vivement engagée. Gesellius et Nordhausen succomberont-ils sous le poids d'attaques tombées de si haut? Rien ne peut laisser prévoir actuellement l'issue de la lutte. Toutefois, faisons remarquer ici que, tandis que les transfuseurs s'appuient sur l'observation et entassent pour nous convaincre les faits les plus probants, dédaigneux du malade et confinés dans les hauteurs de la physiologie, les adversaires ne mettent pas en avant un seul argument clinique; de sorte que, s'il nous fallait résumer l'état des esprits relativement à la transfusion animale, nous serions en droit d'écrire : Les cliniciens l'admettent et s'en félicitent; les physiologistes la condamnent.

Que si maintenant nous portons notre attention sur les avantages que, sans parler des suites, la

pratique reconnaît à cette opération, nous avoue-
rons qu'il y aurait mauvaise foi à les dissimuler.
L'animal présentera toujours sur l'homme cette
supériorité que son sang est inépuisable et toujours
prêt, enfin que, grâce à lui, dans l'intérêt d'une vie
compromise, on ne fera courir aucun risque à une
existence que rien ne menace.

Examinons, en effet, quelles sont les circonstances qui accompagnent habituellement une transfusion d'homme à homme.

Est-il besoin de m'étendre sur le choix du sujet
et de prouver en longs paragraphes, comme la plupart des auteurs, que le sujet qui donne son sang
ne doit pas être malade, qu'il ne doit souffrir ni du
cancer, ni de la syphilis, ni de la goutte, et quel
intérêt ont, à ce propos, les expériences de Deider
et de Viborg, qui ont communiqué à des chiens et
à des chevaux, par la transfusion, la morve et la
peste. Morveux et pestiférés peuvent être sans inquiétude, il ne viendra à l'esprit d'aucun homme
sérieux, je crois, de leur emprunter du sang. En
est-il de même pour le scrofuleux? A cette question posée très-sérieusement par certains auteurs,
nous répondrons que nul n'a démontré qu'il y ait
altération du sang dans la scrofule, et qu'en cas
urgent, le chirurgien fera bien de ne pas se montrer pour eux plus sévère que la science.

Ajouterai-je qu'on doit donner, autant que faire
se peut, la préférence au sang de l'adulte, au sang
de l'homme sur celui de la femme, car cette der-

nière est moins riche en globules? M. Belina prétend qu'il vaut mieux prendre du sang sur un
individu chez lequel la digestion vient de s'opérer,
parce que ce sang contient plus d'éléments de nutrition ; mais nous ferons remarquer, avec M. Sée,
que plus on se rapproche de la digestion, plus le
sang est coagulable, parce que sa température est
plus élevée que pendant l'abstinence.

Reste le choix moral. Autant que possible, on
choisira un membre de la famille, si on trouve dans
la famille un sujet dans de bonnes conditions d'âge,
de santé et de courage. Dans le cas que nous devons à M. Liouville, ce fut un ami du mourant,
un de ses camarades, de vingt-cinq ans, qui offrit
son sang.

Dans les hôpitaux, on ne se trouvera jamais au
dépourvu. Des exemples sans nombre ont prouvé
que le corps médical ne marchandait pas son dé-
vouement, et nous n'avons pas assez d'éloges pour
la belle conduite de ceux qui, se trouvant seuls
dans un cas urgent, s'ouvrent la veine, à l'exemple
de Nusbaüm et de Maurice Raynaud, au risque de
tomber eux-mêmes victimes de leur sacrifice.

Mais la lancette a perforé la veine ; la transfusion s'est opérée heureusement pour le transfusé ;
qu'adviendra-t-il du transfusant? Trouvons-nous
dans la science des observations qui nous permettent de répondre à cette question dont l'importance
n'échappera à personne? Ce sont encore les recherches de M. Malassez qui vont nous éclairer sur

cette question. C'est à la suite du fait rapporté dans le chapitre précédent que ces résultats ont été observés sur M. Landouzi, interne des hôpitaux.

Le sujet qui fournit le sang, élève du service, assez vigoureux, perdit 300 grammes.

Sauf, peut-être, un peu de faiblesse dans les jambes, le transfusant crut ne se ressentir en rien de la perte qu'il avait faite ; il faut dire qu'à onze heures il déjeunait de bon appétit.

La numération des globules du transfusant donne, le 10 février, quelques minutes avant la saignée, 4,300,000 hématies par millimètre cube, et 15 minutes après la saignée de 300 grammes, 4,000,000 d'hématies.

L'absorption, la digestion, l'assimilation ne se démentirent chez le transfusant ni le soir, ni les jours suivants, si bien que la numération donnait, 12 heures après la saignée, 4,100,000 hématies ; le lendemain, à 6 heures du soir, 4,100,000 hématies.

Le transfusant, jeune homme de 1^m63, pesant 62 kilogr., avait perdu seulement le quinzième de la masse totale de son sang, $\frac{4769}{500}$.

Il se répara donc avec une très-grande rapidité. En est-il de même dans tous les cas ? Ce que nous avons observé nous fait un devoir de répondre : non !

Nous avons vu à Lyon le docteur Garnier, alors interne, se laisser ouvrir la veine pour venir au secours d'une nouvelle accouchée ; on était en été, une épidémie de dyssenterie régnait alors ; sur cet organisme affaibli la maladie prit une gravité tout à fait insolite, et, deux mois après, le généreux interne était à peine convalescent des suites d'une diphthérie intestinale, qui, à plusieurs reprises, l'avait conduit aux portes du tombeau. Plus récemment, le sang d'un de nos amis, M. E. Vincent, interne des hôpitaux de Lyon, coula pour la même cause ; il paya son sacrifice d'une fièvre typhoïde légère. Cette maladie régnait alors, et qui pourrait dire que cet affaiblissement n'avait créé chez lui une susceptibilité dont l'aurait sans doute garanti sa robuste constitution ?

Nous n'avons pas la prétention de donner ces faits comme parfaitement concluants, et nous avouons que l'interprétation que nous en donnons ne nous semble pas à l'abri de toute controverse ; ce que nous tiendrons à faire ressortir, c'est le danger particulier que, du fait de leurs occupations habituelles, courent le médecin, l'étudiant, qui sacrifient si spontanément avec leur sang une partie de leur résistance morbide, et enfin la conclusion pratique que nous nous croyons en droit de tirer de ces faits, c'est que la prudence commande au transfusant de s'éloigner pendant un temps variable des foyers d'infection.

En terminant cette étude comparative de la transfusion animale et de la transfusion humaine, je voudrais formuler en quelques mots les déductions qui me paraissent en ressortir ; mais que d'incertitude encore, et à quelles réserves ne suis-je pas tenu ? En bon nombre de cas il y a urgence, le choix n'est pas possible, le chirurgien se servira du sang qu'il pourra se procurer le plus rapidement, voire, comme l'a conseillé récemment High-more, du sang perdu par le malade. Peut-être, lorsqu'il ne s'agira que de produire une stimulation nerveuse, de réveiller les organes que la déplétion du système sanguin rend inactifs, en un mot, de produire une action immédiate passagère, le sang humain ne présentera-t-il pas de supériorité marquée sur celui de l'animal.

Même indication de recourir à l'agneau, quand on jugera à propos de mettre en pratique la transfusion à doses réfractées.

Dans toutes les autres occasions, nous confessons qu'il nous serait bien difficile de ne pas accorder une plus grande confiance au sang humain.

Mais ce n'est pas tout d'avoir choisi le sujet qui donnera son sang, et déterminé si ce fluide sera injecté intact ou mutilé ; une nouvelle question se pose : quel est le vaisseau auquel nous demanderons le sang, quel est celui dans lequel nous l'injecterons. Nombre de méthodes ont été proposées et mises à exécution. Adoptant la classification très-nette de Roussel, nous diviserons la transfusion en transfusion dans la veine de sang veineux et de sang artériel, et transfusion dans l'artère de sang veineux et de sang artériel ; donc transfusion à l'homme du sang de l'homme,

§ 1. Veinoso-veineuse ;
§ 2. Veinoso-artérielle ;
§ 3. Artério-veineuse ;
§ 4. Artério-artérielle.

La transfusion à l'homme du sang animal comprend les mêmes subdivisions.

§ 1. — TRANSFUSION VEINOSO-VEINEUSE.

A *Sang humain*. — Il serait oiseux de s'étendre longuement sur cette méthode tant de fois déjà appréciée dans le cours de ce travail. Ses avantages regardent avant tout le transfusant, la saignée étant assurément la moins grave de toutes les opérations par lesquelles il peut fournir le liquide vivifiant. Nous la préférerions, toutes choses égales d'ailleurs, à l'introduction de la canule nécessitée pour l'injection directe, et qui, dans certains cas, peut produire des accidents immédiats (entrée de l'air dans les veines) ou tardifs (phlébite), suppuration, etc.

Le choix du vaisseau veineux du côté du transfusant nous semble commander celui du transfusé, et c'est toujours dans ces cas-là à la veine que nous conseillerions d'avoir recours. Le sang sort d'une veine pour pénétrer dans un vaisseau de même ordre ; c'est là une première condition heureuse ; on se souvient en effet que nous nous sommes demandé, à propos de la physiologie pathologique, s'il n'était pas plus avantageux et en tous cas plus rationnel de soumettre le cœur droit à son excitant naturel, le sang veineux, qu'au sang artériel.

Ajoutons que la bénignité de l'ouverture à faire au malade pour lequel on juge opportun d'employer cette dernière ressource peut peser encore d'un certain poids sur la détermination.

Nous n'avons qu'à choisir pour citer quelque exemple de cette méthode de transfusion. Roussel, Hasse, avant le livre de Gesellius, et la plupart des opérateurs français, en ont toujours fait élection. Dans son remarquable travail, M. Marmonier a recueilli 152 cas, suivis de 91 insuccès. Il nous serait facile d'ajouter à cette statistique nombre de cas publiés dans le cours de ces dernières années, si nous attachions plus de valeur à ce mode de recherches. Mais les détails qui les compliquent sont si divers, si peu comparables sous les circonstances qui les ont accompagnées, et d'ailleurs les auteurs ont mis tant de soins à décrire la mise en scène aux dépens des données véritablement scientifiques de l'opération que nous ne croyons pas devoir insister sur un travail dont les conclusions seraient fatalement frappées de stérilité.

Nous venons de parler de la transfusion au moyen d'appareils plus ou moins compliqués; nous ajouterons que dans le cas où l'on préférerait la transfusion directe, il est facile, grâce à une application fort ingénieuse de la contraction musculaire, de la faciliter beaucoup en donnant naissance à un courant de l'homme sain vers l'homme malade.

C'est à M. Parinaud, interne des hôpitaux, que nous en sommes redevables. Nous sommes heureux, du reste, de pouvoir reproduire une note que cet obligeant confrère a bien voulu nous communiquer.

« Il n'est pas un médecin qui n'ait été frappé, en pratiquant la saignée, de la tension que l'on peut développer dans les veines superficielles de l'avant-bras par l'application d'un lac au-dessus du coude et les contractions musculaires qui, en comprimant ces vaisseaux profonds, font défluer le sang vers la périphésie. — A en juger par la hauteur du jet au moment où l'on pique la veine, cette tension diffère peu de celle du système artériel.

« Au contraire : chez un malade qui a eu des hémorrhagies assez abondantes pour nécessiter la transfusion, la tension veineuse est presque nulle, à ce point que l'ouverture d'une veine volumineuse ne donne jamais lieu à un jet, et ne fournit pas toujours un suintement sanguin bien abondant.

« On comprend qu'il suffise de mettre en communication deux vaisseaux où le sang se trouve dans des conditions si différentes pour qu'il passe facilement de l'un à l'autre. C'est de toutes les transfusions directes la plus inoffensive et aussi la plus simple, puisqu'on peut, comme nous l'avons fait nous-même, la pratiquer, dans un cas pressant, sans instruments spéciaux. »

Voici une observation de transfusion pratiquée par ce procédé.

Observation. — Mademoiselle X..., âgée de dix-huit ans,

hémophile, ayant eu plusieurs hémorrhagies, dont une a déjà mis sa vie en danger.

Méthorrhagie durant depuis quinze jours.

La malade est sans connaissance et insensible à toute excitation depuis vingt-quatre heures. On ne sent plus le pouls radial. Un mélange de lait et de rhum versé dans la bouche ne provoque pas de mouvement de déglutition. En un mot, la vie ne se manifeste plus chez cette jeune fille que par les battements du cœur qui se contracte violemment et quelques inspirations profondes, éloignées comme dans les derniers moments de l'agonie.

M. Champtier de Ribes, interne des hôpitaux, offre son sang pour la transfusion, qui est faite en présence de MM. Bourceret et Hirtz, nos collègues.

Quelques secondes après l'application de l'instrument la malade se mit à respirer précipitamment et avec une sorte d'angoisse ; puis elle fit entendre des gémissemenrs plaintifs qui se changèrent bientôt en cris aigus ; après deux minutes et demie, elle ouvrit les yeux. Je l'interpellai, elle se tourna vers moi sans répondre.

L'instrument est resté en place pendant trois minutes et demie. Je m'assurai en le retirant, qu'il était resté perméable pendant toute l'opération.

Immédiatement après la transfusion, la malade est dans l'état suivant :

Le pouls radial est perceptible. La respiration est précipitée. Les yeux de la malade sont fixés sur les assistants : elle se tourne vers les personnes qui lui parlent sans répondre.

On lui fait prendre par cuillerées un mélange de lait et de rhum.

Une demi-heure après l'opération, elle recouvre la parole ; elle dit qu'elle se trouve mieux, elle demande à boire.

Le succès dépassait toute espérance, lorsqu'en se soulevant pour prendre une tasse de lait, la malade succomba subitement, six heures après l'opération.

B. *Sang animal.* — Lorsqu'il s'agit d'un animal les raisons tirées du transfusant, que nous venons de faire valoir, perdent leur valeur ; il en est de même des considérations que nous avait inspirées l'identité des deux sangs veineux, puisqu'aussi bien les partisans de cette pratique se soucient peu de satisfaire à cette condition. Nous comprenons donc mal que quelques auteurs, Heyfelder entre autres aient préconisé la transfusion veinoso-veineuse du mouton à l'homme. Il est vrai que ce chirurgien prétend tirer des indications de l'état du malade : s'agit-il de suppléer uniquement à une perte de sang, le sang veineux lui paraît suffire ; mais que le cas exige une excitation, une stimulation, c'est au sang artériel qu'il accorde toutes ses préférences.

§. 2. — TRANSFUSION VEINOSO-ARTÉRIELLE.

A. *Sang humain.* — Hueter a proposé la transfusion veinoso-artérielle il y a quelques années, dans un travail important que publia *le Centralblatt*. Il avait été précédé dans cette voie par de Græfe, qui la pratiqua en 1866 sur des cholériques. Les auteurs ont eu surtout pour but de faire arriver au cœur le liquide qui doit le stimuler, lentement et par ses voies normales, c'est-à-dire après régularisation faite du courant produit par son passage à travers les capillaires. De cette façon on pourrait injecter une plus grande quantité de sang, sans avoir à redouter les phénomènes de pléthore aiguë qui tiennent en échec tant de praticiens. La quantité moyenne, selon Hueter, devant être de 320 grammes. Que si on l'a dépassée et que la dose paraisse menaçante pour la vie du patient, les régions capillaires de la main et du pied retiennent toujours dès le début la quantité qui serait en excès et ne la rendent que lentement. C'est pourquoi Hueter préfère l'une de ces régions.

Autre avantage de la transfusion artérielle : on évite à coup sûr l'entrée de l'air dans les veines, qui a causé tant d'accidents graves. Quelques bulles d'air peuvent bien passer en dépit des précautions, mais dans le fin réseau des capillaires elles sont absorbées par le sang, tandis que dans la transfusion veineuse elles gagnent rapidement la cavité droite du cœur. Autre avantage : on évite la phlébite, qui trop souvent deviendrait suppurative chez les malades.

Hueter, en concluant, dit qu'au-dessus de tous ces raisonnements il faut placer l'expérience. Il ne veut pas condamner d'une façon absolue la transfusion veineuse ; mais il peut la comparer en connaissance de cause, ayant autrefois pratiqué quatre transfusions veineuses. C'est sur cette comparaison qu'il appuie ses opinions. Convaincu par ces raisonnements, Albanese a pratiqué la transfusion artérielle dans quatre cas de septicémie et trois d'anémie ; il compte quatre guérisons, trois d'anémie et un de septicémie.

A priori cette méthode nous semble passible de nombreuses objections ; l'auteur ne le nie pas et a tenu à les présenter avec leur réfutation dans son premier mémoire.

L'auteur discute les objections théoriques que l'on ne manquera pas de faire à sa méthode :

1° Est-il possible, par une si petite artère, d'injecter autant de sang et de le faire passer rapidement dans la circulation générale? Les injections cadavériques ont prouvé avec évidence que le fait est possible, même pour du liquide plus dense que le sang.

2° Ne doit-on pas redouter la coagulation et consécutivement la rupture de l'artère? Hueter lui-même avoue qu'il n'aurait jamais eu le courage d'affronter ce danger, s'il n'avait su qu'en l'automne de 1866 de Grœfe avait pratiqué l'injection dans la radiale des cholériques. Le premier cas de l'auteur fut chez un homme évidemment septicémique, à la suite d'une plaie de la moitié supérieure du corps ; les basiliques et les céphaliques étant détruites, il ne restait plus qu'à choisir entre une artère et la saphène : Hueter se décida pour la radiale ; dans huit cas, il vit ses efforts couronnés de succès.

Conclusions : 1° On peut en quelques minutes injecter 200 grammes de sang par une petite artère de la main et du pied.

2° Il ne se forme pas d'extravasat de quelque importance.

3° La plaie se cicatrise très-bien. Dans un seu cas de leucocythémie, le malade mourut au bout de sept jours, et l'on trouva une inflammation autour de la ligature.

Mais triomphe-t-on sans difficulté avec la seringue de la résistance qu'opposent le cœur, les artères et la masse propre du sang? L'expérience, sans doute, a démontré que la pression nécessaire à la transfusion artérielle est beaucoup plus forte que pour la transfusion veineuse; l'artère ayant une pression égale à celle des collatérales, on doit vaincre cette pression. Faible chez les anémiques, elle est à considérer dans les cas où le cœur a une impulsion considérable (septicémie, empoisonnements). Sur six sujets non anémiques, un seul a offert une difficulté telle, qu'il fallut abandonner la tibiale pour terminer par la veine céphalique.

Pour faire disparaître cet inconvénient, Hueter propose de saigner l'individu pendant l'opération même de la transfusion.

Certes cette opération est d'une exécution difficile, et plus que pour la transfusion veineuse, il faut que le chirurgien s'arme de sang froid. Elle s'est pourtant assez rapidement répandue en Allemagne et surtout en Italie, où le professeur Petrognio lui prédit déjà un grand avenir. Outre les cas de septicémie et d'anémie que l'auteur traita avec un grand succès par sa méthode, il nous faut compter aujourd'hui deux cas de gangrène où son intervention parut des plus heureuses.

1ʳᵉ OBSERVATION. — Chez un homme de 44 ans, qui, à la suite d'une longue exposition au froid, avait à droite les orteils, à gauche les orteils et la partie antérieure et interne de la région métatarsienne froids, et de plus insensible, une ponction faite en ce point ne donnant issue qu'à un liquide couleur laque, il injecta dans l'artère tibiale postérieure gauche environ 350 grammes de sang défibriné, retiré de la veine basilique du malade lui-même.

Pendant l'opération, la température du pied s'éleva notablement et progressivement ; et, au lieu de la ponction exploratrice faite préalablement, on vit souvent du sang pur. L'opération n'empêcha pas la mortification et la chute d'une partie des orteils, mais, d'après le rédacteur de l'observation, la ligne de démarcation de la gangrène fut reportée du métatarse, envahi avant l'opération, à la région des orteils ; et la guérison fut beaucoup plus rapide que pour le pied droit, bien que le mal y ait paru beaucoup plus localisé au début.

2e OBSERVATION. — Dans une seconde observation, il s'agit d'un homme atteint de gangrène des orteils, par congélation, avec fièvre violente ; son état était désespéré quand Hueter pratiqua, comme moyen antipyrétique, une transfusion de 280 grammes de sang humain défibriné, injecté dans l'artère radiale. Presque aussitôt, la fièvre tomba, et le malade guérit. Ce fait, ajouté à ceux d'Albanèse de Palerme, de Wilks et de Hasse, porte à trois le nombre des cas de transfusion faites comme moyen antipyrétique et suivis de succès.

Porter un jugement sur cette méthode avec ces documents paraîtrait téméraire. Assurément les raisons théoriques avancées par l'auteur et les faits qui paraissent si pleinement les confirmer, sont de nature à entraîner la conviction de plus d'un opérateur ; assurément aussi la complication du manuel opératoire et les connaissances tant anatomiques que chirurgicales exigées pour mener à bonne fin la recherche artérielle la feront longtemps rejeter comme ressource en cas d'urgence par les médecins peu familiarisés avec la pratique des opérations.

B. *Sang animal.* — Les considérations qui pré-

cèdent s'appliquant exclusivement au sujet transfusé, l'origine du sang importe peu ; nous n'aurions
donc qu'à les reproduire en ce qui concerne le
sang de mouton.

§ III. — TRANSFUSION ARTÉRIO-VEINEUSE.

A. *Sang humain.* — La possibilité de simplifier le
manuel de la transfusion en utilisant la pression
du sang dans les artères, l'idée préconçue que le
sang artériel est plus vivant, et partant plus vivificateur que le veineux, telles sont les deux raisons
qui paraissent avoir particulièrement pesé sur l'esprit des chirurgiens pour leur faire préconiser l'ouverture de l'artère sur le sujet transfusant. Les
essais avec la transfusion du sang *artériel* du mouton
célébrés par Hasse et Gesellius, et, d'autre part, les
travaux des physiologistes repoussant l'intervention d'un sang étranger, comme inutile ou nocive,
ne contribuèrent pas peu à pousser les esprits au-
dacieux dans cette voie.

Disséquer sur l'homme sain une artère moyenne,
radiale ou tibiale postérieure, et l'aboucher au
moyen d'un tube avec un orifice veineux du sujet
transfusé, telle est, en deux mots, l'opération pro-
posée et exécutée par le docteur Heyfelder, chirurgien de l'hôpital de Zémonoff, à Saint-Pétersbourg.
Cette audacieuse pratique compte aujourd'hui
deux succès. Nous doutons pourtant qu'elle s'ac-
climate jamais en France, où, passées au crible

d'une saine critique, les raisons sur lesquelles elle s'appuie paraîtront sans doute bien insuffisantes. Quoi qu'il en soit, on nous saura gré de reproduire ici l'une des deux observations publiées par M. Heyfelder; indépendamment de la méthode employée, elle présente, du reste, au point de vue des indications de la transfusion, un très-réel intérêt.

OBSERVATION. (Saint-Pétersbourg, 15-27 septembre.) — Afdotia Stepanowa, 36 ans. Phthisie datant de quatre mois. Souffles, infiltrations, cavernes.

Le docteur Höcher prépare la veine de la malade. Le docteur Heyfelder prépare l'artère du donneur de sang, solide jeune homme de 23 ans. L'artère brachiale dans le coude est découverte, soulevée par un fil à ligature du côté périphérique par une pince; du côté central, une canule de verre est introduite dans la veine, une autre dans l'artère. Le sang s'écoule une seconde par le tube de caoutchouc, qui est bientôt ajusté sur la canule veineuse, et le sang passe lentement et avec rhythme de l'artère dans la veine, le doigt qui retient la canule dans la veine y sent des pulsations régulières. La malade accuse un sentiment de chaleur dans le bras et la poitrine gauche, elle est un peu agitée, ses joues deviennent rouges en même temps que pâlissent celles de l'homme, mais il ne se développe absolument aucun des phénomènes perturbateurs ordinaires à la transfusion de sang de mouton. Pour être bien certain que le sang passe, je retire la canule de la veine. Je vois le sang couler, je replace ma canule dans la veine, et continue la transfusion jusqu'à 12 onces. La malade a un peu toussé, elle a les joues rouges, mais elle n'a ni dyspnée, ni douleurs de reins.

Le pouls de la femme se relève pendant l'opération, un frisson survint après 15 minutes, qui dura 5 minutes, suivi de sueur, chaleur, bon sommeil et appétit; pas de sang dans l'urine; au sixième jour la blessure était guérie, au septième la malade fît à pied un long trajet pour venir à mon dispensaire de chirurgie. Elle est en convalescence, ne se plaint plus de douleurs de poitrine, elle a le pouls assez plein, respire profondément et ne tousse pas, elle paraît mieux portante, avec un peu d'embonpoint, et voulait déjà au neuvième jour retourner à son travail. Pour l'en empêcher, je l'ai envoyée en convalescence dans un hôpital voisin, où le docteur Höcher la visite et constate sa convalescence progressive. Quant au donneur de sang, la blessure de la peau, longue d'un pouce, guérit *per primam*, sauf la place où passe le fil de ligature, qui se sépara le onzième jour. La ligature de l'artère fut suivie d'un abaissement de température de la main, qui dura deux heures et demie. Elle remonta progressivement, et le soir le patient ne remarquait déjà plus de différence. Le lendemain la température, la motilité, la sensibilité étaient absolument pareilles à celles de l'autre main et demeurèrent ainsi. Après trois jours de repos que notre homme employa à dormir et à bien manger, ainsi que notre peuple le sait si bien faire, il eut si bien réparé sa perte de sang, qu'il fut aussi florissant qu'auparavant, sans fièvre ni aucun malaise, et ce ne fut qu'avec peine que je pus l'empêcher de retourner au travail avant trois jours.

Quoique la circulation latérale se fût rapidement rétablie, le pouls radial manquait d'abord absolument. Au septième jour, on remarqua une légère pulsation profonde dans le voisinage de la radiale, vers l'apophyse styloïde du radius. Cette pulsation devint plus tard plus évidente mais profonde et dans une direction oblique, sans cependant devenir identique.

B. *Sang animal.* — Je ne reviendrai pas sur la question du mélange de deux sangs d'espèce animale étrangère. Le principe de son innocuité étant admis, il était naturel de demander à l'animal du fluide aussi complet, aussi vivant que possible; seul le sang artériel offrait ces conditions. Ce furent, comme nous l'avons vu, Gesellius qui en posa l'indication, Hasse la fit entrer dans la pratique. Scrutant le passé avec une rare puissance d'érudition, le premier y retrouvait dix-sept observations de l'animal à l'homme, et savait en faire ressortir toute l'importance dans un tableau qu'il plaçait à la fin de sa première brochure :

Nombre des cas de transfusion à l'homme.	Succès.	Insuccès.	Moy. 0/0 des insuccès.
19 transfusion avec le sang entier (non défibriné) de veau ou de mouton...................	17	2	11,7
146 transfusions avec le sang humain *in toto*...............	79	67	45,890/0
115 transfusions avec le sang humain défibriné................	36	78	68,900/0

La transfusion avec le sang de mouton inaugure, paraît-il croire, une ère nouvelle pour la médecine. Nous avons raconté les succès de Hasse, de Busch à Bonn, d'Albini à Naples, de Clüvermann à Cologne ; mais il faut bien reconnaître qu'il n'est pas très-praticable, du moins très-simple, de transporter un mouton vivant à côté du lit ou du fauteuil d'un malade, et là, d'établir, à l'aide d'un petit tube de 6 centimètres environ de longueur, la communication entre la carotide de l'animal et une des veines superficielles du bras du malade, veine qu'on aura coupée transversalement, et qu'on présentera béante, à l'aide de deux pinces, à l'introduction de la canule. C'est là le procédé de Hasse, modifié par Gesellius. La quantité de sang est, du reste, évaluée par la durée de l'écoulement, et l'opération arrêtée lorsque éclatent les symptômes d'une dyspnée, voisine de l'apnée.

Frappé de ces inconvénients, Frantz Glénard (de Lyon), dont nous avons développé plus haut les idées sur la coagulation du sang, s'est demandé si l'on ne pourrait pas en faire l'application à la transfusion de l'animal à l'homme.

Il paraissait fort simple, en effet, de se procurer, comme il le conseille, des segments d'un animal qui tiennent en réserve une quantité voulue de sang que l'on injectera sans hâte au moment voulu. Voici le *modus faciendi* conseillé par ce jeune physiologiste.

On fait abattre l'animal par la section du bulbe, et, immédiatement, à l'aide d'une longue incision de 20 à 30 centimètres, on fend la peau au lieu d'élection pour mettre à découvert la jugulaire. On l'isole le plus possible à l'aide des doigts ; on lie les collatérales au nombre de trois ou quatre, et on place une forte ligature à la partie inférieure de l'incision, aussi bas que possible ; le vaisseau se gonfle rapidement, et il n'y a plus que la ligature supérieure à serrer pour pouvoir enlever le segment.

Il est ainsi possible, en trois ou quatre minutes (la célérité opératoire est indispensable pour que l'animal puisse encore être saigné), de se procurer un segment contenant deux à trois cents grammes de sang, qu'on peut alors emporter dans sa poche, enveloppé d'un papier, avec l'assurance de retrouver le sang fluide, même après six ou huit heures...

Après saignée au pli du coude, préalable ou non, suivant l'indication, introduire dans la plaie veineuse l'extrémité mousse d'une petite canule dont l'extrémité opposée est taillée en bec de flûte acéré; puis, lorsque le sang du malade, dont on peut sacrifier quelques gouttes pour cathétériser les parois internes de la canule, apparaît à son extrémité libre, on plonge celle-ci dans le segment sans la changer de place; il n'y a plus alors qu'à enlever la ligature du bras, et la compression graduelle du segment videra peu à peu son contenu dans le système vasculaire du malade.

Suivant l'indication, on pourra varier la quantité du sang transfusé, et, si besoin est, substituer uu second segment au premier en faisant transpercer deux parois à la fois à la canule.

On peut ainsi injecter impunément 4 à 6 onces de sang, ou, après déplétion préalable, une quantité triple.

Il était facile de se procurer des segments de bœuf de 250, 300 grammes même de sang, en calculant 1 gramme de paroi par 10 grammes de sang, et il serait très-facile, d'après les expériences, de l'artérialiser à travers son vaisseau, en le plaçant dans un courant d'oxygène.

Et ainsi, dans les affections chroniques, certaines cachexies, etc., on pourrait répéter, à des intervalles variés, des transfusions de 150 à 200 grammes ou même moins, et, dans les intoxications, transfuser l'un après l'autre 2, 3, 4 segments, après déplétion préalable correspondante.

A ceux qui redouteraient, en injectant du sang stationnaire dans les vaisseaux, de ne le point trouver intact dans sa composition, nous répondrons par les observations du même auteur :

En effet, le globule a été trouvé intact. Le microscope en témoigne, et on sait du reste que, même dans le sang coagulé, il peut encore être le siége des échanges gazeux qui constituent sa fonction physiologique : en tout cas, on nous accordera qu'il est maintenu au moins aussi intact dans ces segments que dans le sang défibriné qu'on dit conserver sa propriété revivifiante pendant six à sept heures, malgré l'exposition à l'air libre. Du reste, même après vingt-quatre heures, l'examen microscopique du sang conservé fluide dans son segment retrouve ses globules rouges assez normaux, à moins que le segment n'ait été trop petit et l'évaporation trop rapide, pour qu'un observateur non prévenu puisse se croire en face d'un sang qu'on vient de soustraire à l'animal.

M. Glenard propose de substituer le bœuf au mouton, et fait en outre remarquer le petit volume de ses hématies.

« Quant au plasma, auquel en général on n'accorde qu'un rôle secondaire en ce qui concerne la transfusion, et qui pour nous est la vie même, l'agent vivifiant par excellence, ce plasma, comme l'entendait Harvey, nous pouvions compter sur lui, sachant que s'il était mort il serait coagulé, quand d'ailleurs le microscope prouve la conservation de son intégrité, de sa fluidité, même après vingt-quatre heures de séjour dans le segment. En tout cas, il était au moins aussi acceptable que celui du sang défibriné qui, malgré les filtrations, reste toujours encombré de particules fibrineuses (Otto Weber). »

Tels sont les nouveaux moyens mis à notre disposition par M. Glénard; l'expérience n'en ayant pas encore été tentée sur l'homme, nous sommes forcés, pour le juger, d'attendre les résultats ; mais dès aujourd'hui, il nous est permis d'augurer favorablement d'une méthode dont la généralisation serait un bienfait pour la pratique.

Nous avons déjà cité des observations de transfusion de l'animal à l'homme ; nous en reproduirons ici une autre fort intéressante, traduite du travail de Hasse.

Madame S. T., 31 ans, fut dans sa jeunesse chlorotique. Mariée à 19 ans, elle eut assez rapidement cinq grossesses, la dernière il y a cinq ans. Depuis cette époque, elle souffre de troubles hystériques. Il y a un gonflement et une rétroversion utérine, et des douleurs dans la fosse iliaque gauche. La digestion est difficile, inappétence, langue sèche, mauvais goût à la bouche, météorisme, constipation, sommeil très-agité avec de fréquents cauchemars. Le panicule graisseux est bien développé ; mais le teint est pâle et le pouls petit. Les règles vont bien, la malade fit en 1870 une saison d'eau à Elster, 1871 à Carlsbad et 1872 à Ems, sans succès. A Elster comme à Ems, les médecins diagnostiquèrent une anémie causant des troubles des yeux plutôt que de l'utérus. La malade prit des bains ferrugineux, but de l'eau ferrugineuse. Le médecin d'Ems ordonna encore une cure des eaux de Schwalbach, toujours sans succès.

Je me décidai à faire la transfusion. L'opération fut pratiquée le 21 juillet 1873. Je me servis d'un agneau auquel on avait déjà enlevé du sang. Notre malade avait des veines très-petites et difficiles à voir sous une épaisse couche de graisse.

La transfusion fut commencée à 6 heures 45 du soir. La malade se sentit tout d'abord oppressée. Douleurs de l'estomac et de tout le corps; sensation d'anéantissement. L'opération dura 90 secondes.

6 heures 50. Douleur au sacrum et aux lombes.

7 heures. Léger vomissement muqueux. Les douleurs stoma. cales, sensibilité particulière de l'abdomen, disparaissent. Pieds chauds, pouls à 78 degrés. La malade, depuis le commencement des symptômes de réaction de la transfusion, s'est remise et peut s'occuper de son ménage.

7 heures 5. Pouls 90 degrés, pieds froids. Douleurs aux régions lombaire et sacrée.

7 heures 15. Douleur dans tout l'abdomen. La douleur se sent assez bien.

7 heures 30. Température 37°,4. Douleur épigastrique complétement disparue. Pieds froids, céphalalgie.

7 heures 50. La malade a froid aux mains et aux pieds. Frisson général, céphalalgie violente, légères douleurs lombaires et sacrées ainsi qu'abdominales.

8 heures 25. Température 38 degrés. Léger froid aux pieds.

8 heures 35. Température 38°,8.

8 heures 45. Température 38°,6.

9 heures, 9 heures 45 et 10 heures. Température 38,4. Bonne nuit.

22 juillet, 5 heures du matin. Emission difficile de 200 centimètres cubes d'une urine noire, teintée de sang et contenant de l'albumine.

8 heures du matin. 37°,2. Pouls 84 degrés. Légère douleur thoracique, dorsale, pelvienne. Bien-être dans la région épigastrique. Appétit médiocre, langue un peu chargée Légère coloration ictérique de la conjonctive bulbaire et légè

res ecchymoses. Pendant la journée, émission de 600 centimètres cubes d'urine colorée, limpide, sans albumine.

23 juillet. Nuit satisfaisante, la conjonctive bulbaire est redevenue blanche, l'appétit médiocre, l'estomac va encore bien, digestion meilleure. Plus de douleurs pelviennes, mais faiblesse des membres. L'urine normale s'élève à 1000 centimètres cubes. Pouls à 80 degrés.

27 juillet. Appétit meilleur, angoisse et agitation, la malade est très-occupée chez elle. Son métier est fatiguant et elle manque du repos nécessaire.

12 août. La malade a une physionomie meilleure, bon appétit, sommeil réparateur. Plus de douleurs d'estomac. En un mot, la malade est absolument guérie. Ses forces sont revenues.

Nous avons dit que cette méthode avait trouvé grande faveur en Italie ; quelques modifications lui ont pourtant été apportées, en vue de remédier à certains inconvénients qui tiennent plutôt, croyons-nous, du manuel de chacun en particulier.

L'auteur s'inquiète des troubles de cyanose et de pléthore qui surviennent fréquemment. Ces troubles tiennent, au dire de Ponza, à l'angoisse extrême qu'éprouve le cœur droit, dans lequel le sang veineux arrive ordinairement lentement, quand l'onde artérielle de l'agneau fait irruption avec une rapidité foudroyante, la tension artérielle de l'agneau étant sept fois supérieure à la tension veineuse de l'homme.

Pour confirmer cette vue, l'auteur raconte que dans deux cas il plaça un tube de gomme élastique intermédiaire à la canule de Caselli, de 20 centimètres dans l'un et de 8 dans l'autre. Or, dans le premier cas, on n'observe pas de reflux ; le patient n'éprouve pas de pesanteur cardiaque, de suffusion conjonctivale, et de trop grande rougeur des joues. Dans le second cas, avec un tube plus court, la rougeur des joues et de la poitrine fut diffuse et intense, l'injection de la conjonctive très-accentuée, la cyanose à peine prononcée.

On diminue donc les effets de ce choc trop rapide en allongeant le tube.

Mais, croyez-vous, répond Ponza, que 12 centimères suffiront à adoucir le choc, lorsqu'il est, en réalité, sept fois plus grand ; les calculs de Hasse nous apprennent que le sang d'une carotide d'agneau équivaut à une pression de 2 mètres. On annulera cette pression par un tube de 2 mètres ; on le diminuera de moitié par un tube de 1 mètre ; mais par le tube élastique de 12 centimètres, elle sera à peine diminuée d'un 16ᵉ, et en tenant compte de la pression sept fois plus grande dans la carotide de l'agneau que dans la veine de l'homme, la diminution se borne à quelques fractions insignifiantes.

Un moyen plus efficace de diminuer cette pression serait de choisir une artère plus éloignée du centre circulatoire que la carotide : la fémorale, par exemple. Ajoutons pourtant que cette cyanose et ces phénomènes de dyspnée sont assez peu prononcés pour que Heyfelder n'ait pas craint de mettre en usage la chloroformisation, sans avoir eu, du reste, à la regretter.

§ 4. TRANSFUSION ARTÉRIO-ARTÉRIELLE.

A. *Sang humain*. — Cette différence de pression entre l'artère d'un sujet sain et la veine d'un agonisant est telle que quelques auteurs se sont demandés s'il n'y aurait pas avantage à choisir, également une artère. comme vaisseau transfusé, Je ne reviendrai pas sur les avantages que Hueter a fait valoir pour l'application de sa méthode veinoso-artérielle ; il est évident qu'on les retrouve tous dans le cas qui nous occupe. Je me bornerai à relater les deux seules observations que possède la littérature médicale.

Iʳᵉ Observation. (Dʳ Kuster, hôpital Augusta à Berlin.) — Pauline P..., 20 ans, belle jeune fille un peu pâle. Depuis six mois, tumeur de la hanche gauche s'étendant jusque auprès des vertèbres.

Symptômes scrofuleux, herpès conjonctival, ozene, etc. Ponctions répétées de la tumeur ; pus sanguinolent, floconneux, liquide, qui bientôt s'épaissit.

Plus tard, ouverture de l'abcès. La sonde pénètre par deux fistules jusque dans le bassin, sans rencontrer d'os carié. Fluctuation s'étendant vers l'épine iliaque antéro-supérieure gauche. Ponction. Incision vers l'épine, qui conduit jusqu'à une poche suppurée du muscle iliaque interne, sous le péritoine. Drainage tout en travers du bassin ; grande suppuration, qui diminue l'état fébrile ; grand épuisement.

Transfusion. Une amie de la malade, très-robuste fille, à l'hôpital pour une colossale hypertrophie des seins, offre son sang.

25 mars 1874. Une grande difficulté se présente à l'opération, parce que la canule du transfuseur était trop grosse

pour l'artère radiale, et que nous dûmes la remplacer par une canule taillée en bec de plume. 2ᵉ0 cc. de sang furent transfusés sans le moindre symptôme perturbateur, quantité que nous n'avons jamais atteinte avec le sang de mouton, à cause de l'extrême dyspnée qui se produisait.

Cependant, malgré l'absence de ces symptômes, il se produisit, une heure après, un frisson de trois quarts d'heure, avec une élévation de température à 39°,2.

Le soir, la malade est sans fièvre et a un appétit extraordinaire.

Les forces se relèvent; la suppuration diminue. Aujourd'hui, après trois semaines, l'amélioration est indéniable. La blessure du bras guérit par première intention chez la malade, mais non sur celle qui a donné le sang, dont l'artère fut un peu maltraitée par la canule disproportionnée. Cependant elle se couvre de granulations, après un léger phlegmon qui se produisit à la chute de la ligature.

IIᵉ Observation. (Dʳ Kusta.) — Une femme souffrant depuis six semaines de violentes métrorrhagies causées par un polype muqueux de la cavité utérine, subit l'extirpation du polype, et la rugination de sa base avec une curette tranchante. L'hémorrhagie fut peu considérable, mais laissa cependant la malade très-affaissée. Douze heures après, symptômes de péritonite, vomissements, ventre douloureux. Le lendemain, épanchement; pouls à peine sensible. Température, 39°,2.

Prostration croissante des forces.

Nous serions dans la pensée que la péritonite serait peut-être entravée par le relèvement suffisant du pouls.

15 avril. 90 cc. de sang de mouton sont transfusés dans l'artère radiale gauche. Pas de phénomènes perturbateurs ; le visage devient cependant un peu bleuâtre. Une demi-heure après, frisson intense ; élévation de température à 39°,6. Le soir, la malade est un peu mieux. Température, 38°,3. Cependant l'affaissement est toujours considérable.

Sur ces entrefaites, survient le fils de la malade, solide jeune homme, qui accepta de donner du sang à sa mère, et aussitôt une seconde transfusion fut pratiquée, de 215 cc. , du sang de l'artère radiale gauche du fils dans l'artère radiale droite de la mère.

Pas un seul symptôme perturbateur. Le pouls redevient sensible ; la malade devient plus gaie et reprend une nouvelle espérance. Frisson. La température monte à 39°,3.

Mais bientôt surviennent de nouveaux vomissements ; les forces retombent de nouveau. La mort arrive sept heures après la seconde transfusion.

Autopsie. — Endométrite purulente ; pus massif dans la trompe droite. Péritonite généralisée. Hypérémie assez considérable des reins, pendant que tous les autres organes sont très-pâles et anémiques. Les bouts centraux des artères sont presque tout à fait vides de sang, pendant que les bouts périphériques, sur une grande longueur, sont fermés par une gelée sanguine. On ne peut voir sur la tunique interne aucune ésion produite par la canule.

La constante absence de suffocation, même dans la transfusion d'une grande quantité de sang humain, est un phénomènetrès-intéressant au point de vue physiologique. Cela donne à penser que la production de ce symptôme par le sang artériel de mouton tient à un effet spécifique de ce liquide.

« Il est parfaitement prouvé, dit Roussel à ce propos, que la section et la ligature du calibre de la radiale ne sont suivies d'aucun danger considérable. Il s'agit seulement de trouver un homme qui, par intérêt pour un autre homme, veuille soumettre son bras gauche à une incapacité de travail de huit jours. » (?)

B. *Sang animal.* — Même remarque à propos de l'injection du sang de la carotide de l'agneau dans la radiale ou la tibiale postérieure d'un malade. Une seule observation constitue tout le bilan de

cette méthode; elle appartient à Schliep, chirurgien à l'Augusta-Hospital, de Berlin.

Observation. — Il s'agit d'un homme de vingt-huit ans,
blessé le 19 janvier 1871, à Saint-Quentin. Il avait eu la
cuisse brisée par une balle ; on le traita par la méthode con-
servatrice. Le 8 septembre 1873, on admit cet homme à Augusta-Hospital ; il présentait des abcès et des trajets fistuleux
à la cuisse ; on fit l'extraction de la balle le 3 octobre. Il y eut
suppuration abondante, l'affaissement se prononçait de jour
en jour, et vers le milieu de novembre, il apparut de l'albuminurie ; on décida l'urgence de la transfusion.

La première expérience fut pratiquée le 9 décembre. On
voulait transfuser au malade le sang d'un mouton. Une canule
était fixée dans la carotide de l'animal, et une autre canule
fut introduite dans la veine médiane basilique du bras gauche
du malade et fixée par une ligature. Les deux canules furent
mises en communication par un tube élastique, mais la coagulation dut faire abandonner l'opération de peur de produire
des embolies. Le tube et les canules étaient bouchés par des
caillots. On réséqua la partie de la veine qui avait été liée.

La seconde expérience fut pratiquée le 22 décembre. Cette
fois, on employa un appareil plus perfectionné, et l'on mit
une canule d'argent dans la carotide du mouton et l'autre dans
l'artère radiale du malade, à l'avant-bras droit, après avoir
lié le bout central de l'artère, la canule étant dirigée vers la
main dans le bout périphérique. On fit pénétrer ainsi trois
onces de sang dans la main, et par suite dans le système vasculaire du malade, injectant environ 8 grammes de cinq en
cinq secondes. Lorsque deux onces eurent été injectées, il se
produisit une vive rougeur de la face et de l'oppression ; le
docteur Kuster voulut pratiquer une saignée du bras gauche,
mais elle produisit peu de sang, parce que l'opération précédente avait rétréci le calibre des veines. Après l'injection
de trois onces de sang, le visage était encore coloré et
l'oppression augmenta, le malade se plaignit de douleurs
vives dans les reins, on cessa l'opération. La main de l'opéré
était très-peu gonflée. Une demi-heure après l'opération, la

rougeur de la peau, l'oppression disparurent à la suite d'un léger frisson. La température s'éleva à 39°,6; deux heures plus tard, elle était à 39 degrés, et deux heures plus tard, à 38 degrés. Il y eut dans les jours suivants une amélioration notable; aucun trouble circulatoire ne se produisit, mais la suppuration et l'albuminerie jusqu'à présent n'ont pas offert de changements.

En dehors de la ligature de l'artère radiale et de la résection d'une veine, et sans parler des accidents qui ont fait interrompre l'opération, nous ne voyons guère quel bénéfice le malade en a retiré. Pareilles tentatives ne sauraient manquer de compromettre la cause même de la transfusion.

§ 5. TRANSFUSION DANS LE TISSU CELLULAIRE

Nous avons assez longuement insisté, dans un de nos chapitres précédents, sur les phénomènes qui se passent à la suite de l'injection de sang dans le tissu cellulaire. C'est l'examen de ces faits qui a poussé, de son aveu, M. Landenberger à recourir chez l'homme, à cette pratique qu'il recommande surtout dans les maladies chroniques, et dont il n'aurait, paraît-il, qu'à se louer.

Tout dernièrement, ce procédé a été mis en usage par M. le docteur Nicaise, avant qu'il connût les faits de Landenberger et dans des circonstances fort intéressantes. Nous devons à l'obligeance de ce chirurgien de pouvoir les relater à cette place, et nous le prions de vouloir bien agréer ici nos plus vifs remerciements.

OBSERVATION. *Cancer du col. Métrorrhagie. Transfusion. Thrombus. Mort.* Par M. Nicaise. (Cette observation est rédigée en partie sur des notes recueillies par M. Rafinesque, interne des hôpitaux.)

C... âgée de 36 ans, concierge, entre le 28 avril 1875, à l'Hôtel-Dieu, salle Saint-Maurice, n° 8.

Pas de maladies antérieures. La malade a été réglée à 16 ans et les règles ont toujours été régulières. Elle n'a eu ni enfant ni fausses couches ; pas de fleurs blanches, aucune maladie des organes génitaux.

Il y a neuf mois, la malade a commencé à ressentir quelques douleurs vagues dans le ventre ; puis elle eut des métrorrhagies ; les règles, au lieu de cesser au bout de 4 ou 5 jours, se prolongeaient 8, 9, 10 jours, et étaient remplacées, jusqu'à leur retour, par un écoulement peu abondant, blanc-jaunâtre, assez épais, empesant le linge et le tachant en jaune clair. L'état général était assez bon, affaiblissement peu prononcé.

Il y a six mois, elle entra à l'hôpital pour une affection thoracique de peu de durée.

Peu à peu la santé s'altère, les pertes sanguines augmentent d'abondance et de durée. Depuis trois mois elles sont presque continuelles et renferment de gros caillots. Les liquides perdus ont pris, surtout depuis un mois, une odeur cancéreuse très-prononcée. La cachexie a fait des progrès rapides ; les douleurs ont toujours été peu intenses, mais la malade s'est affaiblie, il est survenu de la pâleur et de la bouffissure de la face ; l'appétit a disparu, puis le sommeil. Depuis un mois, elle vomit presque tous ses aliments ; elle a eu plusieurs syncopes à la suite d'hémorrhagies abondantes et l'amaigrissement a fait de rapides progrès. Pas d'œdème des extrémités.

Depuis 4 ou 5 jours, les pertes sanguines ont pris une abondance extrême. La malade entre à l'hôpital ; à peine est-elle installée dans son lit qu'une hémorrhagie très-rapide se produit. On l'arrête au moyen de la position et de la glace sur l'abdomen.

29 avril. Etat à l'entrée. — Décoloration de la peau et des muqueuses ; faiblesse extrême, bouche sèche, amère. La ma-

lade a à peine la force de parler. Le pouls es fréquent, filiforme. Les vomissements sont presque incessants et empê-
chent absolument toute alimentation par la bouche ; les boissons glacées même sont rejetées. Pas ¡d'œdème des extrémités

Le palper de l'abdomen ne donne rien, mais le toucher indique que le vagin est rempli par une tumeur du volume du
poing, assez résistante, pyriforme, lobulée, formée par l'ac-
colement de deux lobes principaux entre lesquels le doigt pénètre facilement.

Le doigt, en contournant la tumeur, arrive jusqu'aux culs
de sac vaginaux qui sont libres ; le col a complétement disparu ; l'on trouve au fond du vagin le pédicule de la tumeur
et en arrière de lui deux ou trois mamelons, qui paraissent
représenter la lèvre postérieure du col, la tumeur s'étant développée surtout aux dépens de la lèvre antérieure. L'odeur
est caractéristique d'une affection cancéreuse.

Il s'agit là d'un cancer épithélial du col à forme végétante,
en choux-fleurs.

Il y a une indication nette et absolue, c'est celle de faire cesser les hémorrhagies, auxquelles la malade va succomber dans
un bref délai ; cette indication peut être remplie, dans ce cas
particulier, en enlevant la tumeur, qui, par sa forme, se prête
facilement à une opération.

Je procède, séance tenante, à l'opération ; la tumeur est
extirpée en deux fois, le premier lobe est enlevé avec l'écra-
seur de Chassaignac, le second avec celui de Maisonneuve.
Aucune tentative d'abaissement n'est faite sur l'utérus. Il n'y
eut ni syncope, ni perte de sang pendant l'opération. Il reste
sur la partie postérieure du col 2 ou 3 petits mamelons qui
ne peuvent donner lieu à une hémorrhagie inquiétante.

Lavements de bouillon et de vin. Potion de Todd par cuillerées, glace.

La journée est assez bonne ; légère diarrhée ; les lavements
alimentaires sont gardés. La malade vomit tout ce qu'on lui
donne, elle ne conserve que la bière. La nuit est assez bonne,
peu de sommeil.

30 avril. L'état de la malade est très-grave, il semble à cha-

que instant qu'elle va s'éteindre. Elle souffre de palpitations extrêmement violentes ; les pulsations atteignent le nombre de 160 par minute ; l'angoisse est extrême.

Je me décide à pratiquer la transfusion, dans l'espérance de soutenir la malade pendant quelques jours et de lui permettre de supporter un traitement réparateur.

M. Colin m'assiste dans cette opération, je me sers de son appareil qui est d'un maniement très-simple et qui permet d'éviter toute injection d'air.

Je choisis la veine médiane basilique gauche, qui paraît la plus volumineuse. Cependant, elle se distend mal et reste un peu aplatie, ce qui tient à l'état exsangue de la malade. La ponction de la veine faite avec un petit trocart *ad hoc* présente des difficultés ; une petite incision cutanée faite sur le trajet de la veine permet de pénétrer plus facilement dans son intérieur. A ce moment, on pratique la saignée sur le sujet qui fournit le sang, lequel tombe directement dans l'appareil de M. Colin. Le premier coup de piston pénètre bien ; au second, un thrombus se forme autour de la veine, je suspens l'opération après le troisième. La canule avait quitté la veine. Dix grammes de sang environ ont pénétré dans la veine et vingt grammes dans le tissu cellulaire. Compresses froides sur le pli du coude. Digitaline.

Dans la journée les vomissements ont cessé, pour reprendre un peu le soir.

1ᵉʳ mai. La malade est plus calme, il n'y a pas de palpitations, pas de syncope ni de frissons. Une diarrhée légère persiste, mais les lavements alimentaires sont en général gardés. Au pli du coude, toute tumeur a disparu, il semble que l'épanchement soit en partie résorbé.

Vin et eau de Seltz, bouillon, glace, digitaline. Lavements de bouillon et de vin.

2 mai. Des vomissements verdâtres, répétés, ont lieu dans la journée d'hier, et cette nuit, diarrhée arrêtée par des lavements laudanisés. Abattement profond, les palpitations reparaissent, mais moins fortes. Pas d'écoulement par le vagin. Douleur vive au niveau de l'hypogastre, spontanées et à la pression ; pas de ballonnement du ventre.

Les vomissements et les palpitations cessent dans la journée ; somnolence. La fièvre augmente brusquement le soir.

3 mai. Pas de vomissements, un peu de délire, collapsus. La malade meurt à 10 heures du matin.

Autopsie. — Les poumons sont sains, le cœur est petit, mou et ne renferme pas de caillots.

A l'ouverture de l'abdomen, on constate une péritonite avec sécrétion séro-purulente.

La trompe gauche est considérablement dilatée ; elle a environ le volume du pouce et décrit des sinuosités. Elle est pleine de pus et présente une partie amincie, éraillée, qui a pu permettre au pus de passer dans le péritoine ; le pavillon est oblitéré.

La trompe droite est aussi volumineuse que la gauche, elle est de même gorgée de pus ; le pavillon oblitéré a abandonné l'ovaire et est venu se fixer sur le bord de l'utérus, en avant de l'origine de la trompe à laquelle il appartient.

Les deux ovaires sont sains. L'ovaire gauche est situé au milieu d'un amas de fausses membranes qui l'englobent ainsi que les pavillons de la trompe gauche.

Le col de l'utérus est détruit, il n'en reste que quelques bourgeons cancéreux. Rien à signaler dans la cavité utérine ; la paroi postérieure de l'utérus renferme dans son épaisseur un myôme de la grosseur d'une noix ; un second myôme du volume d'un pois existe dans le péritoine de la face postérieure.

Pas de lymphangite sur les bords de l'utérus. Les ganglions iliaques et lombaires sont sains.

Au niveau du point où la transfusion a été pratiquée, on constate que la tumeur formée par l'épanchement sanguin a disparu ; le tissu cellulaire, sans être augmenté d'épaisseur, est noirâtre.

La veine piquée mesure 8 millimètres de circonférence ; les parois sont épaissies ; la lumière est diminuée. La piqûre est oblitérée. Dans l'intérieur de la vessie, au-dessus de la piqûre, existe un petit caillot filiforme de 2 centimètres de long. Il y avait donc eu phlébite.

« Cette observation, ajoute M. Nicaise, peut donner lieu à quelques remarques portant sur la coexistence du cancer épithélial du col et des myomes, sur l'existence de la salpingite et le développement de la péritonite ; mais je me bornerai à ce qui a trait à la transfusion.

« Cette opération a été pratiquée dans l'espérance de remonter un peu la malade et de permettre l'action d'un traitement approprié. Malheureusement, un accident a forcé à interrompre l'opération : la canule, que je n'avais probablement pas introduite assez profondément, s'est dérangée, et il s'est formé un thrombus.

« Le lendemain, la malade était sensiblement mieux, aussi ai-je renoncé à pratiquer une seconde transfusion. Peut-être est-il permis de supposer que la résorption rapide du thrombus a eu quelque influence heureuse sur l'état de la malade. C'est là une hypothèse qui demande à être vérifiée par l'expérimentation. »

DES PROCÉDÉS ET DES INSTRUMENTS

La description complète de tous les instruments qui ont été proposés pour la pratique de la transfusion dépasserait de beaucoup les limites de ce travail, nous n'avons pas la prétention de l'entreprendre ; nous nous bornerons à indiquer les principes généraux qui ont présidé à leur construction et le parti qu'on en peut tirer suivant les circonstances.

Et d'abord, disons-le immédiatement, l'idéal de la transfusion serait de faire passer directement le sang d'un vaisseau dans un autre, en interposant le moins d'instruments possible. On a tenté de le réaliser dans la transfusion directe ou immédiate. Le fait de recueillir le sang et de le porter dans le vaisseau du transfusé à travers un plus ou moins grand nombre d'appareils, mais sans le soustraire au contact de l'air, constitue le procédé dit de transfusion indirecte ou médiate.

§ 1er. — TRANSFUSION DIRECTE.

Le plus simple de tous les appareils destinés à pratiquer la transfusion directe est sans contredit le tube armé de deux canules. De tout temps les expérimentateurs y ont eu recours, et nous avons raconté comment King et Lower emmanchèrent bout à bout des tuyaux de plume pour constituer la canalisation directe entre les deux ouvertures vasculaires. Mais cet appareil, je n'ai pas besoin de le faire remarquer, grossier dans sa confection, peu régulier dans son fonctionnement, ayant tout le désavantage de représenter un tube rigide, devait subir des modifications. Je procéderai du simple au composé.

1° Le simple tube de caoutchouc, le tube comme Parinaud l'a employé dans le cas qu'il a bien voulu me communiquer, offre le grand avantage de présenter dans la plus grande partie de son étendue une surface polie et se rapprochant par son diamètre, aussi bien que par ses propriétés physiques, de la conformation intérieure des vaisseaux. Cette considération n'est point indifférente, si l'on se rappelle que Glénard a déduit de ses expériences que le corps étranger, agent provocateur exclusif de la coagulation, « est d'autant plus efficace que par sa structure *physique*, il s'éloigne davantage de celle des parois vasculaires. » Tout au plus reprocherions-nous à cet appareil fort simple l'adjonction, en son milieu, d'un tube de verre dont la présence à l'intérieur de la lumière y détermine une irrégularité susceptible de provoquer le dépôt de coagulum fibrineux. Le manuel est des plus simples. L'ouverture de la veine du transfusant se fait au moyen d'un trocart, après préparation préalable du bras comme pour la saignée. Un trocart semblable étant introduit dans la veine du malade, et le sang s'étant montré à l'orifice de chacune des canules de ces trocarts, il suffit seulement de réunir ces deux orifices par le tube rendu aussi court que possible, en commençant à le fixer d'abord du côté d'où part le courant afin qu'un premier jet de sang balaye tout l'air enfermé dans la cavité tubulaire.

Toutefois, il est un point sur lequel il convient que nous insistions. Je veux parler de l'introduction de ces canules. Le plus souvent, le manchon du trocart forme, à un demi-centimètre de la pointe de ce dernier, un rebord circulaire fort incommode quand on pratique la ponction. Cet inconvénient n'a point échappé à M. Nicaise pendant la transfusion qu'il a pratiquée, et c'est à cet arrêt qu'il croit devoir attribuer l'injection accidentelle du sang dans le tissu cellulaire. Aussi le chirurgien aura-t-il recours désormais à un trocart analogue à celui des appareils de Dieulafoy. Une fois ce trocart placé dans la veine, il sera facile d'y introduire un mandrin mousse le dépassant, qui permette de pousser l'instrument et de l'enfoncer d'une certaine profondeur ; après quoi on retirera le mandrin et l'injection se pratiquera aisément, sans qu'on ait à redouter les extravasats et les thrombus.

Au tube de caoutchouc se rattache une autre combinaison heureuse, je veux parler de la possibilité d'interrompre le courant à volonté, par une simple pression sur les parois du tube, bien supérieure assurément à l'interposition de robinets comme dans l'appareil d'Oré. Ce n'est pas, du reste, le seul perfectionnement que l'on ait tenté d'introduire dans cet appareil dont la simplicité, au début, a tenté tous ceux qui se sont occupés de cette question : Moncoq, Oré, Mathieu.

Oré et Mathieu ont cherché à appeler à leur aide la force de l'aspiration, pour précipiter le courant sanguin.

L'appareil d'Oré se compose d'un renflement en caoutchouc, duquel partent trois tubes terminés par des robinets en cuivre à soupapes. Les deux robinets se terminent par des canules effilées. L'un est uni à un tube en caoutchouc, qui offre à son autre extrémité un tube en verre. Ce dernier, étant mis dans la bouche, servait à faire le vide dans l'appareil, par l'aspiration. Il devait, en outre, une fois les canules disposées comme il a été dit précédemment, servir, par suite d'aspirations répétées, à faire arriver plus vite le sang dans l'ampoule, qui, saisie avec la main, pouvait être plus rapidement vidée à l'aide de la compression.

« Dès la première application, dit M. Oré, je m'apeçrus bientôt que cet appareil était peu commode. Le sang arrivait plus vite, en effet, dans l'ampoule, mais une fois là, l'aspiration continuant, le liquide montait dans le tube d'aspiration et coulait mal par le tube de canalisation. Je compris que ce tube aspirateur était placé trop loin du point où le sang devait sortir. Je dus le modifier. Dans le nouvel appareil, j'ai placé le tube aspirateur près de la canule qui pénètre dans la veine de l'animal que je voulais transfuser. Il m'a permis de faire le vide, par suite d'appeler le sang, et d'accélérer son mouvement. Il m'a offert des avantages sérieux, mais néanmoins il ne réalisait pas encore mes espérances ; aussi l'ai-je remplacé par l'appareil suivant, qui a fonctionné dans presque toutes mes expériences, et qui m'a conduit à de très-beaux résultats.

» Cet appareil se compose d'une poche en caoutchouc, de forme ovoïde et à parois assez résistantes pour l'empêcher de s'affaisser sous la pression atmosphérique. A cette poche s'adaptent, de chaque côté, deux pièces métalliques, vissées l'une sur l'autre et séparées par une soupape. L'une des soupapes s'ouvre de dehors en dedans ; l'autre s'ouvre de dedans en dehors, de telle sorte que le liquide, arrivant dans l'appareil par un tube, soulève la première, remplit la poche et passe dans l'autre tube en soulevant la seconde soupape. D'après cela, il est facile de concevoir que les deux soupapes agissent en sens opposés.

« Des deux pièces métalliques qui soutiennent les soupapes, part un tube de caoutchouc terminé par un robinet de cuivre et une canule. Voici le manuel de cet instrument :

« Après avoir ouvert l'un des robinets, on ferme l'autre et l'on presse sur la poche de manière à chasser par le tube tout l'air qu'elle renferme, dont on évite le retour dans l'appareil en fermant aussitôt un robinet. Alors la canule est placée dans la veine de l'animal qui doit fournir le sang. Le robinet étant ouvert, le sang se précipite dans la poche, qu'il remplit. La pression exercée sur elle le fait couler dans le tube terminé par une canule introduite dans la veine du sujet sur lequel on pratique la transfusion ; la soupape qui se trouve du côté opposé s'élève pour laisser arriver le sang, mais la pression exercée sur la poche de caoutchouc suffit pour fermer cette soupape et lui permettre de s'opposer au retour du liquide. »

A côté de cet appareil plaçons celui que M. Mathieu construisit en 1853 et dont la figure ci-contre explique suffisamment le mécanisme et les fonctions.

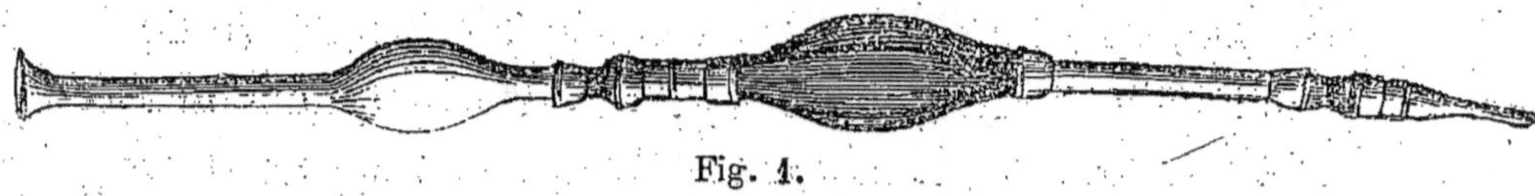

Fig. 4.

On pourrait faire à ces instruments deux reproches : 1° de ne pas renseigner sur la quantité de sang injecté ; 2° de ne pas mettre absolument à l'abri du mélange de l'air avec du sang. Je sais bien qu'on peut répondre à la première de ces objections par la pesée des malades, mais, quoi qu'en ait dit M. Collin (d'Alfort), ce procédé n'est pas pratique. Voici quelles sont les modifications apportées aux premiers appareils dans le but de faire disparaître ces imperfections.

M. le professeur Robin a présenté à l'Académie des sciences, en 1867, un instrument imaginé par le docteur Roussel (de Genève), et fabriqué par MM. Robert et Collin.

Ce transfuseur repose sur deux idées nouvelles : 1° entourer la prise du sang d'un manchon vide d'air et imperméable à l'air ; 2° faire la saignée sous l'eau, chasser le sang dans un canal plein d'eau et vide d'air, reliant directement et hermétiquement la veine qui donne à celle qui reçoit.

Cet instrument contient plusieurs parties nouvelles et importantes qui sont : 1° La ventouse annulaire extérieure, et la prise de sang, mise en jeu par une pompe à action continue, et traversée par un tube amenant de l'eau à l'intérieur du transfuseur, la lancette à ressort et à curseur réglant sa course, mobile pour être dirigée contre la veine cachée dans l'instrument, et faisant la saignée dans l'eau, à l'abri de tout contact avec l'air ; 2° la poche souple, passive, terminée par un anneau métallique, s'ajustant à frottement sur la ventouse, faisant réservoir (comme l'oreillette du cœur) au sang fourni par la veine ; 3° la pompe active, aspirante et foulante, simulant le ventricule du cœur (prise à l'instrument de Maisonneuve) ; 4° la poche souple, à filet, passive et active, rendant régulier le jet du sang transfusé, ainsi qu'est régulier et continu le courant veineux qui doit le recevoir; 5° le compte-gouttes, par le tube duquel l'eau vient remplir le transfuseur et en chasser l'air avant la saignée, avec lequel encore le chirurgien peut introduire un liquide médicamenteux dans le courant sanguin.

Cet appareil n'a pas eu en France tout le succès auquel il avait droit; la complication de son mécanisme n'y est sans doute pas étrangère, mais au dire de son auteur il est unanimement adopté en Allemagne et en Russie.

Une Commission nommée pour comparer et juger les divers appareils, après de nombreuses opérations et expériences, présenta, le 19 janvier 1874, un rapport signé Neudörfer, déclarant « que le transfuseur Roussel atteint l'idéal d'un appareil pratique pour la transfusion directe du sang, et qu'il doit être sérieusement introduit dans l'arsenal de la chirurgie militaire ».

Enfin, tout dernièrement, M. de Kosloff, médecin directeur de l'armée russe, provoqua un concours de toutes les méthodes et de tous les appareils de transfusion, qui tous furent expérimentés et comparativement jugés ; concours auquel travaillèrent Gesellius, Heyfelder, Rautenberg, Korgeniewsky, Krassowsky, Kadé, Eichwald, Busch, Benezet, Froben, Pélikan, Rieter, Pilz, Hirch,

Roussel et bien d'autres, déjà coutumiers de la transfusion.

Le transfuseur Roussel sortit victorieux de la lutte.

Un autre appareil destiné à prévenir l'introduction de l'air, et à la fois à donner la mesure exacte de la quantité de sang injecté, est celui que M. Collin construisit en 1874, sur les indications de Le Noel. Il fut présenté à l'Académie de médecine, par M. Broca, le 13 juillet 1874 (fig. 2).

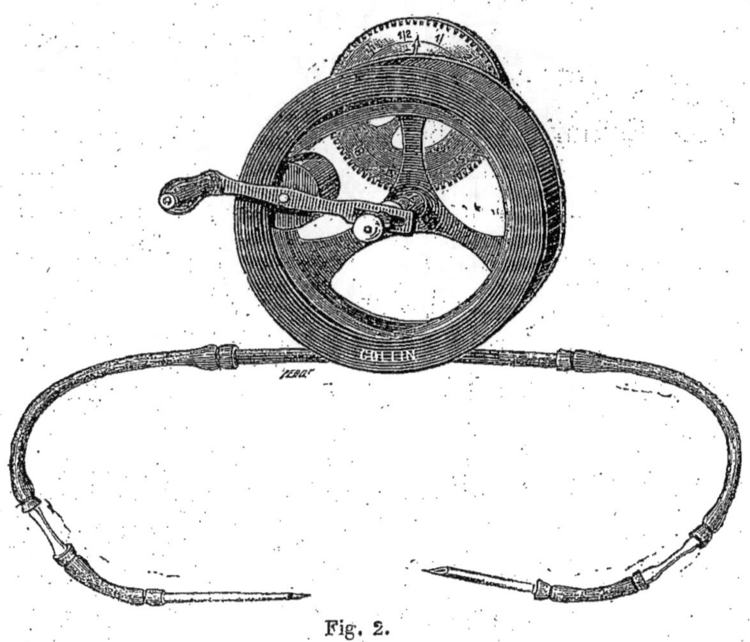

Fig. 2.

Je ne dirai que deux mots de la construction et du fonctionnement de cet appareil. C'est une sorte de pompe aspirante et foulante, représentée par un

tube de caoutchouc faisant un tour complet à l'intérieur d'un cylindre mé-
tallique. Un galet mis en
mouvement par une mani-
velle aplatit ce tube et y
détermine à la fois l'aspiration et le refoulement,
en même temps qu'un ap-
pareil compteur indique
la quantité de liquide mis
en mouvement.

Cet appareil, fort ingé-
nieux assurément, n'a pas
encore été employé, mais
paraît appelé, croyons-
nous, à rendre plus de services à l'hydraulique qu'à
la chirurgie.

Nous arrivons mainte-
nant à l'examen d'appa-
reils toujours basés sur le
même principe de la transfusion immédiate, mais
auxquels leurs inventeurs
ont apporté des modifica-
tions telles, que le sang,
pour aller d'un vaisseau
à l'autre, traverse une sé-
rie de récipients de volume et de substances divers.
Le plus ancien de tous ces appareils, qui n'a plus

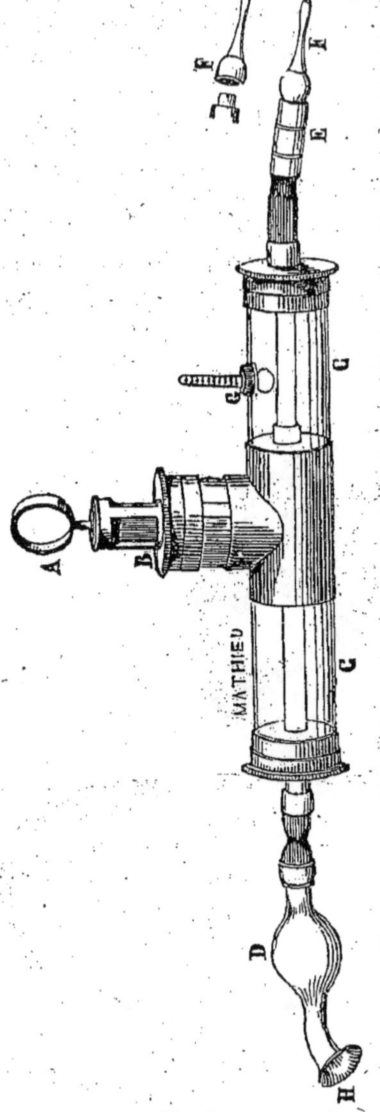

Fig. 3.

guère aujourd'hui qu'une valeur historique, appartient à M. Mathieu, qui, dès 1853, avait pris à cœur la question de la transfusion, et chaque année présentait au public de nouveaux perfectionnements (*fig.* 3).

On en saisit aisément le principe : un corps de pompe, adapté perpendiculairement sur le milieu d'un tube de verre, sert à pratiquer d'un côté l'aspiration, et de l'autre le refoulement. Le tube de verre est lui-même contenu dans un large manchon qu'on emplit d'eau chaude.

A l'époque où M. Mathieu trouva cette nouvelle modification, on croyait, en effet, qu'il était nécessaire, pour obvier à la coagulation, de maintenir

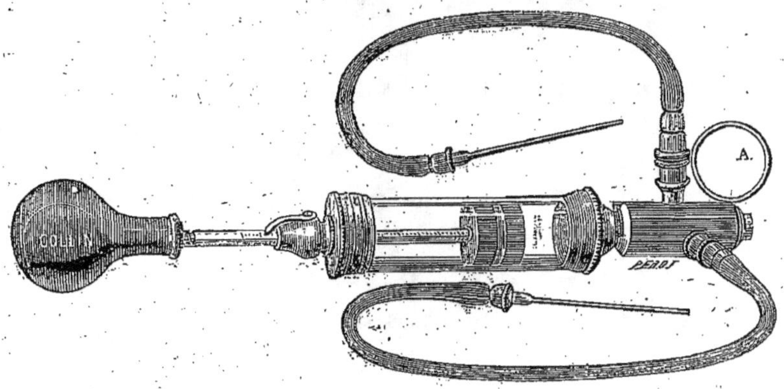

Fig. 4.

le sang à la température normale. Nous avons vu quel changement s'est produit dans les idées depuis les expériences d'Oré.

Nous rapprocherons du *transfuseur* de Mathieu celui qui fut présenté plus récemment par M. Collin (*fig.* 4). On nous pardonnera de ne pas nous appesantir sur les détails de mécanisme, fort ingénieux, que l'habile constructeur y a prodigués. Mes lecteurs en saisiront aisément le fonctionnement, grâce au dessin ci-joint.

En 1862, parut l'*hématophore* de M. Moncoq (*fig.* 5).

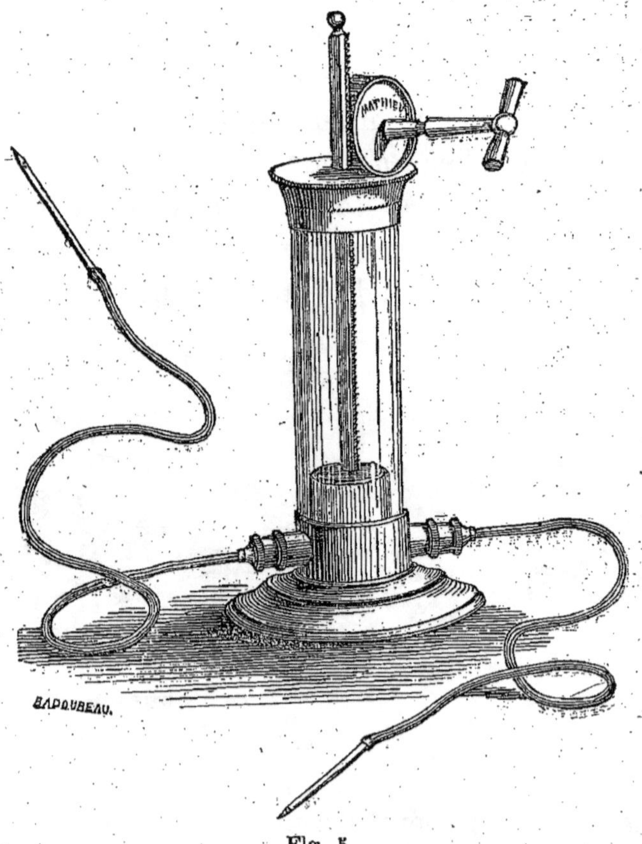

Fig. 5.

L'auteur le décrit en ces termes :

« La théorie de cet appareil est toute physique, et il m'a semblé, dès le principe, d'autant plus parfait qu'il est plus simple : la partie moyenne de cet instrument à circulation intermédiaire est un petit cylindre en verre gradué, jouant le rôle d'un ventricule artificiel, dans lequel un piston plein forme la systole et la diastole, par ses mouvements alternatifs d'élévation et de descente; on peut graduer la tige du piston, au lieu de graduer le verre, ce qui est plus facile.

« Deux petites valvules très-sensibles, placées en sens inverse à la partie inférieure du ventricule artificiel, servent à diriger le courant sanguin. A ces valvules vient aboutir un tube capillaire en caoutchouc, long de 15 à 20 centimètres. Chaque tube capillaire est terminé par une aiguille courbe en argent, aiguille canaliculée et portant sur sa partie convexe, à 15 millimètres de sa pointe, une ouverture qui termine le canal dont elle est percée ; l'appareil complet est pourvu d'aiguilles droites de rechange.

« Le sang dans les vaisseaux étant parfaitement liquide, si son contact instantané avec le tube inorganisé ne le coagulait pas, devrait traverser l'appareil conformément aux lois physiques des liquides ordinaires. »

Or voici comment, dans la pensée de l'auteur, devait fonctionner l'appareil : étant donnés deux animaux immobilisés pour la transfusion, on pique avec l'aiguille la veine de l'animal qui doit recevoir le sang, de façon que l'ouverture du canal qu'elle porte à sa face convexe, après avoir traversé la veine en deux points, ressorte au dehors, la pointe de l'aiguille dirigée du côté du cœur.

Avec la seconde aiguille, on pique de même la veine de l'animal qui doit donner le sang, avec cette différence que l'ouverture de l'aiguille se trouve dans le centre même de la veine et plonge dans le courant sanguin, la pointe dirigée du côté opposé au cœur.

Les deux aiguilles étant ainsi disposées, si l'on fait la diastole dans le cylindre en verre en élevant le piston, le premier effet du vide que l'on pratique est d'ouvrir de dehors en dedans la soupape, qui est pressée d'abord par quelques bulles d'air contenues dans le tube, et aussitôt par le sang qui afflue.

Si on fait ensuite la systole en baissant le piston, on chasse le sang et l'air du ventricule, et le tout sort par l'ouverture de la seconde aiguille. Dès lors tout l'air est chassé de l'appareil, et en ramenant l'ouverture de cette deuxième aiguille dans le centre de la veine qui doit recevoir le sang, le courant est établi, et il ne reste qu'à faire fonctionner le ventricule, dont chaque systole chasse une ondée sanguine proportionnelle au mouvement que l'on imprime au piston, ondée sanguine qu'on peut évaluer par la graduation en grammes du cylindre de cristal.

Tel que nous venons de l'étudier, cet instrument constituait un grand progrès, il était stable, portatif et d'un maniement fort simple; mais il présentait l'inconvénient commun à la plupart de ceux qui sont basés sur le principe de la transfusion directe, il exigeait l'introduction d'une canule dans la veine du sujet transfusant.

« Or, dès 1863, après mes diverses| expériences chez les animaux, dit M. Moncoq, je compris que l'appareil précédent devait être modifié pour la transfusion du sang chez l'homme, but de mes recherches. J'avais appris que les opérations faites sur les veines demandaient certaines précautions pour ne pas exposer à la phlébite.

« Je compris dès lors que tout homme donnerait facilement un peu de sang pour saüver un autre homme, mais qu'il fallait éloigner tout danger de l'homme généreux disposé à ce sacrifice. Dans un animal, on peut sans inconvénient pour une expérimentation physiologique, enfoncer une fine aiguille canaliculée dans la veine qui doit donner le sang. Mais chez l'homme sain, outre que cette opération serait douloureuse, elle ne serait pas sans danger, elle exposerait à la phlébite. »

Nous verrons, dans le chapitre suivant, comment M. Moncoq parvint à triompher de cette difficulté.

§ 2. — TRANSFUSION MÉDIATE.

Le plus simple de tous les appareils destinés à pratiquer la transfusion indirecte est assurément celui de Casse, dont voici la description.

Cet appareil est d'une extrême simplicité; il se

compose d'un récipient cylindrique allongé, en verre, long de 30 centimètres, d'un diamètre de 3 centimètres environ et gradué. A chacune de ses extrémités, est soudé un bout de tube de verre long de 3 centimètres ; celui du haut est destiné à recevoir un entonnoir, par lequel on versera le sang à transfuser ; celui du bas, plus étroit, s'engage dans un tube de caoutchouc, terminé par un ajutage muni d'une canule à trocart, destinée à pénétrer dans la veine. A un autre ajutage soudé à angle aigu sur la canule, vient se fixer l'extrémité inférieure du tuyau de caoutchouc aboutissant, par son autre extrémité, au tube inférieur du récipient principal. Quand le trocart est dans la veine, on en retire le mandrin jusqu'au delà du point d'insertion de l'ajutage oblique ; la partie de la canule située en avant de ce point devient libre alors, et la communication est établie entre le récipient renfermant le sang à introduire et la veine du transfusé. Veut-on cesser la transfusion, il suffit d'avancer le trocart pour interrompre la communication. Veut-on, au contraire, la rendre plus active, on n'a qu'à élever l'appareil, de façon à tendre verticalement le tuyau de caoutchouc et à augmenter ainsi la hauteur de la colonne de pression. Avec cet appareil, le sang n'est plus *injecté*, mais passe dans la veine du transfusé en se confondant, pour ainsi dire, avec la circulation propre, sans secousse ni effort d'aucune sorte.

L'appareil de Belina (*fig.* 6) consiste en, 1° un

flacon renversé, cylindrique A, de 20 centimètres
de hauteur sur 5 centimètres de diamètre. Ce flacon se termine à la partie inférieure par un goulot
de 4 millimètres de diamètre. A la partie supérieure
construite en forme d'entonnoir, se trouve l'ori-

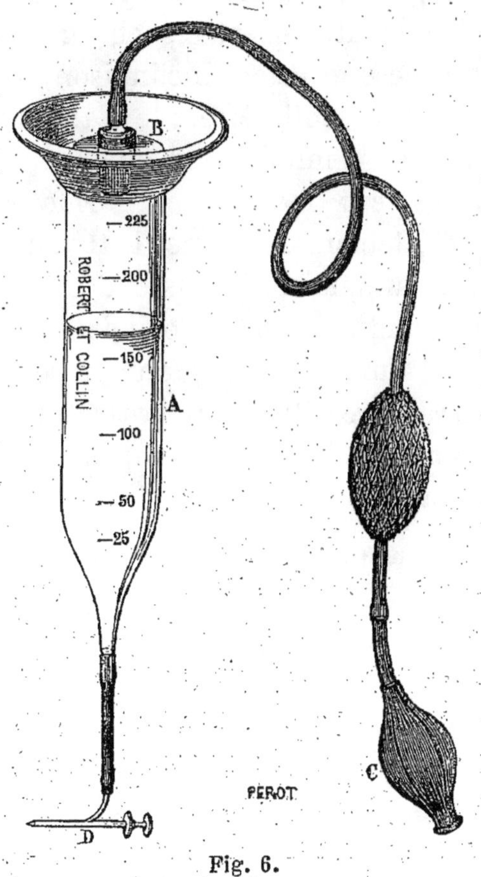

Fig. 6.

fice B, de 1 centimètre de diamètre. Ce flacon peut
contenir 225 grammes de sang de zéro à 225 degrés;
au-dessus de 225 degrés, reste une chambre qui
contiendra de l'air; 2° une pompe à air comprimé C,

composée de deux ballons en caoutchouc réunis, et se terminant par un tuyau également en caoutchouc. Cette pompe est construite de la même façon que celle de l'appareil pour l'anesthésie locale de Richardson ; 3° un trocart D, composé de deux tuyaux d'argent et d'un stylet. Le premier tuyau, long de deux centimètres, se décharge presqu'à angle droit, avec une légère inclinaison, dans l'autre tuyau, long de 5 centimètres ; le diamètre des deux tuyaux est de 2 millimètres environ. Le stylet, garni d'un petit manche en forme de bouton, s'ajuste à frottement doux avec le tuyau. La pointe, de forme triangulaire, dépasse de 5 millimètres l'ouverture dudit tuyau. A l'orifice du trocart, il y a un ressort qui se détend quand on retire le stylet dans une rainure située sur la tige de celui-ci, et de cette manière, empêche qu'on ne puisse le retirer davantage.

Les trois parties s'ajustent entre elles de la manière suivante : L'orifice B est rempli par un bouchon perforé, en caoutchouc, qui lui-même contient une canule d'ivoire ressortant en dehors en forme de bouton. Ce bouton est recouvert avec une gaze épaisse, pliée en deux, pour arrêter la poussière et se germes organiques en suspension dans l'air. Sur ce bouton s'ajuste l'extrémité du tuyau en caoutchouc de la pompe.

Le goulot du flacon est réuni avec le tuyau du trocart terminé en bouton par un tube de caoutchouc noir, de 12 centimètres de long sur 4 centimètres de diamètre.

Afin d'éviter une trop grande variation dans la température du sang, surtout si l'on est obligé d'injecter très-lentement, le flacon peut être muni d'une couverture de laine; on y a ménagé une échancrure qui permet de voir la quantité de sang fournie au malade à l'échelle métrique gravée sur le flacon.

Quels résultats M. Belina a-t-il obtenus avec son appareil? Il est assez difficile de s'en faire une idée juste, attendu que, si M. Belina a cru prouver que tous les malades opérés par un autre procédé que le sien sont morts, ses adversaires se sont efforcés de démontrer que les succès cités par ce chirurgien se sont produits malgré son intervention.

Le principe de la seringue devait paraître faciment applicable à l'opération qui nous occupe. Beaucoup ont cherché en effet par des modifications et nombre de pièces additionnelles à l'approprier à la transfusion. Mais, avant de passer en revue leurs tentatives, il nous semble intéressant de montrer ce que l'on peut faire avec l'instrument vulgaire que tout médecin a entre les mains. Je cède ici la parole à M. Desgranges, dont nous avons rapporté plus haut l'heureuse hardiesse :

« La *seringue,* par sa forme cylindrique, a des parois moins étendues qu'un autre vase de même capacité; par sa profondeur, elle ne laisse le sang

au contact de l'air que sur une surface peu étendue;
et sitôt que le piston est placé et l'air intérieur
chassé, le sang est parfaitement isolé de l'atmosphère. Le petit volume de l'instrument, la facilité
de le plonger dans un vase d'eau chaude, de l'en-
velopper de compresses qui conservent la chaleur,
tout concourt au maintien d'une bonne température. Si l'on réfléchit que la moyenne du sang chez
l'homme est de + 36° c., on arrive à établir en
principe qu'il faut à l'instrument une température
de + 40° c., en vue de la déperdition inévitable de
calorique pendant l'opération. — La seringue per-
drait une bonne partie de ces avantages, si l'on né-
gligeait d'y recueillir directement le sang. Nous
proscrivons d'une manière formelle l'usage d'un
vase intermédiaire. A quoi bon y recourir quand
on veut injecter du sang pur, et nous avons déjà
dit que cette méthode seule mérite d'être conservée. Le vase intermédiaire non-seulement com-
plique l'opération par la nécessité, l'embarras de
le tenir chauffé; il augmente aussi l'étendue des
rapports entre le sang et des parois inertes. Enfin
le peu de profondeur de ce vase et sa large surface
favorisent l'action de l'air sur le sang et, chose très-
nuisible, la coagulation de la fibrine. Du moment
que rien n'empêche de recevoir directement le
sang dans la seringue, pourquoi ne pas le faire?
Pourquoi allonger le chemin à parcourir? Pourquoi faire des circuits quand on peut marcher
droit?

« En résumé donc, nous affirmons qu'il est facile de recevoir le sang directement dans la seringue ; que évidemment par ce procédé on diminue les points de contact entre le sang et des corps métalliques ; que l'action nuisible de l'air est enduite presque à rien, et les chances de coagulation de la fibrine diminuées le plus possible. »

M. Sotteau a imaginé un appareil fort ingénieux tellement disposé, que le réservoir destiné à recueillir le sang est entouré d'eau chaude ; un corps de pompe placé au milieu du réservoir sert à injecter le sang dans les veines.

Un autre appareil plus ancien, puisqu'il remonte à Blundell, transmet plus directement encore le sang d'un sujet à un autre. Il consiste en une tige élastique, munie d'un réservoir à robinet à l'une de ses extrémités, et d'une canule recourbée à angle droit, aussi munie d'un robinet à l'autre. Le réservoir est pourvu d'un crampon ou d'une vis destinée à le fixer à une chaise placée sur le lit, la canule se visse sur un bracelet placé au bras du patient.

« L'appareil de M. Sotteau, dit M. Desgranges, qui n'est que celui de M. Blundell modifié, se compose de deux réservoirs concentriques ; l'extérieur contient de l'eau chaude ; l'intérieur est muni d'une petite pompe qui doit aspirer le sang accumulé dans ce réservoir et le chasser dans le système veineux. Pour préserver le sang du contact de l'air dans le réservoir intérieur, M. Sotteau a imaginé

d'y placer une rondelle de liége, à travers laquelle
passe la pompe verticale, de façon qu'il y ait une
espèce de couvercle qui s'élève au fur et à mesure
que le sang s'accumule. Le sang arrive dans le réservoir par un petit tuyau dont l'extrémité libre,
évasée en entonnoir, doit s'appliquer sur la saignée ;
il en sort par un autre conduit attenant, d'un côté,
au corps de pompe, libre par l'autre extrémité que
l'on peut ajuster à une canule préalablement introduite dans la veine. Quand le réservoir intérieur contient assez de sang, on fait jouer la pompe ;
mais on n'adapte le tuyau à la canule qu'après avoir
chassé tout l'air du système et avoir vu le sang sortir. Ajoutons que deux soupapes mobiles en sens
inverse donnent au sang un libre accès du réservoir
à la pompe, de la pompe au dernier conduit, mais
s'opposent à un cours rétrograde.

« M. Sotteau, quand il a décrit son appareil, ne
l'avait point encore essayé, puisqu'il ne cite aucun
fait et le propose uniquement à l'occasion de la
transfusion pratiquée par M. Lane. Eh bien ! ainsi
construit, cet appareil n'a pas tous les avantages que
lui croit son auteur ; en réalité, il a tous les inconvénients de celui de Blundell. La portion évasée du
tube ne peut s'appliquer directement sur la saignée ;
une raison s'y oppose. La compression qu'exercerait cet entonnoir sur la veine, entre les capillaires
et la saignée, suffirait au delà pour arrêter le jet de
sang ; il faudrait le tenir à distance du bras, et dès
lors le sang n'étant plus préservé du contact de l'air,

ce premier avantage de l'appareil s'évanouit. Une autre raison que l'on pourrait faire valoir, c'est qu'à moins d'une saignée très-bien faite, il est indispensable de diriger le jet du sang, de maintenir le parallélisme des incisions cutanée et veineuse. Or, avec un entonnoir appliqué sur l'ouverture, comment s'assurer que le sang coule bien, comment répondre qu'il ne bave pas le long du bras? La rondelle de liége est inutile ou embarrassante. Si elle glisse à frottement très-léger contre la pompe et les parois du réservoir intérieur, on ne saurait prétendre qu'elle préserve le sang du contact de l'air, que tout accès soit fermé à ce fluide. Si l'on veut se faire une idée des précautions qu'il faut pour arrêter le gaz, il suffit de jeter un coup d'œil sur les machines industrielles où ce but est rempli. Si nous admettons que la rondelle glisse avec un certain frottement, il faudra de toute nécessité que le tube qui reçoit le sang de la saignée soit allongé, sinon la colonne de sang n'exercerait point une pression capable de la soulever. Donc la rondelle devient embarrassante, en ce qu'elle force à augmenter la longueur des tuyaux, à multiplier les surfaces inertes qui touchent le sang. En outre, plus les tuyaux sont longs, plus il est difficile de les maintenir à une bonne température; plus la coagulation ou l'altération du sang est possible, plus augmentent les chances de ne pouvoir conduire l'opération à bien. Pour injecter la quantité de sang voulue, un seul coup de piston ne suffit pas, le jeu des soupapes le prouve.

Or, qui nous répond que le piston, en remontant, ne laissera point passer autant d'air par en haut, qu'il aspire de sang par en bas. Pour qu'il en fût autrement, il faudrait un instrument parfait, ou bien une série de moyens accessoires beaucoup trop compliqués. A coup sûr, tout chirurgien prudent ne s'exposera pas à injecter, à plusieurs reprises, des quantités d'air presque égales à la masse du sang. Nous rejetons donc cet appareil d'une manière absolue; nous adoptons seulement la canule indépendante placée dans la veine. »

M. Bougard a imaginé et fait servir un appareil plus simple, meilleur incontestablement, quoique non exempt de tout reproche. Il consiste en une petite canule conique que l'on place d'avance dans la veine de la personne anémique. Le sang de la saignée tombe directement dans un récipient de forme triangulaire, afin d'éviter le tournoiement du liquide, et portant un tube élastique terminé à son extrémité libre par une ouverture simple qui s'adapte à la canule. Un petit robinet laisse au gré de l'opérateur le sang couler du récipient dans le tube. Tout le système est maintenu à une bonne température, au moyen de compresses imbibées d'eau chaude, et l'adaptation du tube à la canule ne doit avoir lieu qu'après l'expulsion de l'air.

Ainsi construit, cet appareil a réussi, mais il n'est point indispensable; il n'a même aucun avantage réel sur la seringue à hydrocèle. En outre, sans

abréger l'opération, il a pour inconvénient de multiplier les rapports entre le sang et les parois inertes, vu la longueur obligée du tuyau ; de laisser le
sang à l'air tout le temps de l'opération, ce qui n'est
pas une condition à rechercher ; enfin, et sans
compter la difficulté plus grande qu'il y a de le
manier, il exige que la personne qui fournit le sang
soit plus élevée que celle qui le reçoit, sinon le liquide ne coulerait pas faute d'une pression suffisante. Cette remarque est sérieuse quand on songe
que, pour prévenir la syncope, qui couperait court
à l'opération, il est prudent, nécessaire même de
faire asseoir la personne qui doit être saignée, et que
le bras d'une personne assise n'est guère qu'à la
hauteur d'un lit.

La plupart de ces reproches ne sont pas applicables à la seringue que construisit et 1855 M. Mathieu,
sur les conseils du professeur Pajot.

C'est une seringue dont le corps de pompe est
en cristal très-fort de parois ; les deux extrémités
sont en métal et reliées entre elles par deux trin-
gles latérales au corps de pompe, munies d'une
graduation qui donne la mesure du liquide contenu. A l'extrémité du corps de pompe voisine de
la poignée, est monté un entonnoir sur un collet
à frottement, qui communique avec l'intérieur
de la pompe. Un trou sur le même collet est destiné à laisser une sortie libre à l'air, lorsque le
sang du sujet transfusant pénètre dans la seringue

par l'entonnoir; aussitôt que l'instrument est chargé, on fait exécuter un petit mouvement de rotation au collet, et ces deux communications sont interceptées; on pousse alors le piston en tenant l'instrument dans la position verticale; de cette manière on le purge d'air à l'instant même; puis aussitôt on place la canule dans un petit tube en ivoire qu'on a préalablement placé dans la veine, et qui sert de conducteur au liquide injecté.

Cependant, en 1863, M. Moncoq faisait construire son appareil à entonnoir latéral.

Ce n'est, on va le voir, en réalité qu'une modification de son appareil précédent. Le tube et l'aiguille de sortie restent les mêmes. Il n'y a pas non plus de différence dans la partie moyenne, dans le cœur en cristal intermédiaire aux deux sujets, qui est, on peut le dire, la partie importante de l'appareil Il n'y a de différence que dans le mode d'entrée du sang dans le cœur en cristal, dans la partie moyenne.

L'entonnoir, qui est destiné à recevoir le sang à transfuser, doit être en cristal un peu fort. On comprend que, dans cet entonnoir, le sang tombera en filet, et qu'il n'en faudra qu'une petite quantité hors des vaisseaux pour remplir le fond de ce vase. Cet entonnoir étant d'ailleurs parfaitement transparent, on juge facilement du niveau du sang et de sa parfaite liquidité. Son entrée par la valvule dans le cœur en cristal se fait de la même façon que dans l'appareil décrit plus haut, en faisant le diastole par l'élévation du piston. La sortie du sang se fait aussi de la même façon, en faisant la systole par l'abaissement du piston. La première systole a pour effet de chasser l'air par une valvule de sortie et bientôt par l'aiguille. Dès que le liquide sort par l'aiguille, l'appareil est amorcé et plein de liquide.

La tige du piston est d'ailleurs graduée, et permet toujours de peser le sang à son passage.

En jetant les yeux sur cet appareil, il est facile de se rendre compte des avantages qu'il présente pour la transfusion médiate ; il est important d'appuyer sur ces considérations :

1° L'introduction de l'air est impossible dans la veine du sujet qui doit recevoir le sang, parce que l'opérateur juge parfaitement du niveau liquide dans l'entonnoir latéral et peut s'arrêter quand il veut, et aussi parce que le piston gradué n'est jamais descendu jusqu'au bas du cylindre en cristal.

2° Enfin cet appareil à entonnoir latéral, aux avantages précédents, joint encore celui-ci qui est immense, c'est que le trajet entre les deux sujets peut être très-court.

Par conséquent, on a les deux grands avantages désirables pour une bonne transfusion : on évite, à coup sûr, l'introduction de l'air par la façon dont on manœuvre le piston qu'on n'abaisse pas complétement ; et on évite la coagulation du sang par le court trajet qui sépare l'entrée du sang de sa sortie de l'appareil, par l'instantanéité du passage.

Il y avait un an que ce nouveau perfectionnement de M. Moncoq avait été présenté au monde
scientifique, quand M. Mathieu construisit un
nouvel appareil (fig. 7.)

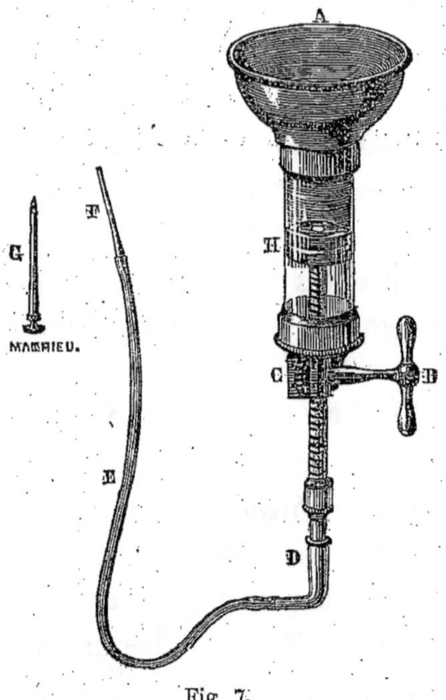

Fig. 7.

Il se compose d'un corps de pompe renversé H
surmonté d'un entonnoir A, à la partie inférieure,
le piston perforé dans toute sa longueur communique à un tube élastique E, portant à son extrémité
un petit ajutage F destiné à pénétrer dans la canule
du petit trocart G qui est préalablement placé dans
la veine.

Le jeu de cet appareil est facile à comprendre,
Le sang fourni est reçu dans l'entonnoir ; en fai-

sant mouvoir le piston moyen de la clef **B**, est chassé dans le corps de pompe et passe naturellement dans la tige creuse du piston pour arriver à la canule **F** dans la veine de celui qui le reçoit.

Nous nous appesantirions davantage sur les imperfections de cet appareil, si son inventeur ne l'avait tout dernièrement remplacé par un autre (*fig.* 8).

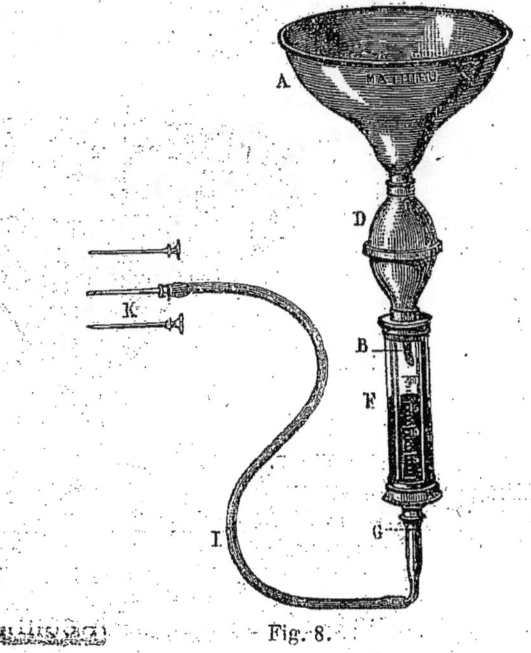

Fig. 8.

Ce dernier est une combinaison du premier appareil de Mathieu et du précédent. Le piston se trouve, au moyen d'un mécanisme ingénieux, remplacé par une boule en caoutchouc qui, par un système de soupape, fait passer le sang de l'entonnoir A dans le corps de pompe F. Quand la quantité de sang réunie dans l'entonnoir est épuisée, le tube B, muni de valvules à anche, fait entendre un sifflement avertisseur caractéristique.

Le seul reproche que nous ferons à cet instrument, c'est de renfermer trop de pièces en caoutchouc susceptibles de s'altérer.

Les instruments construits par M. Collin nous paraissent à l'abri de ce genre de reproche. Le premier modèle adopté par le corps de santé pour

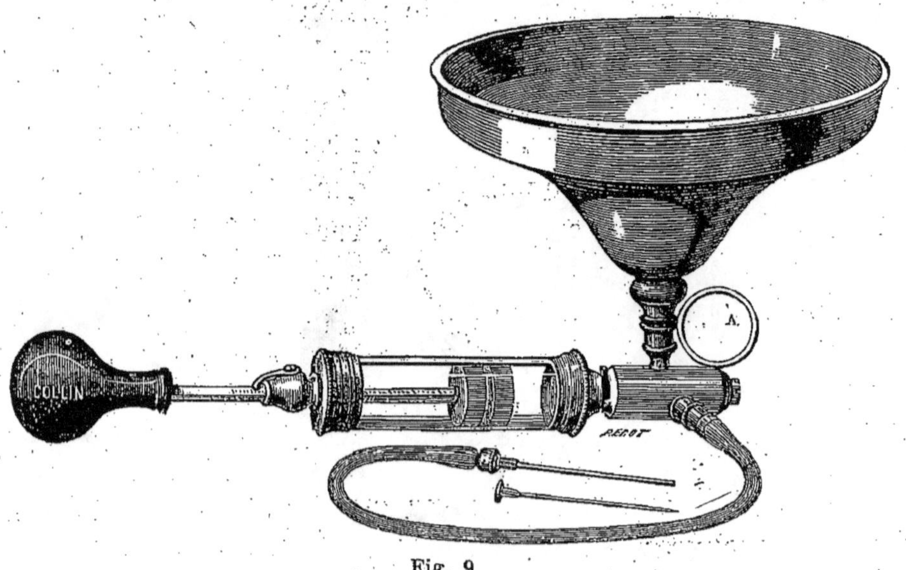

Fig. 9.

le service des armées, se manœuvre de la façon suivante (*fig.* 9) :

1° Placer le récipient sous la saignée de la personne qui offre son sang;

2° Passer l'index de la main gauche dans l'anneau A;

3° La barrette qui porte le nom de l'inventeur étant placée en haut, aspirer du sang jusqu'à moitié du corps de pompe, ensuite le chasser brusquement pour faire disparaître l'air;

4° On remplit l'appareil en tirant le piston jusqu'au haut de sa course;

5° Imprimer au piston une torsion de *gauche* à droite pour fermer le tube d'arrivée et ouvrir celui de sortie;

6° Pousser doucement le piston pour faire passer le sang dans le bras du malade;

7° Imprimer au piston une torsion de *droite* à gauche (en sens inverse de la première), pour remettre le corps de pompe en communication avec le récipient et permettre d'aspirer de nouveau.

Il faut continuer cette manœuvre jusqu'à ce que la quantité de sang injectée soit jugée suffisante, *le corps de pompe contient 10 grammes de liquide.*

Un ressort fixé à l'extrémité manuelle du corps de pompe retient le piston lorsqu'il est tiré, puis, quand il est poussé, pour empêcher les fausses manœuvres.

Pour mettre l'appareil en communication avec le bras du malade :

1° Le trocart de l'instrument est plongé de bas en haut dans la veine;

2° La tige pointue du trocart est retirée et remplacée par une tige mousse qui forme embout avec la canule et permet de faire pénétrer cette dernière plus profondément sans léser les parois de la veine ;

3° Le tube de caoutchouc étant purgé d'air, on place la canule qui le termine dans celle du trocart, où elle s'ajuste à frottement ; puis, en suivant les indications données plus haut, on pratique la transfusion.

La transfusion de bras à bras peut être faite avec cet appareil en remplaçant le récipient par un second tube de caoutchouc.

Cet appareil fonctionne sans robinets et sans les soupapes qui, parfois, sont infidèles au milieu d'une opération, et que, dans tous les cas, on est obligé de changer pour chaque transfusion ; étant construit en métal et en cristal, il peut durer un grand nombre d'années sans s'altérer.

Le deuxième modèle de M. Collin se compose : 1° d'une cuvette ; 2° d'un corps de pompe ; 3° d'une chambre de distribution ; 4° d'un tube ; 5° d'un trocart. (Fig. 10.)

La *cuvette*, dont la capacité est d'environ 300 grammes de sang, a la forme d'un entonnoir évasé, à parois rentrantes et arrondies : la profondeur en est de 10 centimètres 1/2, le diamètre le plus large de 15 centimètres. Elle est en métal mince, nickellé ; c'est elle que saisit la main gauche de l'opérateur, de telle sorte que le sang qu'elle contient n'est exposé à aucune des oscillations qui pourraient en provoquer ou en activer la coagulation.

Le *corps de pompe* est construit dans des conditions de simplicité exceptionnelles. C'est un tube de verre régulièrement calibré de 8 centimètres de long, muni à ses deux extrémités de deux armatures métalliques qui en assurent la solidité et qui ne sont en aucune circonstance en contact avec le

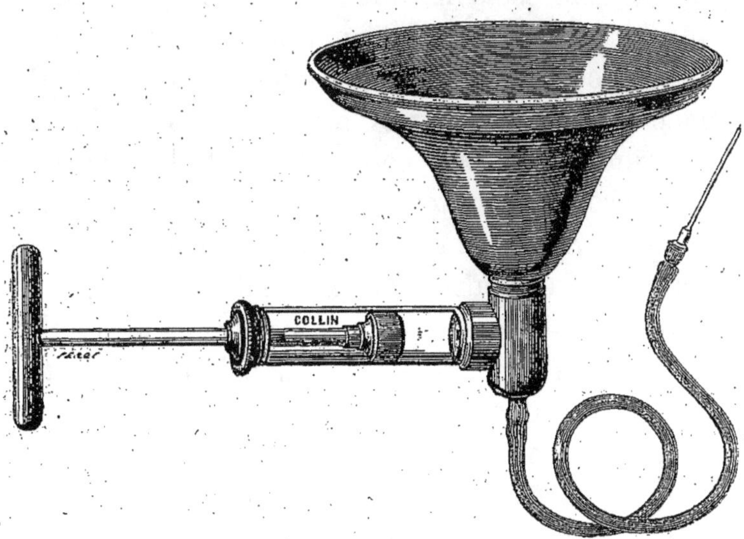

Fig. 10.

sang. Sa circonférence extérieure est de 8 centimètres. Sa capacité est exactement de 10 centimètres cubes. Le piston, également fort simple, plein, à frottement doux dans le corps de pompe, est construit de façon à présenter au liquide sanguin une surface parfaitement régulière.

Chambre de distribution. Le sang est *aspiré* de la cuvette dans la pompe, et *refoulé* de la pompe dans le tube sans avoir eu à subir le contact d'aucune soupape. L'expérience a démontré que toute soupape ou valvule, en multipliant les surfaces de contact et en présentant au sang des bords et des arêtes, a pour effet de produire la coagulation du sang. Le but de la *chambre de distribution* est précisément de rendre impossible cette cause de coagulation. Elle est constituée sur un espace cylindrique situé dans la continuation de l'axe de la cuvette et communiquant, par trois ouvertures égales, avec la cuvette, avec la pompe, avec le tube de transfusion; elle contient une bille sphérique, régulière, en caoutchouc durci, ou creuse en aluminium, dont la densité a été calculée et reconnue pour être inférieure à la densité du sang (1,055).

Cette boule flotte donc sur le sang de la chambre. Au moment de l'*aspiration* du piston, le sang en descendant dans le corps de pompe la déplace, mais elle reprend aussitôt sa position première; pendant la *foulée* elle empêche le sang de rentrer dans la cuvette; le sang ne peut que suivre la voie du tube de transfusion.

Ce mécanisme offre un avantage autrement sérieux que celui de la simplicité : *il rend impossible, quoi qu'on fasse, la propulsion de l'air dans la veine.* On comprend aisément que, puisque la boule ne joue le rôle de soupape qu'à la condition qu'elle flotte, dès que la cuvette, et par conséquent la chambre de distribution qui n'en est à proprement parler que le fond, seront vides de sang, la boule tombera d'elle-même dans la partie inférieure et s'appliquera automatiquement sur l'orifice du tube transfuseur. La pompe pourra aspirer de l'air, mais elle le refoulera par la seule voie qui soit libre : l'ouverture de la cuvette. La boule qui, tant que l'appareil était chargé de sang, empêchait le reflux du sang dans la cuvette, empêche, dès que l'appareil est vide, le reflux de l'air dans les veines.

Ce résultat est obtenu par l'utilisation d'une force plus constante que la soupape et les valvules, une force invariable : la pesanteur.

Le *tube* et le *trocart* ne diffèrent pas de ceux qui faisaient partie de divers modèles que nous avons exécutés avant de nous arrêter à celui-ci.

Ce transfuseur a été présenté à l'Académie de médecine (séance du 8 décembre 1874) par M. le professeur Béhier, avec la note suivante que nous empruntons aux comptes-rendus :

« L'opération de la transfusion présente deux ordres de dangers dont la gravité a jusqu'ici entravé les tentatives des médecins : 1° formation et projection de caillots; 2° introduction de l'air dans les veines; le premier de ces dangers semble avoir été rendu impossible par la disposition du transfuseur que *M. Collin* présentait il y a six mois

à la Société de chirurgie : la suppression des soupapes et des robinets, l'absence du caoutchouc,
rendaient l'opération facile et inoffensive, comme
l'expérience l'a démontré d'ailleurs. Restait le danger de l'introduction de l'air; avec de l'attention
sans doute on l'évitait. *M. Collin* s'est efforcé de
rendre ces accidents indépendants d'une fausse
manœuvre opératoire, l'instrument qu'il présente
empêche *automatiquement* l'introduction de l'air
dans les veines. Le sang propulsé remplit une
chambre ou réservoir incessamment renouvelé; un
flotteur, fait de substance inaltérable, s'abaisse dès
que le liquide est épuisé. Ce flotteur, plus léger
que le sang et plus lourd que l'air, reste au-dessus
du tube de dépense et s'oppose au passage de l'air
qui s'échappe toujours, quoi qu'on fasse, par l'orifice supérieur. »

ACCIDENTS DE L'OPÉRATION. — SUITES

L'usage des instruments perfectionnés dont nous venons de donner la description, rend les accidents de l'opération beaucoup moins à craindre aujourd'hui qu'autrefois. Alors, en effet, que l'on se servait d'une seringue ordinaire, on pouvait avoir à redouter la présence de corps étranger venant salir le sang, la formation des caillots, l'introduction de l'air dans le torrent circulatoire, la précipitation de l'injection, enfin la phlébite, accident dont nul instrument ne saurait mettre à l'abri.

La formation de caillots, qui peut se produire sous un certain nombre d'influences passées en revue plus haut, est relativement peu à redouter, quand elle comprend une coagulation d'un certain volume; elle se borne alors à entraver l'opération; mais elle devient fort dangereuse quand les coagulum sont d'assez petit volume pour pouvoir pénétrer dans la veine : des embolies multiples peuvent en être la conséquence. Voilà pourquoi Oré a fait placer à l'entrée de la canule de son instrument un petit grillage destiné, au dire de l'auteur, à faire obstacle à la pénétration de ces coagulum, mais bien plus apte, croyons-nous, à la déterminer, au cas où elle tarderait. On pourrait croire que l'usage du sang défibriné rend impossible cette complication? M. Belina prend soin de nous avertir que le refroidissement du sang dans l'appareil peut y donner lieu, au grand étonnement des expérimentateurs, qui ont attribué au froid une action absolument inverse.

Le danger de *l'introduction de l'air dans les veines* est assurément un accident grave. L'attention des constructeurs d'instruments s'est surtout préoccupée de le prévenir, et nous avons vu par quels ingénieux mécanismes ils y étaient arrivés. Si pourtant un semblable accident se produisait, il faudrait sans tarder mettre à profit les résultats expérimentaux de M. Oré, et recourir à l'électrisation du pneumo-gastrique.

L'injection précipitée serait plus à craindre, avec ces instruments, entre les mains d'un chirurgien peu expérimenté. Dans certain cas fort rare, elle aurait déterminé des accidents mortels. Nous rappelons le secours que l'on peut tirer en pareil cas de la saignée.

Enfin rien, on le comprend, ne peut mettre à l'abri de *la phlébite* au lieu de l'injection. Elle peut se produire, si l'on découvre trop la veine, si l'on met des ligatures, si l'on irrite les parois de la veine pendant le fonctionnement de l'appareil. L'adjonction d'un tube élastique entre les deux vaisseaux diminue singulièrement les chances de production de cette inflammation, qui s'est montrée de fort peu d'importance, hâtons-nous de le dire, dans les cas assez rares où elle a été observée.

Que le sang infusé soit artériel ou veineux fourni par l'homme ou par un animal, les observations sur lesquelles se base notre étude nous le montrent agissant sur l'organisme nouveau dans lequel il pénètre avant tout comme un agent excitateur, un stimulant passager, immédiat, mais incontestable. Il agit par contact sur la fibre musculaire du cœur, sur les centres nerveux; c'est un coup de fouet qui réveille énergiquement les fonctions vitales prêtes à s'éteindre, alors que ni les excitants portés à la périphérie, ni les stimulants administrés à l'intérieur ne peuvent atteindre ce but. Ici, nous demandons la permission de faire passer sous les yeux de nos lecteurs quelques extraits des observations. Voici quels sont les phénomènes habituellement observés :

La face se colore fortement, les yeux brillent grand ouverts, les pupilles dilatées; la respiration devient vibrante et active; un peu d'agitation, un peu d'effroi.... (Roussel, obs. 16).

La face se colore, la respiration s'anime, le pouls devient fort et rapide; il se réveille, il parle, il dit qu'il a faim, qu'il veut boire de la bière, répond lucidement aux questions, disant qu'il est très-bien, qu'il veut lui-même laver ses mains et le bras taché, changer de linge et de lit; il se lève et marche facilement, on l'oblige à se recoucher bientôt; il mange.... (Roussel, 17).

Le malade éprouve un sentiment agréable de chaleur dans le bras, dans la tête, la poitrine; la respiration devient profonde; le pouls se relève, la peau rougit et se couvre de sueur.... (Roussel, 20).

Il se réveille, parle librement, répond énergiquement aux questions des assistants, dit se sentir chaud, fort; comme res-

suscité, capable de marcher, d'aller en ville si on le laisse sortir.... (Roussel, 24), etc.

Et, qu'on ne le perde pas de vue, ces malades, il
n'y a qu'un instant étaient affaissés, prostrés,
presque sans vie; pour quelques-uns, le cœur
avait cessé de battre. Le premier phénomène qui
se manifeste est donc un réveil, réveil brusque et,
pour ainsi dire, instantané, quelquefois accompagné
de tremblement général. Mais continuons la lecture
des observations; ici je copie encore textuellement :

Elle dit qu'elle brûle, qu'elle ne peut tenir de chaleur dans
tout le corps, qu'elle a mal aux pieds et qu'elle sent venir une
crise nerveuse. Une demi-heure après, un très-léger frisson
suivi de sueur douce, une grande chaleur ; elle accuse un poids
général et veut dormir.... (Roussel).

Un frisson commence après une heure et demie, et dure
vingt minutes, suivi de sueur, de calme et de sommeil....
(Roussel).

Frisson violent, commence après vingt minutes, dure trente
minutes, suivi d'une sueur générale et de longue durée....
(*loc. cit*).

Le frisson a duré vingt-cinq minutes, fut très-peu marqué,
bientôt suivi d'une abondante sueur et d'un sommeil calme de
deux heures..., etc.

Il me serait facile de multiplier à l'infini les cita-
tions. Dans toutes ou presque toutes nous trouvons,
en effet, assez bien accentué, ce second stade qui
succède au premier moment du réveil, et que j'ap-
pellerai *de réaction générale*. Enfin, dans un fort
bon nombre, nous trouvons noté ce sommeil calme

et tranquille qui vient comme terminer la première scène.

Il est pourtant quelques phénomènes moins fréquents, il est vrai, mais sur lesquels il convient que j'insiste. A proprement parler, ils peuvent être considérés comme l'exagération de ceux que je viens de signaler; je veux faire allusion à la douleur lombaire, à la dyspnée et au vomissement.

La douleur lombaire se montre fréquemment; elle est sourde, profonde, et n'est pas sans présenter quelque analogie avec la rachialgie du début des fièvres éruptives. On n'en connaît pas encore la signification exacte; il est pourtant rationnel de l'attribuer au reflux du sang dans les veines caves, produit par l'arrivée un peu brusque et insolite du sang régénérateur.

La dypsnée est surtout en rapport avec la rapidité de l'injection, la quantité et l'origine de ce sang. Rappelons ici que, dans certains cas, on l'a fait cesser en pratiquant une saignée déplétive sur le bras opposé à celui qui recevait le sang nouveau. Dans le plus grand nombre des cas, grâce à cette ressource, la dyspnée n'est pas à craindre, pas plus que la pléthore; elle est, pour ainsi dire, à la merci de l'opérateur. Toutefois, qu'il me soit permis de consigner ici une remarque, c'est que la nature du sang paraît exercer sur ce phénomène une influence considérable; j'en appelle aux observations des transfuseurs russes et italiens, chez les malades desquels l'injection du sang de mouton a quelquefois provoqué une véritable angoisse.

Quant aux *vomissements*, avouons que leur cause est fort obscure; certains auteurs les expliquent fort aisément par une excitation du pneumo-gastrique. Il nous est difficile de croire que cette interprétation soit de nature à satisfaire les esprits quelque peu sévères.

Ainsi des effets immédiats viennent de se produire. Le péril semble conjuré. Est-ce là une guérison? Non; en stimulant l'organisme, le praticien a gagné du temps et conséquemment permis et à la médecine d'intervenir efficacement à l'aide de moyens qui trouvent maintenant une prise facile, et à l'organisme de réparer promptement ses pertes. C'est désormais à la thérapeutique de consolider l'œuvre commencée; cela est si vrai que, dans toutes les guérisons obtenues, les reconstituants ont joué ultérieurement un rôle important. Répétons-le, l'action du sang transfusé ne va pas au delà d'une influence locale, passagère; « de même que, par la trachéotomie, on se propose de parer à un danger pressant, qui est l'asphyxie par défaut d'air; — ainsi, par la transfusion, on cherche à obéir à une indication non moins positive et urgente, qui est la syncope par défaut de sang : la première, par l'accès de l'air dans les cellules pulmonaires, permet à l'hématose de s'effectuer, ce qui amène un changement rapide; — la seconde, par le contact du sang avec la paroi interne du cœur, ranime la fonction organique prête à se suspendre, d'où résulte un changement immédiat dans l'aspect extérieur du malade. Mais, dans les deux cas, reste l'état général du sujet, qui doit continuer à être combattu par les moyens appropriés. »

Et toutefois, les cas seront nombreux où cette thérapeutique se montrera impuissante ; c'est qu'alors le malade est atteint de lésions indépendantes de l'anémie, ou bien que cette anémie est portée à un tel degré, qu'une seule transfusion ne saurait suffire ; c'est alors le cas de recourir aux transfusions réfractées qui ont donné de si beaux succès entre les mains de Gesellius et de Hasse. Mais poursuivons l'examen des observations.

Quand la guérison doit se produire, l'amélioration se continue, les fonctions se rétablissent peu à peu. Un véritable type d'observation de ce genre est celle qu'a publiée récemment M. Béhier ; nous ne saurions mieux faire que de la reproduire ; les intéressants détails dont elle est accompagnée en font assurément l'une des plus complètes de la littérature médicale.

Observation. — La nommée U. V., âgée de vingt et un ans, entre à l'Hôtel-Dieu, salle Saint-Antoine, n° 14, le 24 janvier 1874. Grande, blonde, assez vigoureusement constituée. Réglée à treize ans, toujours exactement. A l'âge de dix-sept ans, en dehors de l'époque menstruelle, métrorrhagie assez abondante, qui dura un jour et céda au simple repos.

Accouchée, il y a seize mois, d'un enfant mâle, bien portant, qu'elle nourrit encore au moment de son entrée dans nos salles. Depuis cinq mois, les règles sont revenues exactes et copieuses. Néanmoins, elles étaient en retard de quinze jours quand, le 12 janvier, sans cause appréciable, pendant que la malade nettoyait un parquet, elle fut prise de métrorrhagie ; le sang s'échappa à flots, « comme d'une fontaine », selon son expression. Elle n'en continua pas moins son travail pendant quinze jours encore, perdant constamment du sang en abondance et mouillant jusqu'à seize serviettes par jour. Enfin, le 24, ses forces la trahirent et elle se fit transporter à l'hôpital ; trois fois en route, sur le brancard, elle fut prise de lipothymie.

A son entrée, on la trouve dans l'état suivant : face et peau d'une pâleur livide ; conjonctives et muqueuse buccale absolument décolorées ; pouls petit, mou, 120 par minute. Respiration, 26, sans dyspnée. Extrémités froides ; température axillaire, 37 degrés.

Par les parties génitales s'écoule, d'une façon continue, un sang pâle, fluide, lent à se coaguler.

Au toucher, on trouve le vagin spacieux, rempli de caillots mous, friables. Le col est court, large, ferme ; son orifice n'est pas entr'ouvert. La pression exercée sur lui par le doigt explorateur n'est pas douloureusement ressentie, non plus que la pression sur la région hypogastrique, où l'on ne perçoit aucune tumeur.

Les seins contiennent du lait assez abondant, mais pâle, séreux.

Dans les vaisseaux du cou, à droite surtout, bruit de souffle continu avec redoublements intenses, à timbre clair, musical (bruit de diable). Souffle doux, systolique, à la base du cœur. Rien dans les poumons. La malade se plaint uniquement d'une *céphalalgie frontale*, persistante, atroce ; cette céphalée augmente quand la malade essaye de se mettre sur son séant ; alors tout tourne autour d'elle, et elle retombe sur l'oreiller dans un état de demi-syncope.

Traitement : Décubitus horizontal ; glace sur le ventre, le bassin élevé ; boissons froides ; potion avec 2 grammes de perchlorure de fer.

Le 25, les pertes continuent ; aux phénomènes déjà signalés s'en ajoute un nouveau : ce sont des nausées et des vomissements. Pouls petit, filiforme, 132. Température axillaire, 36°4. Dans la nuit, le tamponnement est pratiqué par l'interne de garde. L'hémorrhagie s'arrêta pendant quelques heures, mais reparut le lendemain, 26, où il fallut retirer le tampon. La céphalalgie avait pris une violence extrême. La malade vomissait immédiatement tout ce qu'elle ingérait. On prescrit 2 grammes d'ergotine, mais la potion est rejetée comme le reste.

Les symptômes allèrent s'aggravant jusqu'au 29, la perte continuant sans cesse sous la forme d'un suintement sanguinolent ; les vomissements empêchant toute alimentation ; la céphalalgie et l'insomnie privant la malade de tout repos.

Le 29 au matin, la situation paraît désespérée : la malade est d'une pâleur mortelle, c'est à peine si la coloration des lèvres se distingue de celle de la peau ; la langue est froide ; la voix cassée, presque aphone. Le pouls est petit, extrêmement faible et mou, à 110 ; température axillaire, 36°,2 ; centrale, 38 degrés. Le moindre mouvement provoque une syncope. La céphalée est atroce ; la malade tient les yeux fermés et est incapable de supporter l'action de la lumière, tout lui paraît noir ; elle ne distingue ni la couleur, ni les contours des objets. Par moments, léger délire tranquille.

Le 29 janvier, à dix heures du matin, la malade se trouvant dans la situation que je vous ai dépeinte, je lui pratique la transfusion d'environ 80 grammes de sang, d'après le procédé opératoire que je viens de décrire. Le sang m'était offert de différents côtés, il fut fourni par mon chef de clinique, M. Straus. L'opération dura trois minutes environ. Dans les premières heures qui suivirent la transfusion, la malade fut observée avec soin par M. Liouville, qui releva les particularités suivantes :

Immédiatement après l'opération, la face conserve son aspect blafard, mais, par moments, elle est comme bouffie. Respirations pénibles, profondes. La malade s'agite, elle parle ; léger délire ; idées tristes, terreurs : elle dit qu'elle se sent mourir. Par intervalles, excitation qui va en croissant, puis dyspnée et cris douloureux.

Onze heures cinq minutes : Cris plus forts ; elle se plaint que les pieds enflent. Elle déploie une force plus grande manifestement que celle dont elle disposait auparavant. Mais la crise

par laquelle elle passe à quelque chose de très-impression-
nant.

Onze heures dix minutes : Elle a la force de soulever la
tête et boit sans peine et avidement l'eau vineuse, qu'elle ne
vomit point. Le pouls est toujours misérable, imperceptible
aux deux radiales.

Onze heures vingt minutes : Toujours vive agitation ; il lui
semble quelles pieds enflent encore, ainsi que le ventre. Respiration rapide, haletante, rappelant celle de l'asphyxie, et
dans laquelle le tirage est fortement aspiratif. Aspect hagard
de la face, qui est légèrement cyanosée.

Ces phénomènes persistent jusque vers une heure de l'après-
midi. Ce n'est qu'à ce moment qu'on est frappé du changement en mieux qui s'opère ; les mains se réchauffent ; le pouls
est vif, assez fort ; la malade parle et déclare se sentir mieux.
A deux heures, l'aspect hagard et étrange de la physionomie
s'est dissipé ; la face est légèrement colorée ; plus de délire ni
d'agitation ; elle répond à voix nette et parfaitement distincte.
On ne reconnaîtrait plus la malade qui offrait des aspects s
frappants et avant l'opération et immédiatement après dans
les premières heures.

Quatre heures : Pouls fort, résistant. La malade a pu absor-
ber dans l'intervalle, sans aucun vomissement, du bouillon et
près d'une bouteille de vin vieux. Elle écoute, parle sans fati-
gue, distingue les couleurs et s'intéresse à ce qui l'entoure. La
céphalalgie a entièrement disparu.

Le suintement sanguinolent, qui s'effectuait d'une façon
constante par la vulve, a totalement cessé depuis le moment
de la transfusion.

30 janvier, matin : Sommeil pendant toute la nuit, face re-
posée. Plus de photophobie, ni le moindre vomissement.
Pouls, 120 ; température axillaire, 37 degrés ; respiration 32.
Un potage avec l'extrait de viande est parfaitement supporté,
ainsi qu'un jaune d'œuf battu dans du bouillon. La céphalalgie est presque insignifiante.

Soir : Pouls 124, large, mou ; température axillaire, 37°, 4 ;
respiration 18.

31 janvier : Amélioration très-notable ; on trouve la malade

assise, causant avec ses voisines. On a de la peine à lui persuader de garder le décubitus horizontal. Elle supporte tout ce qu'elle prend (potages gras, vin de Bagnols ; potions de Todd).

Matin : Pouls, 112 ; respiration, 22 ; température, 37°,4. Le soir, le pouls est à 108, plein, fort ; la température à 40°,2 ; la respiration à 28. Le mouvement fébrile est vif et très-accentué, sans malaise notable néanmoins et sans frisson antérieur. L'appétit même n'est pas diminué, et malgré la haute température qu'elle offre, elle demande à manger.

Le lendemain, 1er février, le mouvement fébrile s'est apaisé, la face et les muqueuses commencent à se colorer. Digestions parfaites ; appétit exigeant et insatiable. Léger empâtement au niveau du pli du coude droit, au-dessus de la piqûre de la veine, qui est fermée (peut-être traumatisme dû à l'application de la bande).

Aujourd'hui, 4 février, cet empâtement s'est dissipé. La malade mange, dort, fonctionne normalement et a repris toute l'alacrité de son caractère. Elle est définitivement sauvée.

Cette observation nous fait assister à un succès dû à la transfusion d'homme à homme. Les choses se passent-elles ainsi quand on a employé le sang d'agneau ?

Ici je rappelle les données expérimentales de notre premier chapitre. D'après ce que nous avons vu, tout sang étranger est immédiatement détruit et résolu en ses éléments. L'hémoglobine se trouve ainsi libre dans le torrent sanguin et pénètre dans les tissus. Sa présence dans la circulation peut déjà provoquer des désordres dans l'organisme, mais elle y demeure peu de temps ; elle se transforme en partie ou afflue vers les reins, qui en sont l'organe éliminateur et qui l'éliminent, en effet, lorsque la quantité n'est pas trop grande. Lorsque le contraire existe, on a vu que les reins présentent des altérations profondes et caractéristiques. Il se forme avec rapidité, dans les tubuli, des exsudations qui peuvent souvent empêcher toute continuation de la sécrétion. Or, « cette insuffisance de la sécrétion urinaire est le commencement de la fin ». Entre les doses faibles et les doses fortes, les doses moyennes donnent lieu à des états anatomiques intermédiaires des reins, où une diurèse abondante peut sauver la vie de l'animal, mais aussi ou la moindre circonstance défavorable peut le tuer.

Nous avons déjà insisté sur ce fait. Les observations recueillies sur l'homme ne sont pas en complet accord avec les données de la physiologie expérimentale. Plusieurs fois pourtant, Hasse et Sanders ont consigné l'apparition de *l'hématurie*, mais sans s'en inquiéter outre mesure. Au point de vue donc de l'état général, rien à noter de particulier à la suite de l'injection de sang étranger dans le corps humain. Place pourtant pour une observation qui n'est pas dépourvue d'intérêt : Caselli a remarqué plusieurs fois la coïncidence de *l'urticaire* et des *démangeaisons* violentes de la peau avec cette opération. Ce symptôme passera aux yeux de tous, comme à ceux de Caselli pour la manifestation de la surprise du système cutané.

Nous avons nombre de fois, dans le cours de ce

travail, exposé les résultats expérimentaux de l'hématométrie. Nous pouvons aujourd'hui grâce aux travaux de M. Malassez et de Liouville, parler de ceux qui ont été obtenus sur l'homme.

Voici d'abord les observations faites par M. Malassez sur le malade de M. Brouardel dont nous avons rapporté l'observation plus haut.

La numération des globules sanguins, chez le transfusé et le transfusant, montre avec quelle rapidité les hématies se détruisent chez le malade qui ne peut réparer ses pertes, et avec quelle rapidité les hématies se reproduisent chez l'homme sain.

Avant l'opération, l'examen du sang, fait par M. Mallassez, donnait 3,200,000 hématies par millimètre cube.

Vingt minutes après l'opération : 3,500,000.

Trente heures après : 3,200,000.

Le malade mourait douze heures après, soit quarante-deux heures après l'opération. Si l'on se reporte aux données sur la masse du sang du transfusant, on arrive avec M. Malassez au tableau suivant :

	Transfusant L.	Transfusé Z.
Volume total du sang	6,150 c. cubes	300 c. cubes
Rapport au volume du sang extrait	1/20	Injecté 1/2
Poids total du sang	6,642 gr.	324 gr.
Rapport au poids du corps	1/9	1/70
Nombre total	26,445 milliards	960 milliards
Capacité globulaire	426 millions	41 millions

Voici d'autre part le résultat des calculs de

M. Liouville à la suite de la transfusion faite par M. Béhier :

La numération des globules rouges, faite chez la transfusée, à l'aide de l'appareil de M. Malassez, a donné à huit heures du matin, le 29 janvier, avant la transfusion, le chiffre de 850,000 globules rouges par millimètre cube. Le même jour, à deux heures du soir, quatre heures après l'opération, il était de 1,110,000. A six heures, huit heures après la transfusion, on en comptait 1,143,900. M. Liouville, qui examinait ce sang au microscope, remarquait à ce moment l'apparition de très-nombreux petits globules rouges, bien formés, qui n'existaient pas avant la transfusion. Le 13 février, ce chiffre était de 1,850,000, et le 4 mars, 2,029,500. Ces chiffres démontrent clairement que, la vie une fois ranimée par l'ingestion d'un sang tonique, la malade a pu refaire des globules.

Nous appelons spécialement l'attention sur ce dernier fait. Nul auteur ne l'avait signalé avant M. Liouville. Il est de nature à surprendre plus d'un physiologiste; aussi les opérateurs feront-ils bien d'en chercher la confirmation dans les observations ultérieures.

J'arrive aux terminaisons malheureuses. Le patient retombe dans sa faiblesse, dans son anéantissement, et meurt. Dans quelques cas même l'opération a été impuissante à le réveiller, même momentanément, de son dernier sommeil.

Je dois à la particulière bienveillance de M. Maurice Raynaud, qui a bien voulu, avec un empressement dont je ne saurais trop le remercier, mettre à ma disposition ses précieuses archives, de pouvoir enrichir cette partie de mon travail de quatre observations, dont trois inédites. Elles montrent avec une grande netteté l'enchaînement des phénomènes qui conduisent si souvent le malade au tombeau.

Ire Observation. — J'ai eu l'occasion, dit M. M. Raynaud (communication orale), de pratiquer la transfusion 4 fois et toujours avec insuccès final. Une première fois en 1859, à l'hôpital des Enfants-Malades où j'étais interne. Me trouvant de garde, je fus appelé un soir auprès d'un enfant d'une douzaine d'années, à qui Guersant avait pratiqué le matin l'amputation de la cuisse droite. Une hémorrhagie foudroyante de l'artère crurale s'etait produite, et dans le temps nécessaire pour venir me chercher, il s'était écoulé une quantité de sang telle que le lit en était inondé et que le malade paraissait à l'extrémité. Je commençai par arrêter l'hémorrhagie, puis je me pratiquai à moi-même une saignée d'environ 200 grammes et ayant découvert une des veines du pli du coude, j'y injectai une demi-seringue, soit 50 grammes environ de ce sang non défibriné, recueilli à la hâte dans une seringue ordinaire. La mort survint pendant l'opération qui, du reste, n'en est pas responsable, car au moment où elle fut faite, le petit malade avait évidemment rendu le dernier soupir.

IIe Observation. — Ma seconde opération de transfusion fut faite en 1868, à l'hôpital La Riboisière où je faisais un service intérimaire. Il s'agissait d'une malade d'une quarantaine d'années, atteinte d'une anémie profonde accusée par une décoloration absolue des muqueuses et de la peau. Cette anémie ne put être rapportée à aucune cause connue, et l'autopsie faite après la mort ne révéla d'ailleurs aucune lésion appréciable, en dehors de l'état du sang. Ce ne fut qu'après avoir tenté pendant longtemps l'usage de moyens ordinaires, les ferrugineux, amers, hydrothérapie, etc., que voyant la malade dans un pressant danger et menacée par des syncopes inquiétantes, je me décidai, en désespoir de cause à pratiquer la transfusion. Cette opération fut faite au moyen de l'appareil Mathieu, dont elle fut, si je ne me trompe, une des premières applications; le sang fut emprunté à la fille de la malade, personne très-vigoureuse et bien constituée. Après défibrination préalable, environ 150 grammes de sang furent injectés lentement et avec les précautions usitées en pareil cas. L'opération marcha régulièrement et nous eûmes un moment l'espoir d'une amélioration, mais ce ne fut qu'une lueur, et dès le lendemain la malade était retombée dans le même état. Elle succomba au bout de très-peu de jours (4 ou 5).

III⁰ Observation. — La troisième fois que j'eus l'occasion de pratiquer la transfusion, ce fut à l'ambulance du Grand-Hôtel, pendant le siége de Paris. Voici d'ailleurs l'observation *in extenso* :

Méjean Scipion, 25 ans, 114ᵉ de ligne. Blessé à Champigny. Entré à l'ambulance le 30 novembre 1870. Coup de feu au niveau de l'angle gauche du maxillaire inférieur. La balle pénétra assez profondément dans la région sus-hyoïdienne ; elle est extraite séance tenante. J'extrais en même temps de nombreuses esquilles ; l'arcade dentaire est intacte.

6 décembre. Amélioration considérable ; suppuration abondante.

Le soir même survient une hémorrhagie qui en quelques instants inonde le lit du malade. M. Bidard, appelé en toute hâte, constate que l'hémorrhagie provient d'une partie très-profonde de la plaie, et il en attribue l'origine soit à la carotide externe, soit au tronc de la faciale, tout près de son point d'émergence de la carotide externe. Il essaye vainement de lier le vaisseau, on exerce sur l'artère une compression énergique et l'on m'envoie chercher.

Je pratique séance tenante la ligature de la carotide primitive, non sans de très-grandes difficultés, dues principalement au volume de la jugulaire interne. La ligature posée, l'hémorrhagie s'arrête très-rapidement ; le malade est tellement épuisé qu'il n'a pas, pour ainsi dire, senti l'opération ; on lui avait fait inspirer quelques gouttes de chloroforme seulement.

7 décembre. La journée se passe très-bien, le malade est pâle. Il n'y a eu aucun accident cérébral.

8 décembre. Même état ; la suppuration est bien rétablie dans la plaie.

Le soir à 9 heures, hémorrhagie très-considérable, provenant du même point que le premier jour ; dans l'impossibilité de faire une nouvelle ligature, on tamponne avec l'eau de Pagliari, puis avec de la charpie imbibée de perchlorure de fer. Un suintement sanguinolent continue pendant toute la nuit.

9 décembre. Nouvelle hémorrhagie, bien moins violente, à 7 heures du matin.

A l'heure de la visite, je trouve Mme X... en train de lire les prières des agonisants ; le malade est très-décoloré et dans une prostration profonde.

Pouls filiforme, battant 136 fois par minute et même davantage. En présence d'une mort prochaine, je me décide à pratiquer la transfusion du sang.

Cette opération est faite avec le concours de M. Nélaton, au moyen de l'appareil de Mathieu.

Le sang qui s'échappe par la canule du trocart mis dans la veine du malade semble de l'eau à peine rougie. — J'injecte 370 grammes de mon sang, préalablement défibriné par un battage d'un quart d'heure, et filtré à travers une flanelle.

Après l'injection des 15 premiers grammes, le malade éprouve une demi-syncope qui m'oblige à m'arrêter et me cause quelque inquiétude. Puis les joues du malade se colorent visiblement. L'opération dure près d'une heure : j'injecte 5 grammes par 5 grammes. Au moment où l'on atteint 345 grammes, le pouls devient extraordinairement petit, et le malade est pris d'un frisson violent durant environ un quart d'heure. Tout-à-fait à la fin de l'opération, il survient un vomissement, provoqué peut-être par l'ingestion inopportune d'un peu trop de bouillon. L'effort du vomissement provoque une petite hémorrhagie. Puis il s'établit une sueur abondante, et le malade passe le reste de la journée dans le repos et dans un état de somnolence continuelle.

6 heures du soir. Même état ; la coloration des joues est vive. Le pouls est très-difficile à percevoir ; la respiration est calme et profonde, 36 par minute.

A 9 heures du soir, le malade est encore très-coloré ; il prononce encore quelques paroles.

Mort à 10 heures trois quarts.

Autopsie. (Elle a été surtout faite pour examiner l'état de la région où l'on avait fait la ligature.) Notons cependant la présence d'un caillot rosé dans la plaie, ce qui a été souvent signalé dans les expériences de Jakob Worm Müller.

IV° OBSERVATION. — Pendant cette même période du siége (déc. 1870), je fus appelé par mon ami le docteur Monsteur, en consultation auprès d'une jeune femme de vingt-quatre ans, parvenue au terme d'une grossesse très-pénible et épuisée depuis plusieurs mois par une de ces diarrhées incoercibles des derniers temps de la gestation, qui n'ont peut-être pas suffisamment fixé l'attention des accoucheurs, et qui paraissent faire le pendant des vomissements incoercibles du début. L'état d'anémie auquel était parvenu cette malade était tel, qu'on ne pouvait envisager sans de grandes appréhensions le moment de l'accouchement. En effet, la malade étant accouchée le surlendemain, la perte de sang, d'ailleurs peu considérable qu'elle subit pendant le travail, suffit à déterminer un état dem-syncopal du plus mauvais augure. C'est dans ces circonstances que je fus rappelé auprès de cette jeune femme, quelques heures après l'accouchement. Il y avait un peu d'endolorissement du ventre, qui pouvait faire craindre le développement d'une phlegmasie puerpérale. Néanmoins, vu l'imminence du danger, je me décidai à proposer au mari la transfusion, comme ressource suprême ; elle fut faite avec son sang, et pratiquée très-méthodiquement avec l'appareil Mathieu ; j'injectai environ 200 grammes de sang. Aussitôt après l'injection, les lèvres de la malade se colorèrent visiblement ; et la peau eut une teinte moins mate. L'opération s'était faite avec la plus grande facilité ; mais ici encore, cette amélioration fut de très-courte durée, et la malade succomba environ vingt-quatre heures après.

CONCLUSIONS

Fut-il jamais sujet plus controversé et à la fois
d'une importance plus grande que celui qui vient
de nous occuper! Le nombre et la valeur des expériences, l'intérêt et la précision des recherches chimiques et physiologiques, la passion avec laquelle
les résultats cliniques sont discutés témoignent de
l'ardeur que, aujourd'hui comme il y a deux siècles,
les hommes de la science apportent à son étude.
Eh bien! avouons-le, les documents sans nombre
que nous avons aujourd'hui entre les mains sont
impuissants à donner la solution des problèmes qui
s'y rattachent, et, parvenu au terme de ce long travail, il nous serait bien difficile d'en tirer une conclusion générale immédiate. Voilà pourquoi nous
nous sommes surtout attachés à relater les faits, à
rassembler les observations, à coordonner les matériaux qu'à en extraire, de gré ou de force, des in-
terprétations que nul, aujourd'hui, n'est en mesure
de déduire sans faire violence à la vérité.

Quelle est la valeur relative du sang artériel ou
du sang veineux, du sang humain ou du sang des
animaux? Faut-il l'injecter *in toto*, ou privé de
l'une de ses parties, directement ou indirectement?
Que de problèmes divers! que de desiderata se pres-

sent autour de cette question ! Avec toute la réserve possible, nous allons essayer d'y répondre.

I

1. Ce qui ressort avant tout de la partie physiologique de notre travail, c'est la possibilité de ramener à la vie des animaux prêts à périr d'hémorrhagie, en leur infusant du sang d'un animal de même espèce.

2. Les faits de Worms Muller nous ont montré, que si cette quantité est minime, son action est éphémère, et que si elle est considérable, elle peut devenir dangereuse par l'augmentation subite de la masse liquide du sang. Cependant la pléthore est en général peu à craindre, grâce à la rapidité d'élimination : du sérum par l'exosmose, des globules par la secrétion urinaire.

3. Le rôle dévolu à la fibrine est fort obscur ; s'il est démontré qu'elle n'est pas indispensable, il n'est pas moins prouvé qu'elle n'exerce en aucun cas d'influence nuisible ou toxique, ainsi que l'avaient avancé certains auteurs.

4. L'élément important dans le sang injecté, n'est ni le plasma, ni l'oxygène, ni la matière colorante du sang, c'est le globule, le globule seul, dans son intégrité anatomique et physiologique.

5. La coagulation du sang se produit sous l'influence du contact des corps étrangers, sans que l'air puisse être incriminé.

6. L'introduction de l'air dans les veines est un accident rare, peu redoutable, et ses mauvais effets sont atténués par la faradisation.

7. La lenteur dans l'injection permet d'introduire dans le système sanguin des quantités considérables de sang, sans avoir à redouter la pléthore.

8. La différence entre les effets produits par les injections de sang veineux et de sang artériel est négligeable, en pratique.

9. L'addition de substances diverses pour maintenir le sang fluide, doit être rejetée comme anti-physiologique.

10. Que dire de la transfusion entre animaux d'espèces, de classes, de sangs différents ? Avant tout, constatons que, lorsqu'elle n'amène pas une mort rapide, due soit aux différences trop considérables entre le diamètre des globules, soit à des phénomènes intimes encore inexpliqués aujourd'hui, il se produit une hématurie et une hémato-globinurie dénotant une dissolution rapide des globules. Vient-on à examiner les reins, les tubuli présentent une apoplexie due à l'imbibition de la substance propre par une matière semblable à l'hémoglobine. Cette hémoglobine est le résultat de la lutte engagée entre les deux sangs, et marque a défaite des globules étrangers.

II

11. Les maladies dues à un empoisonnement du sang devenu nocif pour les tissus, peuvent

être combattues par la transfusion précédée d'une saignée.

12. Dans nombre de maladies chroniques par altération qualitative et quantitative du sang, c'est la transfusion à doses réfractées qui peut rendre des services au praticien.

13. L'anémie aiguë par hémorrhagie grave est l'indication la plus nette de la transfusion simple.

III

14. Bien que les inconvénients de la défibrination ne soient pas parfaitement démontrés, les avantages de cette manœuvre aveugle et anti-physiologique, étant contestables, on doit la rejeter de la pratique.

15. La transfusion d'homme à homme n'est acceptable que médiate et de veine à veine.

16. Les heureux résultats de la tranfusion artério veineuse d'animal à homme ne sauraient être contestés de bonne foi; et, quoique cette méthode qui permet d'introduire dans la thérapeutique la transfusion réfractée ne soit pas encore absolument jugée, il est permis d'espérer de bons effets de cette pratique qui, en raison de son innocuité, mérite de se généraliser.

IV

17. La transfusion peut et doit être pratiquée en cas d'urgence avec des instruments vulgaires; mais

l'emploi des appareils de Mathieu et de Charrière l'abrégent, la simplifient et préviennent les accidents éventuels de l'opération.

V

18. Une excitation générale et accompagnée de quelques phénomènes sans importance, vomissements, rachialgie, dyspnée, et suivie d'un sommeil tranquille : tels sont les phénomènes immédiats de la transfusion.

Ces effets sont de peu de durée; c'est à la thérapeutique à continuer et à achever son œuvre.

INDEX BIBLIOGRAPHIQUE

Première partie.

DE L'ANTIQUITÉ A 1815

Ovid. Metamorph. Lib. VII, (Medea).

Magnus Pegelius. Thesaurus rerum selectarum, magnarum, dignarum, utilium, suavium pro generis humani salute oblatus. 1604.

Andreae Libavii appendix necessaria syntagmatis arcanorum chymicorum contra Hening. Scheunemanum, Francofurti 1615.

Johann Colle, methodus facile parandi tuta et nova medicamenta. Venet, 1628.

Philosophical Transactions. Vol. Nr. 7, 1665; Nr. 19, 20, 22, 1666. Vol II Nr. 25, 28, 30, 35, 1667. Nr. 54, 1669.

Robert Boyle, certain phisiological essays on the usefulness of nature philosophy. Oxon, 1667. 4.

Kingi opera. 1677. 4.

Jean Denis, extrait d'une lettre à M... sur la transfusion du sang; Paris, du 2 Avril 1667.

Claude Tardy, Traite de l'écoulement du sang d'un homme dans les veines d'un autre et de ses utilités. Paris, Avril 1667. 4.

J. Denis, Professeur de Philosophie et de Mathemathique, lettre escrite à Mr. Montmor, touchant deux expériences de la transfusion faites sur les hommes. Paris, 1667.

J. Denis, Lettre escrite à M. Montmor, Conseiller du roi en ses Conseils et premier Maistre de Requestes par J. Denis, Professeur de Philosophie et de Mathémathique, touchant une nouvelle manière de guérir plusieurs maladies par sa transfusion du sang, confirmée par deux expériences faites sur des hommes. Paris, le 25 juin 1667. 4.

G. Lamy, Maistre ès arts en l'université de Paris, à Mr. Moreau, Dr. en médec., Lecteur et Professeur ordinaire du roi, contre le prétenduës utilités de la Transfusion du sang, pour guérir des maladies, avec la réponse aux raisons et expériences de Mr. Denis. Paris, le 8 Juillet 1667. 4. 15 pages.

C. Gaudroys, lettre ecscrite à Mr. l'Abbé Bourdelot, Dr. en Méd. de la faculté de Paris et premier Médecin de la Reine Christine de Suède, pour servir de réponse au Sr. Lamy et confirmer en mesme temps la transfusion du sang par des nouvelles expériences. Paris, le 8 Août 1667.

G. Lamy, Maistre ès arts en l'Université de Paris, lettre escrite à Mr. Moreau, Dr. en médec., etc., dans laquelle il confirme les raisons qu'il avoit apportées dans sa première lettre contre la transfusion du sang, en repondant aux objections qu'on luy à faites. Paris, le 26 Aoust 1667.

J. Denis, Lettre escrite à M. l'Abbé Bourdelot, Dr. en Médecine de la faculté de Paris, premier Médecin de la reine Christine de Suède, à present aupres de Mons. le Prince de Chantilly, par Gaspard de Gurye, Ecurien Sieur de Montpolloy, Lieut. au regiment de Bourgogne, sur la transfusion du sang, contenant des raisons et des expèriences pour et contre. Paris, le 16 Sept. 1667. 4.

Claude Tardy, Lettre escrite à Mr. le Breton, Dr. en Méd., pour confirmer les utilités de la transfusion du sang et répondre à ceux qui les estendent trop. Paris 1667.

Journal des Scavans. Paris, 4. 1667. Pag. 63.

Louis de Baril, Advocat en Parlement, réflexions sur les disputes qui se font à l'occasion de la transfusion. Paris, 1667. 4.

J. Denis, Lettre escrites à Mr..., par J. Denis, Dr. en Mèdec. et Prof. de Philos. et de Mathém., touchant une folie invétérée, qui a été guérie depuis peu par la transfusion du sang. Paris, le 12 Janvier 1668.

G. Lamy, Lettre escrite à Mr. Moreau, Dr. en Médec., dans laquelle est décrite la mort du fou prétendu guéri par la transfusion, avec un récit exact de ce qui s'est passé aux transfusions qu'on lui a faites, et quelques reflexions sur les accidents qui lui sont arrivés. Paris, le 16 Fevrier 1668. 11 pages.

J. Denis, Lettre escrite à Mr. Sorbière, Dr. en Médec., touchant l'origine de la transfusion du sang, et manière de la practiquer sur les hommes, avec le récit d'une cure faite depuis peu sur une personne paralitique. Paris, le 2 Mars 1668.

Piere Martin de la Martinière, Opuscules contre les circulateurs et la transfusion du sang. Paris, 1668.

Eutyphronis de nova curandorum morborum ratione per transfusionem sanguinis. Paris, 1668.

De Sorbiére, Discours touchant diverses expériences de la transfusion du sang. Rom., Decembre 1668. 4.

Joh. Dan. Majoris deliciae hibernae sive tria inventa medica. Kilon, 1667 fol.

J. Sigismundi Elsholzii, clysmatica nova, sive ratio qua in venam sectam medicamenta immitti possent, ut eodem modo operentur ac si ore admissa fuissent; addita inaudita omnibus saeculis transfusione sanguinis. Colon. Brandenb., 1665, 1667, 1668, cum Francof. cum collegio anatomico Severini et aliorum.

N. A. Tinassi, Rilazione del successo di alcune transfusione del sangue fatte negli animali; anche Rilazione d'esperienze fatte in Inghilterra, Francia ed Italia intorno la formosa transfusione del sangue, per N. A. Tinassi, in Roma, 1668.

Pauli Manfredi, de nova et inaudita chirurgica operatione, sanguinem transfundente ex individuo ad individuum, primum in brutis, dein in homine Romae experta. Roma, 1668.

Barthol. Santinelli, confusio transfusionis, sive confutatio operationis transfundentis sanguinem de individuo ad individuum. Romae 1668. 8. 139.

Regnier de Graaf. De clysteribus et usu siphonis. Lugd. Batav., 1668.

Joh. van Horne. Microtechnae seu methodica ad Chir. Introd. Lugd. Batav., 1668.

Richard Loweri, tractatus de corde. Lond., 1669.

Irenaei Vehr, Diss. praesidium novum chirurgicum de methaemochymia. Francof. ad Viadr., 1668.

Henr. Krüger, Diss. praeside I. D. Majore de clysteribus Veterum ac Novis. Kiliae, 1670.

Sculteti armamentarium chirurgicum, Lugd. Batav., 1672. 8, pag. 54.

G. Abraham Merklin, de ortu et occasu transfusionis sanguinis. Norimbergae, 1674. 8.

J. Cornel Hönn, Diss. praeside Joh. Chr. Sturm, prof. Phys. et Math. de transfusione sanguinis historia, methodo, et artificio. Altorfii, 1676.

Claude Perrault, Essais de physique, 1680, pag. 405.

Francisci Kleinii, disput. an sanguinis transfusio utilis sit adhibenda. Herbipol. 1680. 4.

Francisci Kleinii sanguinea apollineae palaestrae acies, quam sine strage coecis visum, surdis auditum deliris mentem, vetulis juventutem, uxoribus pacem restituendo, istruxit autor, dum Dominum Joh. Vit. Helmuth medicinae Doctorem crearet. Herbipol, 1680. 4.

Francesco Folli, Stadera medica nella quale oltre la medicina infusoria si bilancia la Transfusione del sangue quia inventata da Fr. Folli. Firenze, 1680. 8. 217 pages.

Michaelis Ettmülleri, Diss. de Chirurgica transfusione. Lipsiae, 1682.

Acta Naturae curiosorum, Dec. II, An. 8. Obs. 131; Dec. III, An. 9-10. Obs. 21 u. 204, 1684.

Matth. Gottfr. Purmann, Chirurgischer Lorbeer-Krantz, oder Wund-Artzney. Frankf. u. Leipzig, 1691. 4. Pag. 284, 285.

Anton Nuck, Observationes et experimenta chirurgica, edita per J. T. Brem. Med. Stud. Lugd. Batav., 1696.

Matth. Gottfr. Purmann, Chirurgica curiosa. Lipsiae, 1699. 4. 1766. n. 1739. Pag. 712

Du Hamel, historia Academiae regiae scientiarum. Lips., 1700 (Cap. III, pag. 20).

Joh. Ludw. Hannemann, Diss. de motu cordis. Kiel, 1706.

P. Dionis, Cours d'opérations de chirurgie. Paris, 1708. 8 (8. Demonstrat.).

Barchusen, Historia Medicinae. Amstelodamae, 1710 (Dialogo XVII).

Chr. Friedr. Garmanni, epistolarum centuria e Museo Iman Henr. Garmani. Rostocki et Lips.. 1714.

Olai Borrichii, Diss. de sanguine, edit. a Sever. Lintruprio. Hafn., 1715.

Johann Junker, Conspectus Chirurgiae. Halae, 1721. 4 (p. 527).

Fürstenau, Desideratis Medicis. Lipsiae, 1727 (pag. 744).

Heisteri, institutiones chirurgiae. Amstelodami, 1739. 4 (Cap. 14).

De la Chapelle, Cheynes, Methode naturelle de guerir les maladies. Paris, 1749.

Mercure de France, May 1749, pag. 158, 161, 163.

Dominicus Brogiani, De veneni animantium natura. Florent., 1752 (pag. 909 u. 111).

Birch, History of the Royal philos. Society, 4, 1757. Vol. I, pag. 303; sowie Vol. II, pag. 50, 54, 67, 83, 89, 98, 115, 117, 118, 123, 124, 125, 132, 133, 134, 161, 164, 166, 167, 179, 189, 191, 209, 216, 217.

Halleri, Elementa Physiologiae. T. I, II. Lausanne, 1754.

Halleri, Bibliotheca anatom., 1774. Figur 4.

James Mackenzie, History of Health and the art of preserving it. Edinb., 1760.

J. A. Hemman, Medicinisch chirurgische Aufsätze. Berlin, 1778, 2. Auflage, 1791.

Fuller, New hints relative to the Recovery of Persons drowned. London, 1785.

Lassus, Discours historique et critique sur les decouvertes faites en Anatomie. Paris, 1783.

G. Richter, Diss. de Haemorrhagiarum pathologia, semiologia et therapia. Marburg, 1785.

Michele Rosa, Lettere fisiologiche, terza editione ridornata ed accesciuta di una prefaz del autore et di alcune giunte importanti, T. I, II. Napoli, 1788. 8

An Essay on vital suspension, etc., by a Medical Practioner.

Sammlung physicalischer Aufsätze von einer Gesellschaft Bohmischer Naturforscher, herausgegeben von Mayer. 1793. 8. (Bd. III.)

Historical Magazine. London, 1792 (May, pag. 167).

— 315 —

Nicolai, Recepten und Curarten. Jena, 1792 (Th. IV, pag. 411-446).

Rougemont, Handbuch der chir. Operation. Frankfurt, 1793.

Darwin, Zoonomia. London, 1796. 4. Vol I, pag. 32.

Sundhets-Journal. Juny, 1796 (pag. 37).

Metzger, Skitze einer pragmatischen Literärgeschichte der Medicin. Konigsberg, 1792 (§ 268).

Medical Extract on the Nature of Health, by a friend to Improvement. A new Edit. London, 1796. 8 (Vol. III, pag. 653).

J. C. Haefner, Teltoviensis Diss. de Infusione et Transfusione. Jenae 1798.

Hufeland's Journal der prakt. Heilkunde. Tom. VIII, pag. 141, 144, 1799.

Kausch, Geist und Kritik der med. u. chirurgischen Zeitschriften Deutschlands. 3e année. 2e volume.

Willich, Series of Lectures on Health. London, 1798.

Arnemann, System der Chirurgie. Gottingen, 1799.

Bichat, Recherches sur la vie et la mort. Paris, 1800 (Chap. II).

Portal, Cours de Physiologie experimentale. Paris, 1800.

Hufeland's Journal der prakt. Heilkunde. Tome XI. vol. cahier 4. St. pag. 171, 174, 1801.

Die Kunst sich wieder zu verjüngen. Hamburg, 1801.

Paul Scheel, Die Transfusion des Blutes und Einspritzung der Arzeneyen in die Adern. Historisch und in Rücksicht auf die praktische Heilkunde bearbeitet. Band I. Copenhagen, 1802. Band II. Copenhagen, 1803.

Deuxième partie.

DE 1815 A 1873

1815. **E. Hufeland.** Diss. de usu Transfusionis sanguinis, praecipue in asphyxia. Berolini (8).

1815. **Simonde de Sismondi.** Histoire des républiques italiennes du moyen âge. Paris. Tom. XI.

1817. **E. A. V. Graefe.** Diss. de novo infusionis methodo. Berol. c. tab.

1817. **Petr. Christ. de Boer.** Diss. physiologica-medica de transfusione sanguinis. Groeningae (8).

1818. **Cline.** Medico-chirurgical Transactions. Volum. IX, part. I, pag. 56-92.

1819. **F. M. S. V. Hoefft.** Diss. de sanguinis transfusione. Berolini.

1821. **Prevost et Dumas.** Bibliothèque universelle de Genève. T. XVII.

1822. **Magendie.** Journal de Physiologie. Tom. II, pag. 338.

1823. **Milne-Edwards.** Thèse de Paris (73).

1824. **Tietzel.** Diss. De transfusione sanguinis. Berolini.

1824. **Blundell.** Researches physiological and pathological on transfusion of blood. London.

1824. **Schneider.** Entwurf zu einer Heilmittellehre gegen psychische Krankheiten. Tübingen, pag. 372.

1825. **Doubleday.** The Lancet. 8 October.

1825. **Waller.** Observations on the Transfusion of Blood.

1825. **Blundell.** The Lancet. Vol. IX, pag. 205. 19 November.

1825. Archiv. gén. de méd. Vol. IX, pag 560.

1826. **Blundell.** Medico-Chirurgical Review. Vol. VIII u. IX.

1826. **Doubleday.** The Lancet. Vol. IX, pag. 782. 4 March, 29 April. May 29.

1826. **Jewell.** London Medical and Physical Journal.

1827. **Barton-Brown.** London Medical and Physical Journal. Feb.

1828. **Barton-Brown.** Edinburgh Medical and surgical Journal, pag 451.

1828. **Clement.** The Lancet. Febr. 2, Febr. 9.

1828. **J. F. Dieffenbach.** Die Transfusion des Blutes und die Infusion der Arzeneien in die Blutgefasse, Berlin.

1828. **Hertwig.** In Hecker's Annalen der Medicin. 4-5.

1828. **Bourgeois.** Arch. de méd., pag. 470.

1829. The Lancet. Jan. 3; June, N° 302.

1830. **Gondin.** Journal des Progrès. 2me série, I, pag. 236.

1830. Archiv. gén. de méd. Vol. XXII, pag. 99. u. Vol. XXIV. p. 132.

1830. **Bird.** Midland med. a. surg. Repository. Febr.

1830. Journal universel.

1830. American Journal of med. Sciences.

1830. **Marcinkowsky.** Hamburg. Zeitschrift f. d. ges. Medicin von Dieffenbach, Fricke, Oppenheim. vol. 1, pag. 189.

1830. Mémorial du Midi (historique). Tom. II, pag. 35, 92.

1830. **Dieffenbach.** Rust's Magazin für die gesammte Heilkunde. Tom. XXX.

1831. Bulletin thérapeutique. Vol. I.

1831. **Crosse.** Cases in Midwifery.

1831. **Kleinert.** Repert. der Med.-Chirurg. Journalistik, Band XII, pag. 110.

1832. Geburtshülfliche Demonstrationen. XI Heft, Weimar. Tab. 44.

1832. **John T. Ingleby.** A pract. treatise on uterine haemorrhage in connection with pregnancy and parturition. London.

1832. Würtemberg. med. Corresp.-Blatt. N° 22.

1832. **Walter.** Diss. De sanguinis in haemorrh. uterina transfusione. Erlang.

1833. London Med. and Surg. Journal. Juni.

1833. Archives générales. Vol. III.

1833. **Richerand.** Traité de Physiologie. Tom. I, pag. 459.

1833. Gazette médicale. Mai.
1834. Medical-Gazette. Vol. XIV.
1834. Würtemb. med. Correspondenz-Blatt. N° 16.
1834. **Bickersteth**. Liverpool med. Journal.
1834. **J. Blundell's**. Principles and practice of Obstetricy, with notes by Thomas Castle. London.
1834. Schmidt's Jahrbücher, 1834. Bd. III, pag. 292.
1834. Guy's Hospital Reports Vol. II, pag. 256.
1835. **Collins**. A practical treatise on Midwifery. London.
18 5. **Furner**. London med. Gaz. Vol. XVI. 4 Juli.
1835. The Lancet. March 28.
1835. Rust's Magazin. Bd. 37, pag. 437.
1835. **Bischoff**. Müller's Archiv. Bd. II, pag. 347, 360.
1837. **Liphard**. Diss. De transfusione sanguinis et infusione medicamentorum in venas. Berolini.
1838. **Bischoff**. Müller's Archiv. Bd. V, pag. 351.
1838. **Berg**. Würtemb. med. Corresp.-Blatt. VIII. N° 1.
1839. **Burdach**. Traité de Physiologie. Tom. VI, pag. 400.
1839. **Bliedung**. Pfaff's Mittheilungen, ausder Medicin, Chirurgie, etc., neue Folge. Jahrgang V.
1840. Hufeland's Journal. Cahier. 5, pag. 122.
1840. **Richard Oliver**. Edinburgh Medical and Surgical Journal. N° 145, pag. 40. Oct.
1840. The Lancet. 5 Sept., Oct.
1841. **M. Peet**. The Lancet. Novemb. pag. 305.
1841. **S. Lane**. Froriep's N. Notizen. Vol. XVIII, pag. 316.
1841. **Giacomini**. Traité phil. et exp. de matière médicale, trad. par Mojon et Rognetta. Paris, p. 23.
1842. **Mugna**. In Annali universali di Med. di Omodei's Giugno, pag. 569-578.
1842. **Wolf**. Vermischte Abhandlungen aus dem Gebiete der Heilkunde von einer Gesellschaft pract. Aerzte in St.-Petersburg, pag. 190.
1842. **Magendie**. Leçons sur les phénomènes physiques de la vie. Vol. IV, pag. 366, 376, 387.
1842. Neue Zeitschrift für Geburtskunde. Bd. XIV, Hft. 1, pag. 141.
1842. Casper's Wochenschrift. N° 20.
1843. Jahrbücher des arztlichen Vereins in München. II Jahrgang, pag. 381.
1844. **Carré**. Thèse de Paris.
1845. **Dieffenbach**. In Rust's Chirurgie. Vol. IX, pag. 633.
1845. Northern Journal of Medicine. Decemb.
1846. Braithwaites Retrospect of Medicine. London.
1847. **Sotteau**. Gazette méd. de Paris, pag. 787.
1848. Medical Times. Jan. London.
1849. Medico-chirurgical Transactions. Vol. XXXV, pag. 422.

1849. **Routh**. Statistische und allgemeine Bemerkungen über Transfusion des Blutes. Medical Times for August.

1849. Comptes rendus de la Soc. de biol. Vol. I, pag. 105.

1850. Gazette des hôpitaux, pag. 150.

1850. Comptes rendus de l'Académie. Vol. II, pag. 271.

1851. Archives générales. Vol. XXV.

1851. Comptes rendus. Vol. III, pag. 101.

1851. The Lancet. April 19.

1851. Bulletin thérapeutique. 15 Mai.

1851. Revue médicale. Mars.

1851. Gazette médicale de Paris. 5 Juill.

1851. Gazette des hôpitaux. 15.

1851. **Achille Périer**. Thèse de Paris. 193.

1851. **Giovanni Polli**. Annali universali di medicina d'Omodei. Milano.

1851. **Berard** (P.). Cours de Physiologie. Tom. III, pag. 649.

1851. **Canstatt**. Jahresbericht für 1851. Vol. V, pag. 153.

1851. **Oppenheim's** Zeitschrift f. d. Medic. Vol. XXIX, pag. 436.

1852. **Mathias Vitalis Schiltz**. Diss. De Transfusione sanguinis ejusque usu therapeutico. Bonae.

1852. **F. Devay** et **Desgranges** (de Lyon). Nouvelle transfusion du sang pratiquée avec succès dans un cas d'anémie, suite d'hémorrhagie. (Bull. de Thérap. Revue médicale. Février, pag. 211.)

1854. **Giovanni Polli**. Recherches et expériences sur la transfusion du sang. (Annali universali de medicina. Mars. Archives générales. Oct., Novbr.)

1852. New-York medical Times, pag. 355.

1852. **Soden**. Cases of Hemorrhage from inversion of the uterus, in which the operation of Transfusion was successfully performed. London medico-chirurgical Transactions. Vol. XXXV, pag. 413, 434.

1852. **Étienne Passement**. Thèse de Paris. 172.

1853. Archives de médecine, pag. 342.

1853. Northern Lancet. Febr., pag. 237.

1853. **Mathieu**. Nouveaux instruments pour pratiquer la Transfusion. (Gazette des hôp. N° 119.)

1853. The Lancet. Febr. 26.

1854. **Schmidt's** Jahrbücher. Vol. 84, pag. 217.

1854. **Soden**. Transfusion du sang. (Revue de thérapeut. méd.-chir. Avril.

1854. **Durand**. Thèse de Montpellier. 8.

1854. **Filippo Trenti**, in Pavia. Del metodo operativo per praticare la transfusione del sangue.

1855. Comptes rendus de l'Académie des sciences. Vol. XLI, p. 118.

1856. **Leroux**. Thèse de Paris.

1857. Liverpool med. chir. Journ. 1 Januar.

1857. Gazette des hôpit., pag. 20.

1857. The Lancet.

1857. **Wheafkroft.** Gazette médicale de Paris. 26 Decembre.

1857. **Giraud-Teulon.** Gazette médicale de Paris, pag. 215.

1857. **Milne Edwards.** Leçons sur la physiologie et l'anatom. comp. Tom. I, pag. 326.

1857. Liverpool med.-chir. Journal.

1857. Archiv. gén. Sept., pag. 346.

1857. Gazette des hôpitaux, pag. 65.

1857. Moniteur des hôpitaux, pag. 65.

1858. **Quinche.** Thèse de Paris. Nº 223.

1858. Union méd., 1858. Nº 1. 5 Fevr., 25 Mars. -

1858. **Farral.** Die Transfusion des Blutes bei Pferden. Dublin Quaterly-Journal. Febr. 1858.(Rep. XX, pag. 140).

1855. **E. Brown-Sequard.** Recherches expérimentales sur les propriétés physiologiques et les usages du sang rouge, et du sang noir, et de leurs principaux, etc. 3ᵉ et dernière partie. (Journ. de Physiologie de Brown-Sequard. Tom. I, pag. 729-735.)

1858. **Brown-Sequard.** Journal de Physiologie. Tom. I, pag. 175, 366, 646, 669, 731.

1858. Bulletin thérapeutique. Vol. LVI, pag. 85.

1859. **Edouard Martin.** Ueber die Transfusion bei Blutungen Neuentbundener. Berlin. 8. 91 Seiten.

1859. **Brown-Sequard.** Journal de Physiologie. Tom. II, p. 76.

1860. **Michaux.** Bulletin thérapeutique. Tom. LVII, pag. 163.

1860. **Ch. Waller.** On transfusion of blood in Obstetrical Transact. of London. Vol. I.

1860. **Nicolas (L. E)** de Marseille. Essai sur la transfusion du sang, thèse de Paris.

1860. **Neudoerfer.** Ueber Transfusion bei Anaemischen. (Oester. Zeitschrift pract. Heilkunde, pag. 8 et 9.)

1861. **Johannes Dreesen.** Diss. De Transfusione sanguinis. Kiliae, 1861.

1861. **Martin.** Monatsschrift für Geburtskunde. XVII. April, p. 269.

1862. **Nussbaum.** Ueber Transfusion. (Bayer. Aerztl. Intell.-Blatt. Nº 9.)

1862. **Demme.** Schweiz. Zeitschrift für Heilkunde, pag. 437.

1862. **Brown-Sequard.** Journal de Physiologie. Tom. V, p. 600, 653, 662.

1862. **Moncoq** de Caen. Gazette des hôpitaux, pag. 390.

1863. **P. L. Panum.** Experimentelle Untersuchungen über die Transfusion, Transplantation oder Substitution des Blutes in theoretischer oder praktischer Beziehung. Berlin (Separat-Abdruck aus Virchow's Archiv für pathologische Anatomie).

1863. **Guilh. Boldt.** De Transfusione. Diss. Berolini.

1863. Recherches physiologiques et pathologiques sur la transfu-
    sion du sang. (Union médicale, pag. 125.)
1863. **Liegard.** Réflexions à propos de la transfusion. (Gazette
    des hôpitaux, pag. 130.)
1863. **Oré.** Études historiques et physiologiques in Recueil de la
    Société des sciences physiques et naturelles de Bordeaux,
    et tirage à part. Paris, J. B. Baillière.
1863. **Louis Constant. Courtois.** Quelques considérations sur
    la transfusion du sang. Thèse de Strasbourg. 86.
1863. **Graily-Hewit.** Ueber die Transfusion in der Geburtshülfe.
    (Brit. med. Journal. August.)
1863. The Lancet. 7 March, pag. 265.
1863. Schmidt's Jahrbücher. Vol. 118, pag. 194.
1863. Bulletin de thérapeutique. 1863.
1863. Union méd. N° 49.
1863. **Braun.** Wiener med. Wochenschrift. Jahrgang XIII. N° 21.
1863. **Hermann Demme.** Militair-chirurg. Studien. Würzburg.
    pag. 178.
1864. Gazette médicale de Lyon. Avril.
1864. **Jean-Paul Morély.** Nouvelles considérations sur la trans-
    fusion du sang. Thèse de Paris. N° 73.
1864. **Kühne.** Centralblatt f. d. med. Wissenschaften. N° 9.
1864. **Moncoq.** Thèse de Paris. N° 185.
1865. **W. Ssutugin.** Die Transfusion des Blutes. Dissert. (rus-
    sisch) St.-Petersburg.
1865. **Graily-Hewit.** Apparatur for the etc., of transfusion, in
    Obstetrical Transaction of London. Vol. XI, pag. 126.
1865. Niederl. Tydschr. v. Geneesk. 1 Afd., pag. 129. Maart.
1865. **Giovanni Capello.** Ann. univers di Medicina Milano Giugno.
1865. **Oré.** Recherches expérimentales. Thèse pour le doctorat ès
    sciences naturelles. Bordeaux.
1865. **Braune in Leipzig.** Arch. f. klin. Chirurgie. VI. 3,
    pag. 648.
1865. **Aveling.** On immediate transfusion, in obstetrical Transact.
    of London. Vol. VI, pag. 136.
1866. **Blasius.** Statistik des Transfusion des Blutes; im Monats-
    blatt für med. Statistik, Beilage zur deutschen Klinik.
    1863. N° 11.
1866. **A. Eulenburg u. L. Landois.** Die Transfusion des Blutes.
    Nach eigenen Experimental Untersuchungen und mit
    Rücksicht auf die operative Praxis. Mit 4 Holzschnitten.
    Berlin, 1866, 8°. 72 Seiten (Separat-Abdruck aus der Ber-
    liner klinischen Wochenschrift, 1866).
1866. **Nussbaum.** Vier chirurgische Briefe, etc. München.
1866. **Braune** in Leipzig Monatsschrift für Geburtskunde. XXVII,
    pag. 215.

1866. **Friedberg**. Die Vergiftung durch Kohlendunst. Berlin, 1866, pag. 161-185.

1866. **Goulard**. De la transfusion du sang. Thèse de Paris.

1866. **Mathieu**. Gazette des hôpitaux. Novembre.

1866. **Giovanni Polli**. Ann. univers. di Medicina-Milano CXCVIII, pag. 237. November.

1866. Profes. **Francesco Scalzi** in Rom. Esperienze sulla transfusione del sangue, precedute da cenni critici sulla storia di detta operatione; im Giorn. med. di Roma. April.

1866. **Mayer**. Ein Fall von Transfusion. (Bayerisch aerztlich. Intellig.-Blatt. No 37.)

1866. **Mosler** (Greifswald). Transfusion bei Leukaemie. (Berliner klinische Wochenschrift. No 19.)

1867. **Landois L.** (Greifswald). Die Transfusion des Blutes in ihrer geschichtlichen Entwickelung und gegenwaertigen Bedeutung. (Wiener med. Wochenschrift. No 30-59.)

1867. **Fr. Mosler**. Ueber Transfusion defibrinirten Blutes bei Leukaemie und Anaemie. Mit einer Tafel. Berlin.-23 Seiten.

1867. **Robert Druitt**. Surgeon's Vademecum. London.

1867. **Neudoerfer**. Handbuch der Kriegschirurgie. Leipzig, 1867, Allgem. Theil. Anhang, pag. 144, f. f.

1867. **Fr. G. J. Hirschfelder**. Diss. Ueber die Transfusion des Blutes. Berlin. 8. 33.

1867. **Fried. Riehl**. Diss. De sanguinis transfusione. Berolini, 1867. 32.

1867. **Ernest H. Kohlmann**. Diss. De transfusionis sanguinis indicatione. Berolini.

1867. **Carl Bernhardi**. Diss. De transfusione sanguinis. Berolini, 1867. 29.

1868. **C. F. Kremer**. Diss. Ueber die Mittel zur Wiederbelebung beim Scheintode der Neugeborenen mit Hinzufügung dreier durch die Transfusion behandelter Falle. Greifswald.

1867. **Beneke**. Berliner klinische Wochenschrift. No 14.

1867. **Roussel** de Genève. (Archiv. de l'anat. et de la physiol. No 5. pag. 552-560.)

1867. **Uterhart**. Deutsche Klinik, pag. 130.

1867. **B. Beck**. Kriegschirurgische Erfahrungen waehrend des Feldzuges 1866 in Süddeutschland, p. 122. Freiburg in Br.

1867. Berichte über die Verhandlungen der koenigl. saechsischen Gesellschaft der Wissenschaft zu Leipzig. Math. phys. Classe. I, II, pag. 49, 52.

1867. **Frese**. Virchow's Archiv. XL, pag. 302.

1867. **Lorain**. Paris.

1867. **Schiltz** (Coeln). Transfusion bei Cholera. (Deutsche Klinik. No 39.)

1868. **Demme**. Mittheilungen. Transfusion bei einem durch langdauernde und tiefgreifende Diphteritis gaenzlich erschopften Knaben. (Jahrbuch für Kinderheilkunde. N° 1.)

1868. **Rautenberg.** St.-Petersburg. Die Transfusion des Blutes. Vortrag. (St.-Petersburger med. Zeitschrift XIII, p. 261-302.)

1868. **Zaunschirn.** Transfusion bei hochgradiger Anaemie. (Wiener med. Presse. N° 36.)

1868. **Lange W.** (Heidelberg). Ein Fall von puerperaler Eklampsie mit nachfolgender Transfusion. (Prager Vierteljahresschrift. IV, pag. 168.)

1868. **Braman.** Boston med. and surg. Journ. N° 26.

1868. **Uterhart.** Eine vereinfachte Transfusionsspritze. (Berliner klinische Wochenschrift. N° 10.)

1868. **H. Gentilhomme.** Bull. de la Soc. méd. de Reims.

1868. **Tschortner, Arthur.** Metrorrhagien in Folge von Lostrennung der normal gelegenen Placenta während der letzten Schwangerschaftsmonate und während der Geburt. Diss. Berlin.

1868. **J. Mader.** Wiener med. Wochenschrift. N° 57-50.

1868. **J. Mader.** Wochenbl. der Gesellschaft der Wiener Arzte. N° 46.

1868. **Roussel.** Instrument pour la transfusion du sang. Arch. de l'anat. et de la physiol. N° 5. pag. 552-560.

1868. **Buchser.** Successfull case of transfusion. (New-York Med. Record. 1. Oct. pag. 338.)

1868. **Dr. Willis.** Gazette des Hôpit. pag. 586.

1868. **H. Gentilhomme.** Gazette hebd. 2 Sér. t. VIII (XVIII) 39. pag. 620.

1868. **Fr. Gesellius.** Capillar-Blut — undefibrinirtes — zur Transfusion. Ein neuer Apparat zur Transfusion, sowohl zur einfachen, a's auch zur depletorischen. St-Petersburg '49 Seiten. Mit Holzschnitten.

1858. **Landois.** Zur Statistik u. Experimental-Erforschung der Transfusion. (Wiener med. Wochenschrift N° 105.)

1869. **W. Rautenberg.** Zwei Fälle von Transfusion undefibrinirten Blutes bei Blutungen Neuentbundener. (Monats-schrift f. Geburtskunde XXXIV, 2. pag. 116.)

1869. **C. Henning** in Leipzig. Monats-Schrift f. Geburtskunde. XXXIII, pag. 223.

1869. **Prof. L. Concato** in Bologna. (Rivista clin. IX. Sett.)

1869. **Dusescu.** Dissertatio. Greifswald.

1869. **Enrico Albanese.** Sette casi di transfusione di sangue, Palermo.

1869. **Hueter.** Centralblatt. N° 25.

1869. **Brown-Sequard.** (Gazette médicale de Paris. N° 32.)

1869. **Bresgen.** Die Lanzennadelspitze zur Infusion und Transfusion. Berlin. (Klinische Wochenschrift. N° 30.)

1869. **Mittler.** Versuche über die Transfusion des Blutes. Wien.

1869. **Sternberg**. Transfusion of blood and other liquids. (New-York med. Record. 1 Oct. pag. 137.)

1869. **de Belina**. Nouveau procédé pratique de la transfusion du sang. (Compte-rendu de l'Acad. des Sc. LXXIX. N° 14, p. 765.)

1869. **Sthor**. Archiv. für klinische Medicin. Band VIII, Hft. 5 u. 6.

1869. **A. Casselmann**. St-Petersburg Zur Geschichte der Transfusion. (Pharm. Zeitschift für Russland. VIII, Heft 2.)

1869. **Lister**. Case of Transfusion. (Glasgow med. Journ. Nov.)

1869. **L. von Belina-Swiontkowsky**. Die Transfusion des Blutes in physiologischer und med. Beziehung. Heidelberg. 156 Seit. mit 19 Holzschnitten.

1869. **Buchser**. Successfull case of transfusion. (New-York med. Record. 1 Oct. 1869, pag. 337.)

1869. **F. W. Hertzberg**. Die Transfusion de Blutes. Diss. Greifswald.

1869. **Longet**. Traité de physiologie. Tom. II. pag. 32.

1869. **Charles Marmonier**. De la transfusion du sang. Thèse de Montpellier. Paris. Masson et fils. 164.

1869. **Wiliam Mac Ewen**. Glasgow med. Journ. II. I. pag. 128. Novbr.

1869. **J. Braxton Hix**. Cases of transfusion on with some remarks on a new method of performing the operation. (Guy's Hosp. Repts. N° 5. XIV, pag. 1-14.)

1869. **Hasse**. in Nordhausen. Berl. klin. Wochenschrift. N° 35.

1869. **Lorain**. Transfusion du sang faite à l'hôpital Saint-Antoine. (Gaz. méd. de Paris. N° 32, pag. 427).

1870. **Schatz**. Monats-schrift f. Geburtskunde XXXIV. 2, pag. 95.

1870. **Massmann**. Beiträge zur Casuistik der Transfusion des Blutes. Diss. Berlin. 50 Seiten.

1870. **K. W. Saklén**. Diss. Om transfusion. Helsingfors. 66.

1870. **Michel**. Transfusion mit Erfolg nach einer profusen Magenblutung bei einem 63 jährigen Manne. (Berl. klin. Wochenschr.)

1870. **A. Evers** in Rostok. Zur Casuistik der Transfusion. (Deutsche Klinik. N. 8, 9, ot 10.)

1870. **Antonio Cavaleri**. Ann. univers di medicina. Milano. CCXII, pag. 508. Maggio e giugno.

1870. **A. Evers**. Zur Casuistik der Transfusion. Rostock Dissert. Berlin 1870. (Separat-Abdruck aus der deutschen Klinik).

1870. **C. Uterhart**. Berl. Klin. Wochenschrift. VII. 4.

1870. **Hüter. G.** Die arterielle Transfusion. Archiv. f. klin. Chirurgie. Band. XII. I. pag. 1.

1870. **Lemattre C.** La transfusion du sang et la vie des éléments de l'organisme. (Revue des Deux-Mondes. 15 janvier, pag. 387.

1870. **Albanese (Palermo)**. Sette casi di transfusione di sangue.

(Annali universali di medicina. Milano. Gennajo. pag. 125.)

1870. **Uterhart.** Zur Lehre von der Transfusion. Berliner klinische Wochenschrift. Nr. 4.

1870. **Belina.** Note sur deux cas où la transfusion du sang a été pratiquée avec succès. (Gaz. méd. de Paris. Nr. 2, pag. 17.)

1870. **Freer.** Report of a vivisection illustrating lectures on the blood. (Reported by F. L. Wadsworth. Chicago.) Boston med. and surg. Journal. 13. Jan. pag. 26.

1870. **M. Donnel,** Robert. Remarks on the opération of transfusion and the apparatus for its performance. (Dublin quaterly Journal of med. science. November 1, pag. 257.)

1870. **Albanese E.** Inversione cronica dell'utero complicata a grave anaemia. Transfusione di sangue e riduzione compleat dell' utero con pessari ad aria. (Gazz. clin. dello spedale civico di Palermo. Nr. 10, 11.)

1870. **Hüeter. C.** (de Greifswald). Fall von Kohlenoxydvergiftung durch Transfusion geheilt. (Berl. klin. Wochenschrift, 28, pag. 341.)

1870. **Beatty Thomas.** Transfusion successful in a case of post partum hemorrhage. (Dublin quart. Journ. May.)

1870. **Alexander Bresgen.** Die Lanzennadelspritze zur Infusion u. Transfusion, beim Scheintod und in der Laryngoscopie. Köln und Leipzig. 1870. 15 pages.

1871. **Fr. Betz** in Heilbronn. Memorabilien VI. 2. April.

1871. **W. Loeventhal.** Diss. Ueber die Transfusion des Blutes. Heidelberg 1871. 23.

1871. **Sacklén.** Nord. med. Ark. III. 1.

1871. **Asché zu Düben.** Die neueren Mittheilungen über Transfusion des Blutes. In Schmidt's Jahrbücher. Jahrgang 1871.

1871. **Richardson.** Med. Soc. of London (Séance du 30. Jan. 1871); in der Med. Times and Gaz. ; March 4. pag. 264.

1871. Louisville Courir Journal. 7. June.

1871. **Gusserow.** Ueber hochgradigste Anaemie Schwangerer (Archiv für Gynakologie. 2. Band. pag. 234.)

1871. **Ruggi Giuseppe.** Nuova cannula per la transfusione del sangue, e per la sunotamento sotto-cutaneo degli ascessi e delle raccolte di liquido intra-articolari. (Rivista clinica di Bologna. Juli E. Aug. pag. 223.)

1871. **Jürgensen.** Vier Fälle von Transfusion des Blutes. (Berliner klin. Wochenschrift. Nr. 21, 22, 25, 26).

1871. **Loewenthal. W.** — Ein Beitrag zur Lehre der Transfusion des Blutes. (Berlin. klin. Wochenschrift. Nr. 41.)

1871. **De Christoforis.** — La transfusione del sangue et le infusioni. Milano.

1871. **Buchser.** A succesful case of transfusion. (New York Med. Record, 1 Mai, pag. 100.)

1871. **Belina.** Transfusion du sang défibriné pratiquée avec suc-

cès pour une hémorrhagie utérine. (Gaz. méd. de Paris. 6.,
    pag. 46.)
1871. **Robert Bahrdt**. Nitrobenzinvergiftung. (Arch. d. Heilk. XII.
    4. u. 5. p. 320.)
1872. **Leisring** in Hamburg. Vier Falle von Transfusio sangui-
    nis. (Berliner klinische Wochenschrift Nr. 7.)
1872. **Wilke** in Halle. Fall von Pyaemie, geheilt durch arterielle
    Transfusion. (Berliner klinische Wochenschrift vom 25.
    Marz 1872.)
1872. **Kernig** in St Petersburg. Zwei Falle von Transfusionen mit
    defibrinirtem Blute im Choleratyphoid ohne den leisesten
    Erfolg.
1872. **Rommelaere**. (Professor d'Histologie à Bruxelles). Traite-
    ment de l'empoisonnement par le phosphore (Bull. de
    Thér. LXXXII; p. 145. Févr. 29.)
1872. **J. Wickham Legg**. Treatise on Haemophilia, sometimes
    called the hereditary Haemorrhagic Diathesis. London. 158
    pages.
1872. **Hill Binglend**. De la transfusion du sang après les hémor-
    rhagies puerpérales (Procedings of the Dublin obstet
    Society, 1872, p. 16-38).
1872. **Mosso**. Sopra alcuni sperimenti di trasfusione del sangue,
    (lo Sperimentale, de Florence, fasc. 10, octobre 1872).
1872. **R. Volkmann**. Ueber die Transfusion des Blutes (Sammlung
    Klinischer Vortræge, n° 41, Leipsig, 31 juillet 1872).

Troisième partie.

DE 1873 A 1875

1873. Successful case of transfusion (the Glasgow med. journ. fe-
    bruary 1873).
1873. Die Transfusion des Blutes, par F. Gesellius. Eine historiche,
    Kritische und physiologische studie. (Saint-Pétersbourg
    et Leipsig, 1873, in-4, 188 pag. et Centr. Blatt, 1873, n° 20).
    Est terminé par un index bibliographique considérable
    dans lequel nous avons largement puisé.
1873. A case of cholera treated by injection of salines and trans-
    fusion of blood, Dr Smith (Indian med. Gaz. Calcutta, 1er fév.).
1873. Die Transfusion des Blutes, J. Gesellius (Petersburg).
1873. Transfusion of blood from the carotid of a lamb into the ce-
    phalic vein of a man (the American Journal of the med.
    sc. p. 504).
1873. On the use of artificial respiration and transfusion as a means

of preserving life, T. Lander Brunton (Brit. méd. journal, 17 mai).

1873. The direct transfusion of blood, Domenico Bomba (la nuova Liguria medica, analysé dans the Glasgow medi. journal, mai).

1873. Di una transfusione di sangue per anemia e setticemia eseguita nello spedale di Piso, P. Landy (Raccogl. med. Forli, 1er juillet).

1873. Der Heber, der einfachste und Vollkommenste Transfusions apparat, Dr Wolfs, de Cologne (Deutsche Zeitschrift für Chirurgie, II, n° 6, p. 552).

1873. Transfusion of blood in the case of a patient suffering from purpura, Thomas Smith (the Lancet, 14 juin).

1873. Zur Transfusion, par Arvater (Beitræge zur Geburtshülfe und Gynækologie, t. II, fascic. 3, Berlin 1873).

1873. Transfusion post partum, par Solger (Beitræge zur Geburtshülfe und Gynækologie, t. II, fasc. 2, Berlin, 1873).

1873. Transfusion mit dem Blute verschudener Thierarten,, prof. Landois (Central bl. 1873, n° 56, p. 883-885 et n° 57, p. 897-900).

1873. Ueber die Transfusion und ihre Anwendung auf die cholera, G. Kalischer (thèse inaugurale, Berlin, 1873, chez Thormann et Gœtsch).

1873. Ueber directe Lammblustransfusion, Dr O. Hass de Nordhausen, communiqué à la 46° réunion des naturalistes et médecins allemands à Wiesbaden (Berlin. Klin. Wochens. ch. 1873, n° 47, 24 nov.).

1874. Fall von directer arterieller Thierblut-transfusion, pratiqué à l'hôpital Augusta par Dr Paul Schliep (Berlin. Klin. Wochens., 1874, n° 3).

1874. Observation de transfusion du sang dans un cas de lipémanie avec stupeur, par le prof. Livi (l'Italia centrale, n° 56, 1874, et l'Imparziale, 2 juin 1874).

1874. Transfusion de sang animal à la suite d'une amputation de cuisse, par Frantz Steiner (Wiener med. Wochenschrift, p. 269-308).

1874. Observation de transfusion de l'agneau à l'homme; modification du manuel operatoire, par Dr Herman Beigel (Wiener med. Wochenschrfit. p. 492).

1874. De la transfusion du sang d'agneau, par Frédéric Sander (de Barmen.) Berlin Klin. Wochens. 1874, nos 15 et 16, 13 et 20 avril).

1874. Remarques sur le travail du Dr Schliep, concernant la transfusion directe du sang d'animal, par Dr J. Roussel, de Genève (id. n° 14. 16 avril).

1874. De la transfusion du sang d'agneau (dans la phthisie), par

Fredler et Birch-Hirschfelde Deutsch. Archiv. f. Klin. med.
XIII, 545).

1874. De la transfusion du sang, par Henry Madge (British med.
journal, 10 janvier 1874, p. 42).

1874. Du rôle des gaz dans la coagulation du sang. Note de MM. Mathieu et Urbain (Compte-rend. Acad. des sc., 14 sept.
1874).

1875. Ueber die Dissociation des Sauerstoffhamoglobine, par Albert
Schmidt. (Centralblatt für die medicinischen Wissenschaften, p. 725, 1874).

1874. Recherches expérimentales sur l'action de l'eau injectée dans
les veines, par Picot. (Compt.-rend. Acad. des sciences,
6 juill. 1873).

1874. Zur Frage über die Gerinnung des Blutes im lebenden
Thiere, par P. Plosz et Györgyai. (Arch. für experiment.
Pathologie. Leipsig, 1874).

1874. On the action of inorganic substances when introduced di-
rectly into the blood. (Journ. of anat. and physiol. XIV).

1874. Neue Beiträge zur Kenntniss der Blutbildung, par E. Neu-
mann de Kœnigsberg. (Archiv de Heilk. 1874, p. 441),

1874. Nouveaux procédés pour apprécier la masse totale du sang,
par L. Malassez. (Arch. de Phys. norm. et Path. Paris 1874).

1874. Recherches sur les modifications qu'éprouve le sang dans son
passage à travers la rate au double point de vue de sa richesse en globules rouges et de sa capacité respiratoire.
Note de MM. Malassez et Picard. (Compte-rend. Acad. des
sciences, 21 déc. 1874).

1874. Ueber den Einfluss einiger Arzneimittel auf den Gazaustauch
bei Thieren, par H. von Bæck et J. Bauer. (Zeitsch. f.
Biologie, X, 336).

1874. Ueber die Eiweiss-Verbindungen des Blutserums und des
Hühnereiweisses, par A. Heynsius. (Pflüger's. Archiv für
die gesammte Physiologie, t. IX, p. 514).

1874. Ueber die Beziehungen des Faserstoffes zu den farblasen und
den rothen Blutkörperchen und uber die Entstehung der
letzteren, communication par A. Schmidt. (Pflüger's Archiv. für die ges. Physiologie, t. IX, p. 353).

1874. La transfusion du sang dans l'anémie, leçon clinique de
M. Béhier (Revue scientifique, 7 mars 1874) et Bulletin de
thérapeutique. Cas de Straus.

1874. Contributo clinico olla trasfusione del sangue, Dr Luidgi Tas-
sinari, de Castel Bolognese (Bolltino delle scienze mediche,
Bologna, janv. 1874, p. 39).

1874. Transfusion bei cholera par Dr Stadlhagen, médecin des
baraques de la Moabite (Berlin. Klin. Wochens. 1873,
nº 38, 22 sept.).

1874. Practical remarks on an overlooked source of blood-supply for transfüsion in post-partum hæmorrhage, par William Highmore (the Lancet, 19 janvier 1874, I, p. 89).

1874. Ueber die Vornahme einer Transfusion, prof Leidesdorf.

1874. Ueber Transfusion bei Geisteskranken, prof. Meynert, soc. imp. de médecine de Vienne (Wiener med. Wochens., 1874, pp. 131 et 215.)

1874. Die Transfusion im Gebiete der Capillaren und deren Bedentung für die organischen Functionen im gesunden und kranken Organismus, Dr Mor. Körner, de Graz. (Allg. Wien. med. Zeitg. n° 17 et seq).

1874. Ueber Transfusion. Communication à la Société des médecins de Vienne, par Dr J. Bahl (Oesterr. Zeitschrift für praktische Heilkunde, n° 10 mars.

1874. Clinique médicale de l'Hôtel-Dieu : De la transfusion du sang (Leçon faite le 4 février 1874, par le prof. Béhier). Compte rendu par Chouppe (Gaz. hebd. n° 7).

1874. Transfusion instantanée du sang. Solution théorique et pratique de la transfusion médiate et de la transfusion immédiate chez les animaux et chez l'homme, par Dr Moncoq, 1 vol. in-8, 2me édition. Paris, Delahaye.

1874. Transfusion du sang refroidi, par Nicolas Duranty de Marseille (Gaz. hebd. 1874, pag. 130).

1874. Quelques remarques sur la transfusion directe du sang de mouton et sur l'appareil du D^r. Schliep, par le Dr Oscar Hasse, de Nordhausen (Berlin Klin. Wochenschrift, n° 81).

1874. Transfusion of Lamb's Blood in pulmonary consumption (Transfusion du sang d'un agneau dans un cas de phthisie pulmonaire), par Théodore Williams (the Lancet, 21 novembre 1874, p. 729).

1874. La trasfusione del sangue nei pazzi, par le prof. Bonacossa di Torino.

1874. Sulla trasfusione del sangue pecorino, par G. Berruti (l'Indipendente, 1874, n° 17 et 18).

1874. Imizioni del cloralio nelle vene (Liguria medica, 1874).

1874. Die arterielle Transfusion und vhre Anwendum bei Erfrierung, par E. Peters (Dissert. inaug. Greifswald, 1874; — Deutsche Zeitschrf. f. Chirurgie, IV, n° 5, 2 octobre 1874).

1874. Di un nuovo istrumento per la aspirazione pneumatica e per la trasfusione del sangue proposto, par le Dr Giovani del Greco (Ajuto alla clinica chirurgica in Firenze).

1874. Quelques considérations sur la transfusion du sang non défibriné, par Farny (thèse inaugurale de Paris).

1874. Lettre sur un cas de transfusion du sang, par le Dr Molinier, de Dreux (Gaz. des Hôp., mai 1874, n° 60).

1875. Recherches sur les éléments du sang, par L. Ranvier. (Archiv. de Physiol. janv.-fév. 1875, p. 5 à 15).

1875. Ueber die Ersheinungen im Thierkorper nach Transfusion heterogenen Blutes und ihre physiologische Erklarung. Wurdingung der Tierbluttranfusion beim Menschen, par Landois. (Centratblatt, 1875, nᵒ 1).

1875. Intorno la trasfusione del sangue, Dottor F. Vizioli (il Morgagni, giornale, 1875, avril).

1875. Contribution à l'étude des causes de la coagulation spontanée du sang à son issue de l'organisme. Application à la transfusion (thèse inaugurale), par Frantz Glénard, Paris, 1875.

1875. La transfusion, par le Dʳ Roussel (de Genève) (Archives gen. de Méd., avril 1875).

1875. Trasfusione del sangue. Communicazione di Antonio Michetti letta al primo congresso dei medici alienisti in Imola, in Archivio per le malate nervose, 1875. fascicolo 1ᵒ e 2ᵒ.

1875. La trasfusione del sangue negli alienati relazione del Dottore C. L. Ponza, medico capo del manicomio di Alessandria, letta al congresso freniatrico d'Imola nella seduta del 23 ottobre 1874. Archivio per le... ut supra.

1875. Brevi appunti intorno alla trasfusione del sangue, del Dottore Giuseppe Bergonzi, di Reggio-Emilia. Memoria letta al primo congresso dei medici alienisti, in Imola, in Archivio... ut supra.

1875. La lipemania stupida e la trasfusione del sangue. Considerazioni ed esempi del professore Carlo Livi, directore del frenocomio di Reggio-Emilia. Memoria, letta al primo congresso dei medici alienisti, in Imola, in Archivio... ut supra.

TABLE DES MATIÈRES